Unterwegs an der belgischen Küste

Christoph & Corinna Wendt

Unterwegs an

der belgischen Küste

Einschließlich Streifzüge durch die belgischen Kunststädte, die nordfranzösische Küste und die südlichen Niederlande

GEV

www.gev.be
buchverlag@grenzecho.be

Graphik und Fotobearbeitung: Cito Communication, Eupen (www.cito.be)
Lektorat: René Zey, Königsdorfer Medienhaus, Frechen
Druck und Bindung: Grenz-Echo printing, B - 4700 Eupen (www.grenzecho.be)

ISBN 13: 978-3-86712-004-3
ISBN 10: 3-86712-004-8
D/2007/3071/7

Printed in Belgium

INHALT

an anjou

Die belgische Küste – 70 Kilometer Kinderfreundlichkeit

Baden in der Nordsee und eine halbe Stunde später durch die Dünen der Sahara wandern – erscheint das nicht selbst im Zeitalter der Düsenjets unwahrscheinlich? Mitnichten! Zumindest dann nicht, wenn man Badeurlaub an der belgischen Küste zwischen De Panne und Het Zoute macht. Denn es gehört zu den großen Überraschungen, die das Meer – das ewig nagende – dem Urlauber dort bereitet, dass die Sahara just an der belgischen Küste liegt.

Natürlich ist hier nicht die große afrikanische Wüste gemeint. Aber tatsächlich heißt seit alters her das größte Dünengebiet Belgiens – es beginnt direkt hinter den letzten Appartementhäusern von De Panne – Sahara. Und es ist so wild und sieht so echt aus, dass hier schon handfeste Wüstenfilme gedreht worden sind. Mitten durch dieses einzigartige Dünengebiet verläuft die belgisch-französische Grenze. Doch was heißt hier Grenze! Die Dünen und der Sand sehen diesseits und jenseits dieser nicht mehr wahrnehmbaren Linie gleich aus, und die Nordseewellen rollen hüben wie drüben ununterbrochen an den Strand. Und diese Sand- und Strandlandschaft zieht sich weiter an der Küste entlang über Dünkirchen bis Boulogne-sur-Mer. Andererseits macht es für das Auge oder für das Urlaubserlebnis an der Küste, am Strand, keinen Unterschied, ob man etwa in einem der Ortsteile von Knokke die schönste Zeit des Jahres verbringt oder jenseits der belgisch-niederländischen Grenze in Cadzand, Terneuzen oder jenseits der Scheldemündung auf der Insel Walcheren. Oder ob man beim französischen Dünkirchen durch die besonders schönen Dünen wandert. So liegt es nicht nur nahe, sondern drängt sich regelrecht zwingend auf, das in diesem Buch dargestellte Urlaubs- und Ausflugsgebiet „belgische Küste“ mit den angrenzenden Abschnitten an der französischen wie an der niederländischen, der holländischen Küste als eine Einheit vorzustellen.

Jahrhundertelang war der Sand an der Küste des Menschen Feind, wurde als Fluch angesehen, als alles verderbender, Tod bringender Flugsand. Heute segnet man ihn als Grundlage für einen blühenden Badetourismus. Durch die Versandung der Meeresbucht Zwin ging im 15. Jahrhundert die blühende Handelsstadt Brügge – das Venedig des Nordens – unter; wirtschaftlich zumindest, weil den Kauffahrteischiffen der Zugang nach Brügge oder seinem Außenhafen Damme versperrt war. Flugsand zerstörte im Mittelalter gleich mehrmals die große Zisterzienserabtei St. Idesbald. Heute zählen die freigelegten Ruinen bei Koksijde als Dünenabtei zu den großen kulturgeschichtlichen Sehenswürdigkeiten an der Küste.

Ohne den Sand ließe sich das Leben zwischen Frankreich im Westen und den Niederlanden im Osten nicht mehr vorstellen. Denn fast 70 Kilometer lang und bis zu zwei Kilometer breit bedeckt feinster Sand die Strände an der Küste des Königreichs. Er macht diese Strände zu einer Promenade, über die man seine Strandwanderungen ungehindert in die Nachbarländer ausdehnen kann. Dank seiner Breite und der Tatsache, dass dieser Strand sehr sanft und allmählich zum Meer abfällt, macht er diese Küste zu einem einzigartigen Familien- und Kinderparadies. Und anders etwa als in Dänemark darf dieser Strand nicht mit Autos befahren werden. Dass man zumindest während der Badesaison recht strenge Zugangsregelungen für Hunde hat, mag manchen Hundebesitzer schmerzen, vor allem bei den so besonders hundebegeisterten Belgiern, doch kommen solche aus hygienischen Gründen verhängten Maßnahmen natürlich dem Spielbedürfnis von Kindern entgegen. So erweist sich dieser gepflegte und überall überwachte Strand als ein Spielplatz von 67 Kilometern Länge. Es ist damit der wohl größte Kinderspielplatz in Europa. Die Kinderfreundlichkeit der

Am Strand von De Haan

Belgier, die hier an der Küste vom kostenlosen Kinderzusatzbett im Elternzimmer bis zu mancherlei speziellen Kinderdiensten geht, tut ein Weiteres dazu, dass die 13 Orte zwischen De Panne und Het Zoute, westlich und östlich von Ostende, zu einem Urlaubsgebiet geworden sind, das bekannter und mehr besucht ist als es die Größe des Landes erwarten lässt. Wenn auch von Deutschland her die belgische Küste mit ihren Badeorten traditionell in erster Linie ein Urlaubs- oder Ausflugsziel für die Städter an Rhein und Ruhr ist, so zeigen die Kennzeichen der im Sommer an der Küste parkenden Wagen, dass De Panne oder Ostende, Blankenberge, De Haan oder Knokke auch zwischen Hamburg und Frankfurt längst zu einem Begriff geworden sind.

De Panne ist das Eldorado der Strandsegler. Diese schlanken Segelwagen, die mitunter mit Stundengeschwindigkeiten von 120 Kilometern über den breiten, festen Strand flitzen, haben bei Wettkämpfen sogar schon Geschwindigkeiten von 150 Stundenkilometern erreicht. Doch gemeinhin geht es beschaulicher zu an der belgischen Küste – beschaulich, wie es der Natur der Flamen entspricht.

Das mag sich etwa im gedämpften Licht und in der dezenten Atmosphäre eines der vielen Feinschmeckerlokale erweisen, die sich überall in den Küstenorten finden. Da dauert das Gaumenerlebnis am Mittag oder erst recht am Abend Stunden, weil es zelebriert und nicht einfach nur aufgetragen und gegessen wird. Selbst bei einem der spektakulärsten Ereignisse im Sommer an der Küste zeigt sich diese Beschaulichkeit – beim Krabbenfischen nämlich in Oostduinkerke. Wie seit Jahrhunderten ziehen die Krabbenfischer hier immer noch hoch zu Ross auf schweren Kaltblutpferden ins Meer hinaus, um mit Schleppnetzen Krabben zu fangen. Bei gutem Wetter folgen ihnen Jung und Alt so weit hinaus, bis das Meerwasser ihnen bis an die Hüften, bis an den Bauch reicht.

Wer nicht baden, Burgen bauen oder in der Sonne faulenzen will, kann in den Fischereihäfen von Nieuwpoort oder Zeebrügge bei den Fischauktionen zuschauen und anschließend in den Hafenrestaurants Fisch oder Meeresfrüchte genießen – so frisch und so authentisch, wie das nur in solchen Lokalen möglich ist.

Von Ostende oder Zeebrügge aus ist es ein beliebtes Vergnügen, dem Verkehr der großen Fährschiffe nach und von England zuzuschauen. Bei Fahrradausflügen lockt das flandrische Hinterland. Schnurgerade Kanäle durchziehen es. Gesäumt sind die schmalen Wasserstraßen, die sich auch über die Grenzen hinaus fortsetzen, von endlos erscheinenden Reihen von Pappeln, in deren Kronen der Wind singt und über die hinweg weiße Wolken landeinwärts ziehen.

Sie ziehen in eine Landschaft hinein, die wie kaum eine andere in Europa auf so engem Raum so reich ist an kulturgeschichtlichen Sehenswürdigkeiten: von der alles überstrahlenden „Königin der mittelalterlichen Städte“ – Brügge – angefangen, über die geschichtsträchtigen Hafenstädte Antwerpen und Gent bis nach Terneuzen, der Hauptstadt Seeländisch Flanderns, wo die Besucher tatsächlich den Spuren des berühmten Fliegenden Holländers nachspüren können. Es ist eine Landschaft der großen Höfe und weithin sichtbaren Windmühlen, der verträumten Beginenhöfe in kleinen Städten oder der alten Trappistenabteien, in denen heute noch nach alten Rezepten das dunkle, süffige Trappistenbier gebraut wird.

Genau im Mittelpunkt der Küste liegt Ostende, wichtigster Fährhafen nach England und noch immer ein wichtiger Badeort. „Königin der belgischen Küste“ ist die Stadt oft genannt worden, die von Leopold I., vor allem aber von seinem Nachfolger Leopold II., als Kur- und Badeort für das feine Publikum Europas im 19. Jahrhundert salonfähig gemacht wurde. Zwar sind die Zeiten vorbei, da Ostende Belgiens mondänster Badeort war, doch im Spielcasino und im Kurhaus trifft sich immer noch die große Welt. Oder jedenfalls diejenigen, die glauben dazuzugehören. Kunstfreunden ist Ostende ein Begriff als Lebens- und Wirkungsstätte des Malers James Ensor. Und nicht nur Kinder, die nach Ostende kommen, lieben die „Mercator“, das einstige Segelschulschiff der belgischen Handelsmarine, das heute im Stadthafen von Ostende fest vor Anker liegt und als Museum besichtigt werden kann.

Stille Badeorte, in denen der Wald über die Dünen bis fast an den Strand reicht, liegen östlich von Ostende, wie Blankenberge, Wenduine oder De Haan. In De Haan, einem der ruhigsten und vornehmsten Badeorte Belgiens, hat die an der gesamten Küste von De Panne bis Knokke entlangfahrende Kleinbahn – die „Dünenbahn“ – einen der entzückendsten Jugendstilbahnhöfe, die es noch in Europa gibt.

Fast am Rande des östlichen Küstenabschnitts – mit seinem Gemeindegebiet bis an die belgisch-niederländische Grenze heranreichend – liegt Knokke, schon immer ein Badeort für gehobene Ansprüche. Heute ist Knokke unbestreitbar die Nummer eins an der Küste. Nirgends in Belgien, mit Ausnahme von Brüssel, gibt es elegantere Geschäfte, nirgends haben die Boutiquen – oftmals Filialen weltbekannter Pariser Etablissements – so luxuriöse Angebote wie in Knokke. Und der in den Dünen gelegene Golfplatz, eine 18-Loch-Anlage, gilt als einer der schönsten Europas.

Kein anderer Ort vermittelt so den Charakter des vornehmen, dezenten Villenorts in den Dünen wie

Knokke mit seinen Ortsteilen Heist und Het Zoute. Der fast 12 Kilometer lange Strand wird von einem durchgehenden Seedeich gesäumt, der von zahlreichen Galerien gesäumt ist. Mit seinem Spielcasino, den internationalen Ausstellungen moderner Plastiken und der alljährlich stattfindenden Cartoonale, der Weltausstellung der Karikaturen, ebenso wie mit seinem mondänen Strandleben gehört Knokke in die Reihe der vornehmen, großen europäischen Badeorte, wie etwa Deauville oder Biarritz.

Am Rande von Knokke, sich aber über die Grenze in die Niederlande hineinziehend, liegt der Zwin, eine Dünen- und Salzwasserlandschaft, die durch das Versanden einer einstigen Meeresbucht hier entstand. Mit seinen Schauanlagen und Volieren, aber auch Freifluganlagen, bietet der Zwin einen umfassen Überblick über die Vogelwelt an der Küste. Bei Wanderungen über den Deich und durch das Gelände an den Brackwasserlagunen vorbei erschließt sich der Zwin als ein einzigartiges, von der Zusammensetzung der Vogel- und Pflanzenwelt her einmaliges Naturschutzgebiet Belgiens.

„Mich dünkt, dass dieses Land, mehr als alle anderen Länder auf Erden, es verdient, das gelobte Land genannt zu werden."

Philippe de Commynes

(Burgundischer Geschichtsschreiber -

15. Jahrhundert)

Dreimal Flandern

Flandern, Vlaanderen, les Flandres – was ist das überhaupt? Wie ist dieses Land entstanden? Fragen, zu denen die Antworten nicht uninteressant sind.

Lassen wir Kelten, Römer und Franken, die nach ihnen kamen, ruhig einmal im Frieden der Geschichte ruhen. Interessant wird es mit Flandern im Jahre 864, als eine Grafschaft Flandern entstand, und zwar als Bollwerk gegen die Normannen, die kriegerischen Nordmänner, die damals eine rechte Landplage waren. Auch Brügge, erste Hauptstadt Flanderns, hat das spüren müssen.

Diese erste Grafschaft Flandern hat sehr unter französischem Einfluss gestanden. Nachdem die Grafen von Flandern 1056 auch die zum mittelalterlichen Deutschen Reich gehörenden Grafschaften Aalst und die flandrische Küste erwarben, teilte sich Flandern in das unter französischer Lehnsherrschaft stehende

Am Kanal Brügge—Damme

Kronflandern mit der Hauptstadt Lille und das deutsch geprägte Reichsflandern mit Brügge.

In der Zeit der Kreuzzüge waren Grafen von Flandern 1204 bis 1261 so genannte lateinische Kaiser von Konstantinopel. Durch den Handel, der vor allem in der Hansestadt Brügge aus ganz Europa zusammenlief und dank der Tuchindustrie, die die drei Städte Brügge, Gent und Ypern zu den reichsten Städten Europas machte, war Flandern im 13. und 14. Jahrhundert eines der reichsten Länder Europas.

Um diese Zeit kam es immer häufiger zu Erhebungen des reichen und damit auch politisch mächtigen Bürgertums gegen die

Karl der Kühne (Bild von P. P. Rubens um 1618)

Herzog Philipp der Gute, von Rogier van der Weyden gemalt. Philipp trägt die Collane (Halskette) des Ordens vom Goldenen Vlies

französischen Könige, die immer weitere Teile Flanderns ihrem Königreich einverleiben wollten. In der berühmten „Schlacht der Goldenen Sporen" von Kortrijk wurde das französische Ritterheer dann durch das Heer der flandrischen Zünfte geschlagen, und der französische Einfluss konnte mehr und mehr zurückgedrängt werden.

1384 kam die Grafschaft Flandern durch Heirat an das Herzogtum Burgund. Damit begann eine knapp einhundertjährige, überaus glanzvolle Zeit für Flandern – eine Epoche, die Flandern in den Mittelpunkt der Weltpolitik rückte. Das war vor allem in der Zeit, als die damaligen Herzöge von Burgund, die man die „Großen" nannte – Johann Ohnefurcht und sein Sohn Philipp der Gute – die Stammresidenz der burgundischen Herzöge in Dijon mehr und mehr aufgaben und die Residenz nach Brügge verlegten. Unter Philipp dem Guten und seinem Sohn Karl dem Kühnen wurde das flandrische Brügge zur letzten strahlenden mittelalterlichen Hofhaltung Europas.

Die Hofhaltung der Herzöge in Brügge zog die Künstler, vor allem die Maler, an. Jan van Eyck, Hans Memling, Peter Porbus, Rogier van der Weyden und viele andere, deren Werke man zum Beispiel im Groninge-Museum in Brügge sehen kann, stehen für diese Epoche. Die Unterscheidung in das Königreich der Niederlande (Holland wie man heute sagt) und Belgien gab es damals noch nicht. Fast 300 Jahre, bevor die nördlichen Niederlande, das heutige Königreich der Niederlande, sich zum Mekka der Malerei im nördlichen Europa entwickelte, wofür Namen wie Rembrandt oder Frans Hals stehen, waren die damals

Denkmal für die Brüder Jan und Hubertus van Eyck in Maaseik

allerdings noch nicht so genannten südlichen Niederlande mit dem strahlenden Machtmittelpunkt Brügge das kulturelle Zentrum mitteleuropäischer Kunst.

Doch der politische Höhenflug Flanderns war jäh zu Ende. Karls des Kühnen Griff nach einer Königskrone und seiner Kür zum König von Burgund mit dem Mittelpunkt Flandern scheiterte an den Bedenken Kaiser Friedrichs III., der sich seine Beziehungen zu Frankreich, dessen Lehnsmann Karl de jure immer noch war, nicht verderben wollte. Karl hatte hoch gepokert: Er hatte mit seiner nach allen insoweit übereinstimmenden Berichten ausnehmend schönen Tochter Maria den Kronprinzen Maximilian von Österreich ködern wollen. Der Erfolg war anders, als er gedacht hatte. Unmittelbar nach dem Tode Karls des Kühnen in der Schlacht von Nancy 1477 heirateten die beiden Fürstenkinder. Es war, selten genug für das Mittelalter, eine Liebesheirat, hatten die beiden sich doch beim Treffen der Väter in Trier kennen und lieben gelernt.

Das Glück währte nur fünf Jahre, dann verunglückte Maria tödlich bei einem Jagdausflug. In den daraufhin einsetzenden Wirren und Auseinandersetzungen zwischen Frankreich, das sein Herzogtum Burgund wieder fester ins französische Königreich einbinden wollte, und dem Habsburger Maximilian, der Flandern und die Niederlande für das Haus Habsburg sichern wollte, sank der politische, wirtschaftliche und auch kulturelle Stern Flanderns rapide. Die Natur tat ein Übriges dazu. Die Meeresbucht Zwin ver-

Maximilian I. und seine Gattin Maria von Burgund

sandete, Schiffe konnten weder den Hafen Brügge noch den Vorhafen Damme erreichen. Brügges Lebensnerv – der Handel – war tödlich getroffen. Dazu kam, dass Maximilian keine glückliche Hand im Umgang mit den sehr selbstbewussten, ja manchmal aufsässigen Brügger Bürgern hatte. Das gipfelte darin, dass sie ihn, ihren Souverän, gefangen nahmen und in der Kranenburg in Brügge festsetzten. Der Vater, Kaiser Friedrich III., musste eigens aus Linz, wo er damals residierte, anreisen und den Sohn loseisen. Maximilian, tief verletzt, rächte sich. Er beschnitt den Brüggern kurzerhand so manche Privilegien und verlagerte sie nach Antwerpen.

Als eine Sternstunde der Weltgeschichte haben manche Historiker den 24. Februar 1500 bezeichnet. An diesem Tag wurde in Gent als Enkel Maximilans von Habsburg und Marias von Burgund Karl V. geboren, der mächtigste europäische Kaiser aller Zeiten. Seiner Mutter Johanna von Kastilien, als „die Wahnsinnige" in die Geschichte eingegangen, verdankte Karl das geradezu unermessliche Erbe des lateinischen Amerika. Ganz Mittel- und Südamerika – bis auf Brasilien – hatte die Alleinerbin des spanischen Königs ihrem Ehemann, Philipp dem Schönen, mit in die Ehe gebracht. Karl V., oft als flämischer Kaiser bezeichnet, weil er sich zeit seines Lebens meistens und am liebsten der flämischen, der niederländischen Sprache bediente, konnte mit Recht sagen, dass in seinem Reich die Sonne nicht unterging.

Kaiser Karl V.

Als bei der Abdankung Karls V. das riesige Habsburgerreich geteilt wurde, kamen die Niederlande mit Flandern an Spanien.

Die spanische Zeit unter Philipp II. war für Flandern zunächst keine sehr angenehme Zeit. Auch wenn die Flamen, anders als die Niederländer weiter nördlich, sich als treue Katholiken bewährten, hatte jeder, der auch ansatzweise Verständnis für Protestanten äußerte, vor der Inquisition und dem Scheiterhaufen zu zittern und um sein Leben zu fürchten. Vor allem, als der fanatische Protestantenhasser Philipp II., Herzog Alba, mit seinen Bluttruppen gegen die südlichen Niederlande, also Flandern marschieren ließ, begann ein Exodus der geistigen Elite aus Flandern. Berühmte Hochschullehrer, wie Erasmus von Rotterdam, verließen die flämische Universität Löwen, gingen ins Exil nach Basel. Juristen, die als Anwälte protestantische Mandanten hatten, mussten flüchten, so Jan Rubens, der Vater des großen Malers. Er ging nach Köln, musste dann wegen einer Liebschaft mit der Prinzessin Anna von Sachsen, der Ehefrau Wilhelms von Oranien, nach Siegen in Westfalen umsiedeln, wo der Sohn Peter Paul geboren wurde.

Erst Jahrzehnte später, als sich das Toben der Gegenreformation gemäßigt hatte und die protestantischen Nordprovinzen der Niederlande in der Utrechter Union zusammengeschlossen waren, beruhigte sich die Lage in Flandern, das nach wie vor unter spanischer Herrschaft blieb. Die prägenden Gestalten für eine Beruhigung, für wirtschaftlichen Aufschwung und das

Isabel Clara Eugenia von Spanien mit ihrem Gatten, dem Erzherzog Albrecht VII.

Aufblühen der Kunst waren der Regent Erzherzog Albrecht und seine Ehefrau Isabella, eine Tochter Philipps II.

Die beiden wurden die ersten großen Förderer und Mäzene des jungen Peter Paul Rubens. In der Zeit ihrer Regentschaft erlebte Flandern die Hochblüte der Barockkunst. Antwerpen trat an die Stelle Brügges als blühender Mittelpunkt Mitteleuropas, als das Weltzentrum der Druckerei unter Plantin und Moretus und als Wirkungsstätte von Peter Paul Rubens. Der Name dieses Mannes steht für den absoluten Höhepunkt Flanderns in der Kunstgeschichte. Als er starb, war kein Nachfolger

Peter Paul Rubens Selbstbildnis

in Sicht, der sein Werk fortsetzen konnte. Flanderns Zeit als kultureller Mittelpunkt Mitteleuropas war vorbei. Jetzt begann die Zeit der nördlichen Niederlande.

Der Westfälische Friede, der den grausamen Dreißigjährigen Krieg beendete, beließ zwar Flandern bei Spanien, hatte aber eine für Flandern katastrophale Folge: Die Utrechter Union erhielt ihre internationale Anerkennung als souveräner Staat des Königreichs der Niederlande. Um die verhassten Spanier mit ihrer großen Hafenstadt Antwerpen zu treffen, blockierte das neue Königreich die Scheldezufahrt nach Antwerpen, schnitt Stadt und Hafen von der Außenwelt ab. Das hatte weit reichende wirtschaftliche Folgen. Den Niederländern kam dabei die Tatsache zu Hilfe, dass im Rahmen des Westfälischen Friedens ein nördlicher Teil Flanderns mit Sluis und Terneuzen unter dem Namen „Staatenflandern“ an die holländischen Generalstaaten abgetreten werden musste. Es war dies das südliche Ufer der Westerschelde zwischen Knokke und Antwerpen, sodass die Niederländer den Mündungsbereich des Stroms buchstäblich in der Zange hatten.

Dieses damals „Staatenflandern“ genannte Gebiet ist seitdem also neben dem belgischen noch ein niederländischer Teil, Seeuws Vlaanderen genannt – Seeländisch Flandern als Teil der niederländischen Provinz Seeland.

Die Scheldeblockade dauerte mehr als 200 Jahre, wenn zuletzt auch nur noch in Form von Scheldezöllen, die an die Niederlande

Westerschelde vor Terneuzen, Niederlande

gezahlt werden mussten. 1863 erhielten die Niederlande eine Abfindungssumme, und erst jetzt konnte Antwerpens Hafen sich so richtig frei entfalten. Zuvor hatte Josef II. 1790 versucht, die Blockade mit militärischer Gewalt zu beenden, war aber gescheitert. 1795, nach dem Einmarsch der Franzosen gelang es dann doch, aber nun blockierte England den Strom. Und als 1830 die Belgier in der Revolution von Brüssel sich von den Niederländern lossagten, zu denen der Wiener Kongress sie gezwungen hatte, kam abermals eine Zeit der Scheldeblockade durch die Niederländer.

In der Zeit der Eroberungskriege des französischen Königs Ludwigs XIV. von 1667 bis 1697 hatte bereits ein Teil Flanderns abgegeben werden müssen, nämlich der westlichste Teil, Restbestand des mittelalterlichen Kronflanderns mit Dünkirchen, Lille und Douai. Bis heute blieb dieser Teil Flanderns unter französischer Herrschaft, sodass es heute drei Flandern in drei Staaten gibt: ein französisches, das große belgische und ein niederländisches Flandern.

Hatten die Spanier sich durch die zeitweise brutale Durchführung der Gegenreformation unbeliebt gemacht, war es ausgerechnet Josef II., der Kaiser der Aufklärung, der in der ersten Zeit der Zugehörigkeit Flanderns zu Österreich nach 1714 sich dadurch unbeliebt machte, dass er Deutsch als alleinige Amtssprache einführen wollte. Es brodelte in Belgien und führte am 11. Januar 1790, einen Monat vor Josefs Tod, zum Aufstand und zur Ausrufung der „Vereinigten Staaten von Belgien", die alsbald von Preußen, England und Holland als souverän anerkannt wurden.

König Leopold I.

Josefs Nachfolger, Leopold II., beendete 1791 die einjährige belgische Selbstständigkeit mit militärischer Gewalt, ein Jahr später marschierten die Franzosen ein, die bis 1813, bis zum Wiener Kongress, die Herren im Land blieben.

Nachdem Belgien 1830 seine Unabhängigkeit erklärt hatte, spielte sich ein wichtiger Augenblick der neuen belgischen Geschichte in Flandern ab. Der belgische Nationalkongress hatte den Prinzen Leopold von Coburg zum König gewählt. Leopold lebte damals in London. Das Territorium seines Königreichs betrat Leopold I., wie er sich nannte, am 21. Juli 1831 in De Panne an der belgischen Küste.

Zwischen 1840 und 1932 verhindert die so genannte Flämische Bewegung die drohende Französisierung von Sprache und Volkstum in Flandern und erreichte ihre Gleichberechtigung im Staatsleben. 1930 wurde die bis dahin französischsprachige Universität Gent flamisiert, 1932 wurden alle zentralen Verwaltungsstellen zweisprachig.

Der Erste Weltkrieg, in den Belgien durch den deutschen Überfall geriet, brachte nicht nur die furchtbaren Flandernschlachten im Hinterland der Küste, auch an der Küste selber wurden Nieuwpoort, Ostende und Zeebrügge, das als deutscher U-Boot-Stützpunkt diente, stark in Mitleidenschaft gezogen.

Geschichte Flanderns in Daten und Stichwörtern

864: Entstehung einer Grafschaft Flandern.

1056: Es kommt zur Teilung Flanderns in ein französisch dominiertes Kronflandern mit der Hauptstadt Lille und dem deutsch dominierten Reichsflandern.

1086: Brügge wird zur Residenz und zum Regierungssitz gewählt.

1204 bis 1261: Die Grafen von Flandern sind so genannte lateinische Kaiser von Konstantinopel.

13. bis 15. Jahrhundert: Flandern ist dank der Tuchmacherstädte Brügge, Gent und Ypern eines der reichsten Länder Europas.

1302: In der Schlacht von Kortrijk, der „Schlacht von den goldenen Sporen“, wird das französische Ritterheer durch flämische „Infanterie“ der Zünfte vernichtend geschlagen.

1384: Die Grafschaft Flandern kommt durch Erbschaft an das Herzogtum Burgund.

1384 bis 1477: Das goldene Zeitalter Flanderns – in politischer, wirtschaftlicher und kultureller Hinsicht.

1477: Tod Karls des Kühnen, des letzten Großen Herzogs von Burgund, in der Schlacht von Nancy. Karls des Kühnen Tochter Maria heiratet den österreichischen Kronprinzen Maximilian von Habsburg.

1482: Tod Marias von Burgund.

1500: Geburt Karls V.

1556: Bei der Abdankung Karls V. kommt Flandern mit den übrigen Niederlanden an Spanien.

1579: Die niederländischen Nordprovinzen schließen sich in der Utrechter Union gegen Spanien zusammen.

1604: Die Spanier erobern nach dreijähriger Belagerung Ostende.

1598 bis 1621: Unter der Regierung des Regentenpaares Erzherzog Albrecht und seiner Frau Isabella, Tochter Philipps II., erholt sich das durch die im Zuge der Gegenreformation eingesetzten spanischen Truppen vor allem des Herzogs von Alba drangsalierte Flandern. Antwerpen entwickelt sich zum Welthafen.

1648: Westfälischer Friede. Flandern bleibt bei Spanien; die jetzt souveränen Niederlande sperren die Schelde, das so genannte Staatenflandern südlich der Westerschelde (mit Sluis und Terneuzen) bleibt bei Holland.

1714: Ende des Spanischen Erbfolgekriegs. Flandern kommt zu Österreich, lediglich der Rest Kronflanderns mit Dünkirchen fällt an Frankreich.

1790: Am 11. Januar werden die Vereinigten Staaten von Belgien als souveräner Staat ausgerufen.

1791: Leopold II. zwingt Belgien zurück unter österreichische Herrschaft.

1792: Die Franzosen unter Napoleon erobern Flandern.

1795: Napoleon bricht die holländische Blockade der Schelde; erneute Blockade durch die Engländer.

1815: Wiener Kongress. Flandern wird mit dem Königreich der Niederlande vereinigt.

1830: Unabhängigkeitserklärung Belgiens.

1831: Leopold I. von Coburg wird zum belgischen König gewählt und betritt Belgien von London her kommend in De Panne.

1863: Endgültige Aufhebung des Scheldezolls; Antwerpen kann wieder aufblühen.

1840 bis 1932: Die Flämische Bewegung setzt sich erfolgreich gegen die Französisierung Flanderns ein.

1914 bis 1918: Erster Weltkrieg. Nach dem deutschen Überfall auf Belgien kommt es zu den jahrelangen blutigen und extrem erbitterten Flandernschlachten, bei denen deutsche Truppen erstmals Giftgas einsetzen.

1940 bis 1944: Zweiter Weltkrieg, in den Belgien abermals durch einen deutschen Angriff hineingezogen wird; Flandern erhält unter der deutschen Militärverwaltung einen Sonderstatus als „rücksiedlungsfähiges Gebiet".

1971: Nach Schaffung der beiden großen Gemeinschaften – Flandern und Wallonie – beginnt die Flämische Gemeinschaft mit eigenem Parlament (dem Rat) zu arbeiten.

1980: Belgien wird ein Bundesstaat, an dessen Spitze der König steht. Die Flämische Gemeinschaft bekommt wie die Wallonische weitgehende Befugnisse.

Die Flamen und ihre Probleme

Ein kurzer Blick in die politische, wirtschaftliche und kulturelle Situation

Als sich Belgien 1830 mit stiller, aber recht wirkungsvoller Hilfe Frankreichs von den Niederlanden löste und einen eigenen Staat bildete, war es nicht eine eigenständige, durch eine gemeinsame Landessprache gestützte Kultur, die die Bewohner der südlichen Provinzen der Vereinigten Niederlande in die Unabhängigkeit trieb. Das, was Flamen und Wallonen verband, war die gemeinsame Religion, der Katholizismus. Was sie von Anfang an trennte war die Sprache.

In Flandern, das heißt in den Provinzen West- und Ostflandern, Antwerpen, Limburg und Flämisch-Brabant, wird Flämisch gesprochen. Das ist zwar die gängige Ausdrucksweise, doch ist sie ungenau. Die in Flandern gesprochene Umgangssprache ist eine Mischung des Standard-Niederländischen und verschiedener Dialekte. Man könnte es so charakterisieren: Das in Flandern gesprochene Niederländisch verhält sich zu der in Holland gesprochenen Sprache wie das in Österreich gesprochene Deutsch zum Hochdeutschen in Deutschland.

Eine eigenständige Schriftsprache hat das Flämische nicht entwickelt, hierfür wird wie in den Medien, der Kirche, der Schule, der Verwaltung und der Justiz die niederländische Hochsprache, das „Algemeen Beschaafd Nederlands“, genommen. Wenn daher in vielen Fällen zu Recht von Werken der flämischen Literatur gesprochen wird, dann handelt es sich um Lyrik und Prosa, die von Flamen, also von in Flandern lebenden Autoren, verfasst wurde, wobei zum Teil eine sehr enge Anlehnung an Deutschland stattfand. Beispielhaft sind hier der größte flämische Lyriker Guido Gezelle zu nennen, der Romanautor Hendrik Conscience, der Lyriker, Essayist und Erzähler Karel van de Woestijne, der ähnlich wie im 20. Jahrhundert der Erzähler Felix Timmermans immer wieder die Polarität der „flämischen Seele“, Sinnlichkeit und Frömmigkeit, beschwört. Auch in Deutschland recht bekannt wurden die Bauerngeschichten des Erzählers Stijn Streuvels.

Dass in Belgien sich zwei völlig verschiedene Sprachgebiete entwickelt haben, ein flämisches in Flandern und ein französisches in der Wallonie, hängt zunächst mit der ganz unterschiedlichen Besiedlungsgeschichte des Landes zusammen. Bäuerliche Siedler, die im Zuge der Völkerwanderung vom Niederrhein, aus Friesland und Sachsen kamen, drangen in den Norden vor, an die Küste und in ihr Hinterland. Im Süden, der heutigen Wallonie, wo es zum Teil bedeutende römische Siedlungen gegeben hatte, waren es vor allem romanisierte Kelten und später Franken, die die Kultur prägten. Während

FLÄMISCHER HUMOR

Zu den großen Dichtern Flanderns gehört Karel van Woestijne der nach dem Ersten Weltkrieg einige Jahre in Ostende lebte.

Jeden Tag bummelte er über den Visserskaai, weil ihn die Menschen, denen er dort begegnete, als Typen besonders interessierten. Aus dieser Zeit wusste er zahlreiche Anekdoten zu erzählen. Eine gab er wohl besonders gern zum Besten.

Der Dichter stand an einem Morgen in der Nähe des Hafens vor dem meteorologischen Signalposten und betrachtete interessiert eine auffällige Wolkenbildung am Himmel über der Nordsee. Ein alter Seebär kam vorbei, van Woestijne kam mit ihm ins Gespräch und fragte schließlich: „Lieber Freund, was bekommen wir denn heute für Wetter?"

„Ich weiß es nicht", gab der Alte zur Antwort, „ich bin in Rente."

das ganze heutige Belgien jahrhundertelang stark unter französischem Einfluss stand, haben die Wallonen sich auch später ganz zu Frankreich hingezogen gefühlt.

Das Flämische im Norden Belgiens war – das muss offen gesagt werden – die Sprache der bäuerlichen Bevölkerung; das besser gestellte Bürgertum und der Adel sprachen auch in Flandern französisch.

Noch die erste belgische Verfassung von 1831 förderte zumindest unausgesprochen den Vorrang des Französischen. Da es noch keine allgemeine Schulpflicht gab, gingen die Kinder begüterter Eltern in Privatschulen, in denen auch in Flandern in französischer Sprache unterrichtet wurde. Das international wenig verwendbare Flämisch galt als bäuerisch, als primitiv, als die Sprache der Ungebildeten. Die Kinder auf dem Lande in Flandern konnten nur in einfache kirchliche Schulen gehen. Das Bildungsniveau war daher in Flandern zu jener Zeit noch wesentlich niedriger als in der Wallonie. Hinzu kam, dass Französisch die alleinige Verwaltungssprache im ganzen Königreich war.

Bis zum Zweiten Weltkrieg war die Wallonie das Land der Industrie. Die Wallonen waren wohlhabend und schauten auf die Flamen, die überwiegend kinderreiche Bauern waren, sehr von oben herab. Das hat sich in den letzten Jahrzehnten anders entwickelt. Die wallonische Industrie ist weitgehend zum Erliegen gekommen, die Wallonie ist heute der ärmere Part Belgiens. Demgegenüber verzeichnet Flandern eine wirtschaftliche Blüte, die vor allem von den großen Häfen Antwerpen, Gent und Zeebrügge, aber auch von der Industrieansiedlung, vor allem auch durch ausländische Konzerne, getragen wird. Hinzu kommt, und das ist nicht gering zu erachten, dass Flandern das Fremdenverkehrsland Belgiens ist. Der Tourismus, und zwar sowohl der Erholungstourismus als auch der Kulturtourismus, spielt in Flandern eine ungleich größere und wirtschaftlich bedeutsamere Rolle als in der Wallonie. Die Küste mit ihren etablierten Badeorten und die berühmten Kunststädte Brügge, Gent und Antwerpen locken die Besucher aus aller Welt an.

Diese Situation, durch zwei grundverschiedene Sprachen gekennzeichnet, hat wesentlich zur „belgischen Krankheit" – dem Sprachenstreit – beigetragen, der nach dem Zweiten Weltkrieg Formen annahm, die für die Existenz des belgischen Einheitsstaates lebensbedrohend wurde. Doch bereits kurz nach der Unabhängigkeit 1830 und der Einführung des Französischen als alleiniger Verwaltungssprache bildete sich die so genannte Flämische Bewegung, deren Ziel es war, sich gegen die Übermacht des Französischen zu wehren. Ausgelöst wurde diese Bewegung durch Hendrik Consciences Roman „Der Löwe von Flandern", der zu einem Erstarken des flämischen Nationalbewusstseins führte.

Als erster großer Erfolg gilt 1917 die Entstehung von zwei getrennten Sprachgebieten mit eigenen Ministerien in Brüssel und Namur.

Antwerpener Hafen, dahinter die Türme der Stadt

Nach dem Ersten Weltkrieg geriet das Flämische allerdings in den Ruf, die Sprache von Kollaborateuren mit der deutschen Besatzung zu sein; ein Vorwurf, der sich nach 1945 wiederholte, sicherlich nicht ganz ohne Grund. Die germanischstämmigen Flamen hatten sich vielleicht unbewusst im Hinblick auf die Geringschätzung, die sie durch die Wallonen hatten hinnehmen müssen, doch sehr in die Nähe Deutschlands gedrängt. Schon vor dem Ersten Weltkrieg hatte die flämische Gruppe der „Aktivisten" sich um einen eigenen flämischen Staat unter deutscher Schutzherrschaft bemüht und arbeitete eng mit der deutschen Militärverwaltung zusammen, ähnlich wie der Vlaamsch Nationaal Verbond während der Besatzungszeit im Zweiten Weltkrieg. Seit 1966 besteht das Prinzip strikter Einsprachigkeit in festgelegten Regionen, von einigen Ausnahmen wie Brüssel abgesehen. Bis es zu dieser Regelung kam, hatten vor allem die Flamen mitunter recht gewaltsame Mittel angewendet. Verfassungsreformen 1970 und 1980 haben Belgien schrittweise zu einem Bundesstaat gemacht. Es gibt heute drei Gemeinschaften, die flämische, die wallonische und die deutschsprachige – mit eigenen Parlamenten und Regierungen; daneben die flämische und die wallonische Region. Es würde hier zu weit führen, das höchst komplizierte und nicht einfach zu durchschauende Gebilde des belgischen Föderalismus mit seinen Gemeinschaften, Regionen, Sondergebieten wie Brüssel und natürlich Gemeinden näher darzustellen.

Fischerboot im Hafen von Zeebrügge

Kaiserliche Prüderie

Im 18. Jahrhundert gehörte Flandern zu Österreich. Nach dem Tod der Kaiserin Maria Theresia folgte ihr Sohn Joseph als Joseph II. auf den Kaiserthron. Nach und nach inspizierte der neue Kaiser seine Länder und kam auch nach Flandern. In Gent wurde dem Kaiser das berühmteste Kunstwerk gezeigt – der 1432 von Jan van Eyck gemalte Genter Altar in der St. Baafskathedrale in Gent.

Ganz oben bei diesem aus 20 Bildtafeln bestehenden Meisterwerk sind links und rechts die Bildtafeln zu sehen, die Adam und Eva in paradiesischer Nacktheit zeigen. Der Kaiser war empört, dass in einer Kirche nackte Menschen zu sehen waren und befahl auf der Stelle, die anstößigen Bilder zu entfernen.

Wohl oder übel mussten die Genter dieser kaiserlichen Order nachkommen, doch ließen sie Kopien anfertigen, die die Stammeltern züchtig in Felle gekleidet zeigten. Die Originale wurden natürlich aufbewahrt. Erst nach dem Ersten Weltkrieg kamen sie wieder an ihren Platz. Die Kopien mit der paradiesischen Fellmode hängte man an den Ausgang der Kathedrale, wo sie jeder, der die Kirche verlässt, sehen kann. Eine späte Rache an einem humorlosen Kaiser.

Es bleibt festzuhalten, dass Belgien durch seine Staatsreformen das Menschenmögliche getan hat, um den unseligen Sprachenstreit zu entschärfen. Ganz aus der Welt schaffen wird er sich nicht lassen, dafür sind die Mentalitäten der beiden Bevölkerungsgruppen zu unterschiedlich. Flandern kann jedoch zu Recht stolz sein auf seine heutige Stellung.

DURCHS LAND DER SINGENDEN TÜRME

Was ein Fietspad ist, wissen wir jetzt. Nein, nicht einfach ein Fahrradweg. Ein Fietspad ist die schönste Möglichkeit, Flandern kennen zu lernen. Das Land der kleinen, pappelgesäumten Kanäle und der Beginenhöfe, der gotischen Rathäuser, der Küste mit ihren Stränden, die an Kinderspielplätze erinnern, und der singenden Türme. Das sind jene Belfriede, von denen mittags die Glockenspiele klingen – so, als ob die spröden flandrischen Volksweisen in Glockentöne gefasst von oben herab perlten.

In Ypern, traurig berühmt aus dem Ersten Weltkrieg, ganz im Westen, mieten wir uns Fahrräder, nein, natürlich Fietsen. Als altmodische Drahtesel erscheinen sie uns mit ihren hohen Lenkstangen. Gesundheitslenker, spötteln wir im ersten Moment.

Doch später sind wir den hohen Lenkern dankbar, dass wir aufrecht sitzen können und ungehindert über die niedrigen Hecken an manchen Wegesrändern über das weite Land schauen können.

Ypern (Ieper), Lakenhal und Belfried

In den Packtaschen links und rechts ist das Nötigste für unterwegs verstaut. Was wir sonst noch brauchen, ist in einem kleinen Rucksack untergebracht. Viel ist das nicht, schließlich wollen wir weder in Blankenberge noch Ostende oder Knokke ins Spielcasino. Abendkleid oder dunkler Anzug können also bei dieser Art Reise durch Flandern getrost daheim bleiben.

Das Wetter ist nicht gerade ermutigend, im Gegenteil. Dicke, graue Wolken hängen unter dem Himmel, kommen in immer neuen Schüben von der Küste her. Aber sie kommen mit dem Wind, und das bedeutet, dass wir nicht gegen den Wind strampeln müssen, jedenfalls fürs Erste nicht. Wir schicken ein Stoßgebet zum Himmel, dass es trocken bleiben möge, dann nimmt uns ein Fietspad auf, so schmal und so klein, dass wir fein säuberlich hintereinander fahren müssen. Der Weg verläuft so schnurgerade, wie nur ein flandrischer Fietspad an einem schnurgeraden Kanal schnurgerade verlaufen kann. Diese Kanäle mögen irgendwann einmal dazu gedient haben, kleine Boote zu tragen, heute sind sie nur noch Grundstücksabgrenzung.

Rundum dehnt sich die Polderlandschaft. Hier und da steht eine Windmühle, duckt sich das rote Dach oder weiß gekalkte Gemäuer eines Hofes unter die tief hängenden Wolken.

In den fetten Wiesen stehen Kühe, glotzen uns aus großen Augen an, weniger neugierig als vielmehr gleichgültig. Hin und wieder ist da ein Bauer auszumachen, in blauer Jacke, rotem Halstuch und schwarzer Kappe, der auf einem kleinem Schemel unter einer Kuh hockt und sie mit der Hand melkt. Der große Regenschirm, für alle Fälle mitgebracht, lehnt am Zaun. Und daneben das Fahrrad, mit dessen kleinem Anhänger die Milchkannen später weggebracht werden. Die Melkwagen auf anderen Weiden lassen aber erkennen, dass solche Idyllen auch in Flandern nur noch Ausnahmen sind.

Tage später sehen wir schon von weitem die markanten Türme von Brügge – Flanderns schönster Stadt. Belfried, St. Salvator und Liebfrauenkirche lassen die Stadt, im Mittelalter neben Venedig die größte, reichste und mächtigste Handelsstadt Europas, über viele Kilometer hinweg erkennen.

Brügge, der Belfried

Brügge, Blick vom Belfried auf den Markt

Es ist Sonntagmorgen, von St. Salvator kommen dumpfe Glockenschläge, rufen die Kirchgänger zur Messe. Und sie kommen heran aus schmalen Gassen und von verwinkelten Plätzen zwischen den kleinen, verschnörkelten und mit so vielen Madonnenstatuen versehenen Backsteinhäuschen. Kommen heran mit bedächtigen Schritten oder auf hohen Absätzen angetrippelt, dass es auf dem Kopfsteinpflaster hallt. Sie füllen das dämmrige Innere der wuchtigen Kirche, in der immer noch die Wappenschilder der Ritter vom Goldenen Vlies an die prunkvolle Zeit erinnern, da die Großen Herzöge von Burgund hier Hof hielten und zum letzten Mal in Europa im Herbst des Mittelalters eine fürstliche Hofhaltung inszenierten.

388 Stufen hat die Treppe im Inneren des Belfrieds von Brügge. Und diese Treppe ist in den letzten Stockwerken so schmal, dass wir immer wieder zur Seite ins Gebälk treten müssen, um die Herabsteigenden vorbeilassen zu können. Der Blick von oben verschlägt uns den Atem. Rundum aus der Tiefe stechen die spitzen, gotischen Türmchen und Giebel herauf, drängen sich die Zunft-, Gesandtschafts- und Handelshäuser des Mittelalters unter uns.

Und dahinter geht der Blick am Kanal entlang nach Damme und in das Gebiet des Zwin, jener einstigen Meeresbucht, die im 15. Jahrhundert versandete und damit die stolze Hafenstadt Brügge sterben ließ.

Dieses Land Flandern ist wie kaum ein zweites gemacht zum geruhsamen Bummeln mit dem Fahrrad, mit dem Fiets. Eine Fülle gut markierter und zum Teil hervorragend angelegter Fietspade durchzieht das Land. Aber gibt es einen schöneren Weg, um mit dem Rad gemächlich dahinzufahren, als den Weg am Kanal entlang von Brügge nach Damme? Unter den hohen Pappeln, die den Kanal säumen und in denen der Wind singt, fahren wir hin und unter dicken, weißen Wolken, die an diesem Sonntagnachmittag über die Küstenlandschaft segeln.

Im verschwimmenden Licht des Spätnachmittags stehen wir auf dem Marktplatz von Damme, das einst als blühende und reiche Hafenstadt durch die Verlandung des Zwins Brügges Schicksal teilen musste. Der Marktplatz spiegelt heute noch die Vergangenheit des Städtchens. Das spätgotische Rathaus trägt in den Nischen seiner Fassade die Statuen der Großen Flanderns und Burgunds: Philipp vom Elsass steht da, der Gründer der Stadt, Johanna und Margaretha von Konstantinopel und Karl der Kühne, der seiner Braut, Margarete von York, den Ehering ansteckt.

Die weißen Wolken, die uns gutes Wetter zu versprechen schienen, haben nicht Wort gehalten. Regen prasselt am Morgen gegen das Fenster unseres Hotelzimmers. Das werde nicht lange dauern, versichert uns der Wirt, an der Küste ändere sich das Wetter schnell, aber wir wollen nicht

Damme, der Marktplatz

Kanal bei Westkapelle

warten. Mit so einem flandrischen Regen, werden wir es schon aufnehmen. Doch der kommt geradewegs von der Küste her, und wir müssen ihm entgegen. Er peitscht uns ins Gesicht, rinnt unter dem Umhang am Hals entlang, sammelt sich in den Schuhen. Es ist nur ein schwacher Trost, zu sehen wie die Schulkinder, die uns begegnen, ebenso gegen Wind und Regen ankämpfen müssen wie wir.

Was soll das Heldentum? Das nächste Café ist nicht weit, der Kaffee ist heiß und gut, und die Spekulatius, die zu jeder Tasse neu gereicht werden, sind süß und knusprig. Und auf einmal blitzt es draußen auf dem nassen Pflaster. Die Sonne hat uns wieder, wenn auch nur für Augenblicke. Dann jagen wieder Wolken über uns hin, aber es bleibt trocken, und das Land, frisch gewaschen, blinkt und strahlt.

Altmodische Wegweiser leiten uns von Westkapelle ins Naturschutzgebiet des Zwins. Wo einst Meereswellen wogten und Handelsschiffe reiche Fracht nach Brügge, Damme oder Sluis brachten, dehnt sich heute Belgiens interessantestes Naturschutzgebiet, Heimat unzähliger Wasser- und Strandvögel. Schade, dass wir nicht zur Zeit des herbstlichen Vogelzugs hier sind. Dann könne man mitunter sein eigenes Wort nicht verstehen vor lauter Schnattern und Schnarren, Pfeifen, Quäken oder Schilpen, in hohen und tiefen Lauten, versichert uns die Frau am Schalter der Eintrittskasse.

Brütender Storch im Zwin/Knokke

Gent, Blick vom Gravensteen

Gent, die Stadt, in der Karl V. geboren wurde und die sich nach dem Niedergang Brügges zur bedeutendsten Tuchmacherstadt des Kontinents entwickelte, empfängt uns recht gastlich. Führt doch der Fietspad mitten ins Zentrum. Doch der Belfried, berühmt wegen des Ausblicks über die Stadt auf 30 Inseln zwischen Schelde und Leie, ist an diesem Tag wegen Reparaturarbeiten geschlossen. So müssen wir uns mit dem Blick von den Zinnen der Festung Gravensteen auf die Stadt begnügen.

Aber so recht will die Freude über den Blick auf die verspielten Fassaden des Mittelalters an Grasleie und Kornleie von da oben nicht aufkommen. Allzu düster ist dieses Gemäuer, Europas besterhaltenste Wasserfestung des Mittelalters. Allzu grauenhaft ist das, was uns beim Rundgang durch die Anlage über Richten und Vollstrecken, über Foltern und Quälen in früheren Zeiten erzählt wird.

Schloß Gravensteen

Unter der niedrigen Decke im Ratskeller zu Gent sammelt sich der Gasthausdunst. Stimmen schwirren durcheinander. Klingen sie wirklich lauter als anderswo und vielleicht immer noch ein wenig aufrührerisch, diese Stimmen der Genter? Hatte Matthäus Merian Recht, als er 1654 Gent neben Paris und Lüttich zu den drei revolutionsfreudigsten Städten Europas zählte? Oder wirkt hier nur das Trappistenbier so anfeuernd, jenes dunkle Klosterbier, von dem einst ein deutscher Braumeister versicherte, nach der zweiten Flasche würde man Vater und Mutter totschlagen?

Trappistenbier ist in Flandern besonders beliebt

Da wir ohne elterliche Begleitung unterwegs sind, halten wir das Risiko für gering und genießen den Abend bei flandrischem Klosterbräu, lassen uns dazu eine Genter Spezialität servieren, eine echte Waterzooi, einen Kartoffel-Gemüseeintopf mit Geflügelfleisch.

Das Trappistenbier lässt dann am späten Abend, als wir ins Freie kommen, den goldenen Drachen hoch über uns auf der Turmspitze des Belfrieds tanzen. Zum Glück sind es nur wenige Schritte bis zum Jorishof, dem angeblich ältesten Gasthaus Europas. Die Mauern der Zimmer sind jedenfalls so dick, als müssten sie jederzeit einer Belagerung standhalten können.

Am nächsten Tag haben wir gerade ein kleines Dorf hinter uns gelassen, dessen rote Dächer und weiße Giebel sich im stillen Wasser eines Kanals spiegeln. In einem museumsreifen Tante-Emma-Laden haben wir etwas fürs Picknick eingekauft, da passiert es: Auf dem kleinen Kanalweg kommt uns eine Herde Kühe entgegen. Die Tiere weichen keinen Deut zur Seite, sie trotten daher im offensichtlichen Bewusstsein der Stärkeren. Was bleibt uns übrig, als unsere Fietsen neben den Weg zu lenken? Doch da liegt, Tücke des Schicksals, ein großer Stein unter hohem Gras verborgen. Das Vorderrad stößt an, der Fahrer verliert das Gleichgewicht und findet sich prustend und paddelnd im Kanal wieder. Und wir haben Mühe, ihn an Land zu ziehen und abzutrocknen, während die Wellen des so unsanft gestörten Wassers leise an die Böschung schlagen.

In diesem Land, dessen gutes Essen die Maler gemalt und die Dichter beschrieben haben, fällt es uns schwer, an den Stätten des guten Essens so oft vorbeifahren zu müssen, um draußen unter hohen Bäumen, im Schatten einer Kapelle oder auf einem Picknickplatz, neben dem Fietspad das Picknick aus der Satteltasche zu holen. Doch es bleibt die Freude auf die Einkehr am Abend in einem gastlichen Haus. Wo wir Kaninchenpastete oder Aal grün, Hopfenspitzen oder gebackenen Heilbutt in Chicorée kosten können.

Dass Karpfen in Bier gekocht oder Rindslendchen „für verliebte Leute“ solche Delikatessen sind, erfahren wir dann sozusagen zwischen zwei Fietspaden.

Die haben jetzt in der Provinz Antwerpen ganz besonders interessante Namen. Da gibt es den Erdbeerweg und den Spargelweg, den Wassermühlen-, Bruch- und Prinzenweg. Und schließlich blicken wir uns fast ein wenig scheu um, als wir im Grenzgebiet gegen die Niederlande auf dem Schmugglerweg unterwegs sind. Aber es kommt kein Grenzer, der mit amtlicher Miene nach den Papieren fragt. Ja, nicht einmal ein Schlagbaum ist zu sehen, als unser Fietspad uns hinter De Klinge ins Holländische hinüberbringt nach Hulst. Wir folgen einer Empfehlung, die man uns vor Tagen gab und kehren hier zu Mittag ein. Essen köstlichen Aalschmortopf mit Bier und hinterher Arme Ritter mit Kaffee und wünschen uns, diese Fietstour möge ewig währen.

Doch ach, alles hat ein Ende, auch diese Fahrradtour durchs Hinterland der belgischen Küste. Als wir, vom leichten Rückenwind getrieben, auf dem Scheldedeich von Doel flussaufwärts radeln und dabei den Schiffen auf dem Strom zuschauen, da wachsen um uns die Masten und Kräne und Türme der großen Hafenstadt Antwerpen immer größer und unübersehbarer an.

Noch einmal am Abend auf dem Grote Markt der Stadt nimmt uns Flandern von der romantischen Seite gefangen. Mit den kulissenhaft wirkenden Zunfthäusern, dem Renaissancerathaus und dem großen Brunnen, auf dem Brabo die dem sagenhaften Riesen Antigonus abgehackte Hand in die Schelde werfen will. Wenn es

Landschaft bei Damme

Antwerpen, Brabobrunnen auf dem Groote Markt

morgen heimwärts geht, wird uns manches fehlen, was uns in diesen Tagen auf den Fietspaden lieb geworden ist: die weite Polderlandschaft und die Windmühlen, die Kanäle und die roten Dächer der Bauernhäuser, der Wind, der in den Pappeln für uns sang und die Regentropfen, die auf dem Wasser der Kanäle Pockennarben schlugen. Und auch das Trappistenbier wird uns fehlen, das den weiten Himmel über Flandern am Abend noch weiter werden ließ.

UNTERWEGS MIT DEM FIETSEN

Welche Landschaft könnte man besser mithilfe von zwei Rädern erleben als das meist flache Land an der Küste und ihr Hinterland? Sicherlich mag die Tatsache, dass die Belgier ausgesprochene Radfahrfanatiker sind, mitgespielt haben, dass es in der meist tischflachen Küstenlandschaft derartig viele ausgeschilderte Radwanderwege – nein, hier sagt man Fietswege – gibt. Der moderne Trend, der die Urlauber immer mehr im Rahmen eines so genannten Aktivurlaubs zum Fiets greifen lässt, um das Land zu erkunden, ist sicherlich mindestens so wichtig.

Rast am Fietsweg

Jedenfalls ist die Fülle wunderschöner, an Sehenswürdigkeiten und Überraschungen reicher Radwege für immer mehr Urlauber an der Küste ein Grund, einmal für einen Tag oder mehrere den Strand zu verlassen und in die Pedalen zu treten. Mieten kann man die Fietsen überall. Wenn kein „Verhuur“ – keine Vermietungsstelle – ausgeschildert ist, hilft das nächste Fremdenverkehrsamt, der Dienst voor Toerisme, weiter.

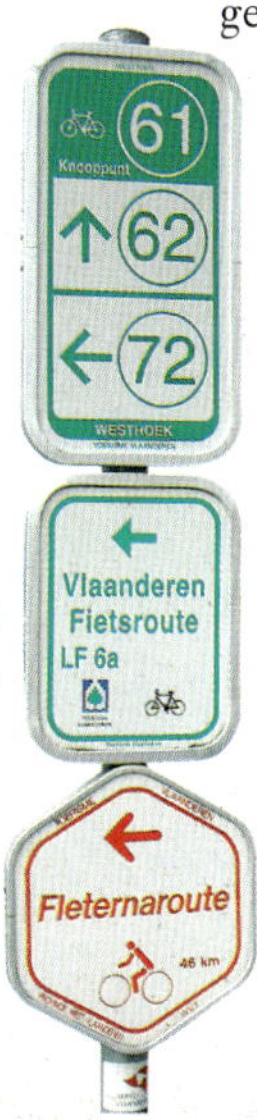

Seit dem Sommer 2005 gibt es in dem hier vorgestellten Reisegebiet der belgischen Küste und ihrem Hinterland in Westflandern, Ostflandern und Antwerpen ein ausgetüfteltes Radwegenetz mit Knotenpunkten, wie sich das auch schon in vielen anderen Gebieten bewährt hat.

Im Folgenden finden Sie eine Auswahl der reizvollsten Radwanderwege im Küstenland, gut ausgeschildert, soweit wie eben möglich, abseits der Verkehrsstraßen geführt und oft mit Namen versehen, die sofort neugierig machen.

Der wichtigste Radwanderweg ist die „Kustfietsroute“, der Küstenradweg, der von Adinkerke bei De Panne bis Knokke-Het Zoute entweder immer auf dem Seedeich, also in Tuchfühlung mit dem Meer, oder aber unmittelbar dahinter verläuft. Es gibt ein handliches Faltblatt, auf dem die wichtigsten Ortsdurchfahrten der Küstenorte zuverlässig dargestellt sind. Man bekommt es bei jedem Fremdenverkehrsamt der einzelnen Küstenorte.

Nähere Informationen gibt es unter www.meteokust.be oder www.westtoer.be.

Ein dichtes Radwegenetz gibt es sowohl im belgischen als auch im seeländischen Flandern. Wir müssen uns hier damit begnügen, einige dieser reizvollen Wege zu benennen, bei denen es sich sämtlich um Rundkurse handelt, das bedeutet, dass Ausgangs- und Endpunkt identisch sind:

- Die Moerenroute, 39 km von und nach Beauvoorde durch das am niedrigsten gelegene Polderland Flanderns.
- Die Hoppelandroute, 43 km von und nach Poperinge durch die Hopfenfelder.

- Die Frontierenroute, 41 km von und nach Poperinge durch das belgisch-französische Grenzgebiet.
- Die Friedensroute, 45 km von und nach Ypern durch das Kampfgebiet des Ersten Weltkriegs.
- Die Goedendagroute, 49 km von und nach Kortrijk.
- Die Gitsbergroute, 45 km von und nach Roselaere.
- Die Leiestreekroute, 55 km von und nach Gent durch die Leiestreek.

In der Provinz Antwerpen werden mehrtägige Radtouren mit Gepäcktransfer angeboten. Nähere Informationen unter www.tpa.be.

Verleih von Fahrzeugen auf dem Zeedijk

Begegnung bei der Fietstour

Die folgenden Radwanderwege in Seeländisch Flandern erschließen das in den Routen 8 und 9 näher vorgestellte Gebiet sehr detailliert.

- Cathalijne-Route, 35 km von und nach Oostburg.
- Fortsroute, 40 km von und nach Axel.
- Hof-te-Zande-Route, 35 km von und nach Klosterzande.
- Hulsterloo-Route, 37 km von und nach Hulst.
- Maagd-van-Gent-Route, 38 km von und nach Ijzendijke.
- Maurits-Route, 44 km von und nach Terneuzen.
- Panorama-Route, 35 km von und nach Breskens.

Fahrräder kann man an fast jedem Bahnhof mieten und nach Belieben an anderen Bahnhöfen zurückgeben.

Direkt an oder nahe bei Radrouten geben sich manche Beherbergungsbetriebe als besonders „fietsvriendelijk“, das heißt fahrradfreundlich, zu erkennen. Sie sind durch ein mit einem Fahrrad versehenes Label gekennzeichnet und von der sicheren Unterstellmöglichkeit für das Rad bis zu Reparatursets, Radwegekarten und auch Radverleih auf die Bedürfnisse der Radtouristen eingestellt.

i *www.radflandern.de*

Einladende Herberge für Radwanderer

Das achte Wunder Belgiens

Dass „Mechelner Kuckuck“ zu Lebzeiten niemals „Kuckuck“ gerufen, sondern gekräht hat und am besten zu Hopfenspitzen schmeckt, die wie Spargel zubereitet werden, wissen wir jetzt. Wir wissen auch, dass man Seezungenfilets ganz köstlich mit frischen Spargelspitzen füllen kann.

Wir haben erfahren, wie die Bouillon vom jungen Wildkaninchen mit Trüffeln mundet, was „Arme Ritter für verliebte Leute“ oder die „Hochzeit der Jakobsmuscheln“ sind. Dass eine Mousse von Austern und Langustinen auf der Zunge wie Schokoladencreme zergehen kann, fühlen wir immer noch, denn wir haben eine Reise durch das Schlaraffenland gemacht.

In diesem Schlaraffenland fliegen die gebackenen Täubchen zwar nicht frei herum, sondern werden an Wirsinggemüse serviert, und auch die gebratenen Schweine laufen nicht mit Messer und Gabel im Nacken oder Rücken einher. Weder sind hier die Zäune aus Bratwürsten geflochten noch die Fensterläden an den wie aus weißem Zucker aussehenden Häusern aus Lebkuchen.

Und doch kann das Fazit am Ende einer solchen Reise nur lauten: Wenn überhaupt irgendwo, dann kann, ja dann muss das Schlaraffenland in Flandern gelegen haben. Und eigentlich liegt es noch immer dort, an der Küste und in deren Hinterland.

Vor Jahren wurde unter dem Motto „Die Sieben Wunder Belgiens“ eine Werbekampagne gestartet mit dem Ziel, auf die kostbaren mittelalterlichen Kunstwerke Belgiens aufmerksam zu machen, von denen drei in Flandern zu sehen sind.

Kenner Belgiens, vor allem Flanderns, wissen, dass dabei das achte Wunder vergessen wurde: das Wunder der Kochkunst, die hier höher entwickelt ist als in den meisten anderen Ländern Europas.

„Leben wie Gott in Frankreich“ wurde zu einem geflügelten Wort für das lustvolle Erleben der köstlichen und nahrhaften Dinge des Lebens. Selbst Kenner Frankreichs wissen längst, dass es heute viel berechtigter wäre zu sagen: „Leben, ja Schlemmen wie Gott in Flandern.“

In einem Land, dessen Künstler das gute Essen und Trinken, das Genießen seit jeher gemalt und besungen haben – von Pieter Breughel, dem Bauernbreughel angefangen, über Charles de Coster bis hin zu Felix Timmermans mit seinem Pallieter, jenem unvergleichlichen Roman der Lebenslust –, verstand man schon immer

Bauernhochzeit, Gemälde von Pieter Breughel d. Ä.

gut zu leben, doch die Außenwelt wusste es nicht. Es bedurfte erst einiger begeisterter junger Köche, die in die Töpfe berühmter Küchenchefs rund um den Globus geschaut hatten, um Belgien etwa seit der Weltausstellung 1958 als ein Gourmetparadies international bekannt zu machen. Sie hatten erkannt, welche Möglichkeiten dieses Land Flandern mit seinen Rohstoffen einem einfaltreichen Küchenmeister bot.

Heute gibt es in keinem anderen Land, auch nicht in Frankreich oder Italien, im Verhältnis zu Größe und Einwohnerzahl des Landes, so viele mit Sternchen, Hauben, Kochlöffeln oder Punkten ausgezeichnete Gourmetlokale wie in Belgien, besonders in Flandern. Und diese Tempel des sympathischen Gottes Lukull liegen durchaus nicht nur in Brügge oder Gent, Knokke oder Antwerpen. Man findet sie in kleinen Städtchen, selbst in unscheinbaren Dörfern. Und jedes dieser Lokale, die allesamt einen Standard aufweisen, wie es in vielen so genannten Weltstädten kein einziges Haus kann, ist gleichsam eine unverwechselbare Persönlichkeit. So wie der Chef des Hauses, der oft genug im Verborgenen als Herr über ein Orchester von Köchen mit seiner Kunst den Ruf des Hauses prägt. Die Namen vieler dieser Häuser stehen für Flandern als kulinarischem Reiseerlebnis. Ob es „De Engel“ in Balen im Antwerpener Kempenland ist oder das „Bellefleur“ in Kapellen bei Antwerpen, das „Aquilon“ in Knokke, die „Hostellerie“ auf dem im Ersten Weltkrieg so erbittert umkämpften Kemmelberg, das „Breughel“ in Damme oder das „Au Vigneron“ in Ostende, um nur eine kleine Auswahl zu nennen. Es sind Namen, die Kennern das Wasser im Munde zusammenlaufen lassen.

Dabei hat das „Au Vigneron“ in Ostende eine ganz besondere Geschichte. Nachdem es jahrelang in einem Vorort der Stadt bereits Aufsehen erregt hatte, findet man es heute in der so genannten Königlichen

Restaurant „Lamme Goedzak“ in Damme

In der Küche des „Bellefleur" in Kapellen bei Antwerpen

Villa. Für Belgiens König Leopold II. wurde einst dieses Chalet Royal, auch Oostendse Compagnie genannt, in den Dünen am Strand gebaut. Nach dem Zweiten Weltkrieg wurde die kriegszerstörte Villa von der Stadt Ostende als Sommerresidenz für König Baudouin wieder aufgebaut. Doch die junge königliche Familie zog es mehr in die Sonne Spaniens. So pachtete Jean Marie Daue das Haus für sein „Au Vigneron", damit heute bürgerliche Gäste in der Königlichen Villa speisen können. Wobei das Haus entsprechend dem Faible seines Chefs, der durch seine Meeresfestivals in den Luxushotels von Singapur, Hongkong oder Djakarta berühmt geworden ist, ein Schlemmerdorado für die Freunde von Fischen und Meeresfrüchten ist. Eine Spezialität des Hauses, Hummer in drei Gängen, ist eine einzige Orgie in Hummer, Langustinen und Krabben.

Wie kommt es, dass gerade Flandern das Land des guten Essens und Trinkens und der hohen Kochkunst ist? Zum einen sind die Flamen ein lebens- und genussfreudiges Volk, das die „Rohstoffe" zum guten Leben in Fülle im eigenen Land hat. Das reicht von der Nordsee, über deren große und kleine Häfen Fische und Meeresfrüchte in köstlicher Frische angeliefert werden, über das fruchtbare Hinterland mit seinen stattlichen Bauernhöfen, auf denen Vieh gezüchtet und Gemüse angebaut werden, bis hin zu den Brauereien, die für eine schier unübersehbare Fülle von Bier sorgen.

Maria von Burgund auf einem Flaschenetikett

Zum anderen war Flandern seit dem Mittelalter eines der wichtigsten Wirtschafts- und Kulturzentren Europas. Flanderns Tuchindustrie und -handel in Brügge und Gent, Kortrijk, Ypern und Veurne brachten schon vor mehr als einem halben Jahrtausend Wohlstand in das Land zwischen Nordsee und Ardennen. Wundert es, dass hier heute noch einige der schönsten und besterhaltenen mittelalterlichen Städte Europas liegen?

Reiche Leute haben schon immer gern gut getafelt, die flämischen Tuch- und Handelsherren wie die Kapitäne oder die großen Bauern waren da keine Ausnahme. Ein anderes kommt hinzu. In Flanderns Städten, nicht nur in Brüssel und Mecheln, sondern auch und besonders in Brügge, Gent und Antwerpen entfaltete sich zwischen dem 14. und 17. Jahrhundert ein einzigartiges politisches Machtzentrum.

Philipp der Gute und Karl der Kühne – die nicht zu Unrecht die „Großen Herzöge von Burgund" genannten Herrscher – versuchten, ihr Herzogtum Burgund zu einer dritten Großmacht in Europa zwischen Frankreich und dem Deutschen Reich werden zu lassen. Sie verlagerten mehr und mehr die prunkvolle Hofhaltung aus dem burgundischen Dijon nach Flandern, das ihnen dank Erbschaft zugefallen war.

Brügge in Flandern, lange Zeit nach Venedig zweitmächtigste und -reichste Stadt der damaligen Welt, erlebte unter Karl dem Kühnen die letzte prachtvolle Hofhaltung im Europa des ausgehenden Mittelalters. Macht, Kunst und Kultur, wozu auch die Kunst der guten Küche gehörte, trafen in Flandern vor allem in Brügge zusammen.

In Gent wurde im Jahre 1500 der Mann geboren, der von sich sagen konnte, in seinem Reich ginge die Sonne nicht unter. Die Mutter Karls V., Johanna von Kastilien, hatte dem damals eng mit Flandern verbundenen Haus Habsburg die spanischen Besitzungen eingebracht.

Das strahlte in vielen Dingen bis nach Flandern aus, auch wenn der Kaiser, der bis zu seinem 15. Lebensjahr nur niederländisch gesprochen haben soll, später auf seine Heimat Flandern nicht mehr gut zu sprechen war. Die Flamen waren ihm zu aufsässig. Bis heute spiegeln sich in der Küche Flanderns, ungeachtet der heimischen Rohstoffe, die vielfältigen Einflüsse, die im Laufe der Zeit durch die verschiedenen Herren ins Land gekommen sind: burgundische und französische, spanische und deutsche.

Natürlich war die flämische Küche, trotz aller internationalen Einflüsse, die ihr seit der Zeit der Hanse im 12. Jahrhundert

In einem Gourmetlokal in Knokke

zugeflossen sind, in erster Linie eine deftige Küche. Das Wasser könnte einem im Munde zusammenlaufen, wenn man liest, wie der flämische Dichter Charles de Coster in seinem berühmten „Uilenspijgel" den Lamme Goedzak, Uilenspijgels Kampfgefährten, im Geusenkrieg gegen Herzog Alba fragen lässt: „Wann wird der gesegnete Friede kommen, wo es uns vergönnt sein wird, ohne Sorgen Rebhühner zu braten, Kapaune zu schmoren und die Würste mitten unter Eiern in der Pfanne braten zu lassen?"

Keiner hat wohl die Lebenslust und -freude der Flamen, die sich nicht zuletzt im guten Essen ausdrückt, so beschrieben wie Felix Timmermans in seinem Bauernroman „Pallieter". Liest man die folgende Beschreibung einer Bauernkirmes auf einem Hof im Antwerpener Kempenland, läuft dem Leser das Wasser im Mund zusammen. Da heißt es: „Und es kam hintereinander im Überfluss: Steinbutt mit Kartoffeln, Schinken mit Bohnen, Kalbsbraten mit Spargel, kempische Hühner mit Salat, ein ganzes Spanferkel mit einer Brille vor den Äuglein und einer Apfelsine im Rüssel, hundert Meter Bratwurst mit Weißkraut usw., und es wurde davon gegessen, aufgeladen und eingeschöpft, dass ihnen der Schweiß auf der Stirne stand und auf die Teller tropfte. Und um alles besser hinunter zu kriegen, gossen sie beständig von dem kühlen Bier und dem feinen Wein durch die Kehle, ohne Glucksen und Schlucken wie durch ein Ofenrohr. Es war ein Lärm und ein Durcheinander, und es wurde gelacht, wenn einer ein bisschen zu wenig aß, und im Voraus Viktoria gekräht und gesungen."

Flanderns Köche haben es verstanden solch deftige Kost beizubehalten, sie aber zu verfeinern. Ein besonders typisches Beispiel ist die Waterzooi (siehe Rezept auf Seite 53). Einst war dieses Eintopfgericht mit Fleisch oder Fisch das typische Essen der Bauern Ostflanderns. Heute wird sie als Köstlichkeit sogar in den Spitzenrestaurants von Gent serviert. Dann steht sie auf der Speisekarte neben solch erlesenen Delikatessen wie gebackene Gänseleber an Himbeersauce, eine Leckerei, die wie Eiscreme auf der Zunge zergeht.

Spiegeln die Speisekarten der exklusiven Genusstempel in Flandern, im Binnenland wie an der Küste den ganzen Reichtum des Landes an Meeresgetier, an Fleisch und Gemüsen wider, gibt es an der Küste Küchenchefs oder -chefinnen, die sehr selbstbewusst versichern, dass es sich nicht gehöre an der Küste ein Rumpsteak zu servieren. Dafür verwöhnen sie den Gast etwa mit der „Hochzeit von Lachs und Seewolf", mit Hummerkotelett an Korallenbutter oder Langustenravioli an Trüffel. Das sind Köstlichkeiten, um derentwillen sich schon ein Abendessen in Knokke, Blankenberge, Ostende oder bei einer anderen gehobenen Adresse lohnen kann.

Ein Abendessen in einem der vielen Tempel der hohen Kochkunst ist nicht einfach ein Abendessen wie sonstwo. Nicht nur, dass es sich über viele Stunden hinzieht, vier oder fünf bisweilen, es ist auch eine Lehrstunde, die Einblick gibt in eine Kunst, die man eben getrost als das achte Wunder Belgiens bezeichnen kann. Es sind Genüsse, die hier geboten werden, bei denen wir ins Sinnieren kommen, warum denn um alles in der Welt die große, hier in solchen Kochateliers geübte Kochkunst nicht längst unter den Fittichen einer eigens für sie zuständigen Muse steht und damit zu den „schönen Künsten" gehört.

Zwei typisch flämische Gerichte

AAL GRÜN

Für den in Flandern vor allem in der Region Antwerpen so beliebten grünen Aal benötigt man ein Kilo junge, möglichst magere Tiere. Sie werden gehäutet, geputzt und in Stücke von etwa 6 Zentimeter Länge geschnitten. In einer großen Pfanne erhitzt man 2 Esslöffel Butter und gibt darauf 3 volle Kaffeetassen gehackter Kräuter. Das sind Petersilie, Salbei, Thymian, Sauerampfer, Spinat, Estragon, Dill, Kerbel, Korianderkraut, Zitronenmelisse und Kresse. Die Kräuter lässt man in der Butter anschwitzen, gibt eine Tasse trockenen Weißwein dazu und lässt das Ganze aufkochen. Dann werden die gewaschenen Aalstücke auf die Kräuter gesetzt, die Pfanne wird abgedeckt, und alles muss etwa 10 Minuten dünsten. Der Aal wird herausgenommen und warm gestellt. Dann die Kräuter pürieren, zwei Eigelb darunter schlagen, mit Salz, Pfeffer, einigen Tropfen Tabasco und Zitronensaft würzen. In die Sauce werden drei Esslöffel Butter gegeben, der Aal darauf gelegt und erneut erhitzt, aber nicht mehr gekocht. Fertig ist „Paling in't groen".

WATERZOOI

Für diese flämische Spezialität, sozusagen das Nationalgericht Ostflanderns, hat jede Familie ihr eigenes Rezept. Man nimmt entweder Geflügel, vornehmlich Huhn oder Fisch, am besten Steinbutt, Barsch oder Aal. Waterzooi mit Schweine- oder Rindfleisch ist nicht original flämisch.

Man braucht – je nach dem ob eine Waterzooi mit Huhn oder Fisch zubereitet werden soll – anderthalb Liter Fisch- oder Hühnerbrühe oder entsprechenden Fond aus dem Glas. In die Flüssigkeit kommen Würfel von frischem Porree, Sellerie und Möhren, Pfefferkörner und Zwiebelringe. In diese Brühe schneidet man nun entweder ein Kilo geputzte und in vier mal vier Zentimeter geschnittene Stücke des Fischs – oder ein etwa 1200 Gramm schweres Huhn. Anschließend nimmt man den Fisch oder das Huhn aus der Brühe. Der Fisch wird warm gestellt, das Huhn von Haut und Knochen befreit und in kleine Stücke geschnitten. Die Suppe gießt man durch ein Sieb und drückt dabei das Gemüse sehr sorgfältig aus.

Die Fischsuppe muss dann anschließend 30 Minuten sprudelnd kochen, dann wird sie abgeschmeckt, über die warmen Fischstücke gegossen und sofort serviert. Die Hühnerbrühe legiert man mit vier Eigelb und einem Achtel Crème fraîche. Das Hühnerfleisch nun hinzufügen, erhitzen, aber nicht mehr kochen lassen. Zum Schluss kann man nach Belieben noch mit etwas Weißwein verfeinern.

1776
SANCTA
ELISABETH
ORA PRO
NOBIS
SAUVE GARDE

Beginenhöfe, die kleinen Paradiese

„„Es dauert nicht lange‘, sagte Pallieter, fasste das Glockenseil und fing an, heftig daran zu ziehen, dass die Glocke im Türmchen fast keine Zeit hatte, hin- und herzufliehen: und der mächtige Klang tönte summend über das weite Land. Und lachend blickte er auf den Beginenhof und die angrenzenden Wiesen.“

Wer anders als Felix Timmermans hätte solche Worte schreiben können?

Im Beginenhof von Brügge

Ein früher Frühlingsmorgen über Brügge. Noch hängt in den Spitzen der Pappeln im weiten Innenhof des Beginenhofes ein Rest von Frühdunst. Aus einem der kleinen, weiß gekalkten Häuschen, die den Hof umrahmen, kommt eine dunkel gekleidete Frauengestalt, trippelt zwischen den großen, goldenen Narzissen dahin, die in dichten Büscheln zwischen den Pappeln stehen. Nein, es ist nicht Felix Timmermans Beginchen Symforosa, das da der kleinen Kirche der heiligen Elisabeth zustrebt. Sie hat ihr Denkmal längst im Beginenhof in Lier. Es ist Zuster Marijke oder Zuster Tuus, die jetzt das lang herabbaumelnde Glockenseil greift und die kleine, helle Glocke der Kirche zum Schwingen und Klingen bringt, dass sich der helle Glockenklang mit dem verliebten Gurren der Wildtauben in den Bäumen am Minnewater vermischt.

Der Beginenhof von Brügge gilt als der schönste und stimmungsvollste von insgesamt 13 Beginenhöfen, die es heute noch in Belgien gibt, und die zur Jahrtausendwende von der UNESCO in die Liste des Welterbes aufgenommen wurden. Damit haben die belgischen Beginenhöfe, die sich alle in Flandern befinden, den gleichen Rang wie die Pyramiden von Gizeh. Vier dieser Beginenhöfe liegen in unserem Reisegebiet Brügge, Gent, Kortrijk und

Lier. Jeder ist anders gestaltet, aber alle haben sie, ganz gleich wie sie heute genutzt werden, ein kostbares Stück mittelalterlicher, religiöser Lebensformen in unsere Tage gerettet. Entstanden sind die Beginenhöfe seit dem 13. Jahrhundert als Lebenswelt allein stehender Frauen, denen es nach den gesellschaftlichen und sozialen Ansichten der damaligen Zeit untersagt war, allein zu leben. Eine Frau hatte verheiratet zu sein oder ins Kloster zu gehen, das war grob gesagt die Devise damals. Mit den Beginen kam eine dritte Variante hinzu. Sie waren Frauen, die sich zu gemeinsamem Leben unter der Leitung einer Grootjuffer zusammenschlossen, ohne durch Gelübde gebunden zu sein. Im Gegensatz zu Nonnen führten sie ein eigenständiges Leben in einer demokratisch geführten Gemeinschaft. Sie gelobten Keuschheit, aber keine Armut und konnten jederzeit wieder austreten. Mädchen, die zu arm waren um zu heiraten, konnten ebenso einer Beginengemeinschaft beitreten wie Adlige oder Witwen. Alle hatten gleiche Rechte und gleiche Pflichten. Ganz wichtig war die absolute Souveränität eines jeden Beginenhofes. Die in den Beginenhöfen gefassten Beschlüsse mussten von den Magistraten der Städte respektiert werden. Damit das sichergestellt war, waren die Beginenhöfe der Jurisdiktion des jeweiligen Landesherren direkt unterstellt. Hinzu kam, dass die Beginenhöfe wirtschaftlich autark waren. Die Frauen sorgten selbst für ihren Lebensunterhalt. Sie webten Leinen und

Im Beginenhof in Kortrijk

Gent, Beginenhof

klöppelten Spitzen für den Verkauf, sie unterrichteten ihnen anvertraute Mädchen, sorgten für Arme und Kranke. Immer lagen die Beginenhöfe am Wasser. Das war wichtig, um Wäsche waschen zu können, besonders dann, wenn die Beginen die Kranken in einem nahe gelegenen Spital versorgten wie in Brügge.

Es blieb natürlich nicht aus, dass die Amtskirche in einer Zeit des mönchischen Konformismus das Beginenwesen mit Argwohn betrachtete und Frauen, die hier in einer religiös geprägten Gemeinschaft besonderer Art lebten, mitunter geradezu als Häretikerinnen, als Ketzerinnen, ansahen. So ist möglicherweise der bis heute von seiner Herkunft nicht ganz geklärte Name „Begine" vom Wort „albigensisch" abzuleiten. Unter diesem auf die südwestfranzösische Stadt Albi zurückgehenden Begriff verstand man im 12. und 13. Jahrhundert ketzerische Richtungen schlechthin. Tatsächlich führte der immer wiederholte Vorwurf der Ketzerei dazu, dass die Beginenbewegung 1311 auf Druck deutscher Bischöfe von Papst Clemens V. verboten wurde. In manchen Städten wurden die Frauen verfolgt, ihr Besitz beschlagnahmt. Doch 1318 widerrief Papst Johannes XXII. die Anordnung seines Vorgängers. Mit der französischen Revolution hörten die meisten Beginenhöfe auf zu existieren. Sie wurden in Klöster, Altenwohnheime oder (in Löwen) in Studentenwohnheime umgewandelt.

Unverändert aber blieb der Zuschnitt der Beginenwohnungen. Jede Frau hatte ihr eigenes, wenn auch winziges Häuschen für sich allein, mit Küche und Schlafkammer, einer kleinen Stube, sogar Treppe und Obergeschoss. Und vor der Haustür gab es ein winziges Gärtchen, in dem man Narzissen und Hyazinthen und Levkojen pflanzen konnte, oder ein wenig Schnittlauch für die Küche. Es war ein kleines irdisches Stückchen vom Paradies, wie es jeder flämische Mensch braucht, um dem Himmel näher zu kommen. Hier konnte man Besuch empfangen, seien es Verwandte von daheim oder die Nachbarin aus dem Häuschen nebenan, die auf ein Schwätzchen oder ein Stück selbst gebackenen Fladen hereinkam. Eine hohe Mauer schloss die kleinen Paradiesstücke von der Außenwelt ab. Hier konnten die Beginen allein sein mit sich und ihren Gedanken an Gott, hier konnten sie Gesellschaft haben, ganz wie sie wollten.

Idylle im Beginenhof Kortrijk

Belfriede, Flanderns singende Türme

Das Wetter mag noch so schlecht sein, aber wenn es nachmittags auf zwei Uhr zugeht, füllen sich auf dem Grote Markt in Brügge die Veranden der Cafés und Restaurants, drängen sich die Schaulustigen – oder besser würde man hier sagen die „Hörlustigen“ – auf dem weiten, historischen Platz und warten darauf, dass „es“ losgeht. Um Viertel nach zwei ist es so weit: Zaghaft zuerst noch, dann immer dichter, beginnt es von der Höhe des Belfrieds herabzuperlen. Töne sind es, glockenhelle Töne, helle, ganz helle und dunklere, die wie ein zarter Teppich aus Glockentönen herabsinken. Alte flandrische Volksweisen, in Glockentöne gefasst, schweben über die alte Stadt der Großen Herzöge und verzücken für eine dreiviertel Stunde die Zuhörer. „Die Belfriede singen“, heißt es dann.

Der Belfried von Brügge

So, wie in Brügge sind solche Glockenspielkonzerte, die von den Belfrieden, den uralten Wachtürmen der freien Bürger des Mittelalters herabtönen, in so manchen Orten an der belgischen Küste, vor allem aber in ihrem unmittelbaren Hinterland zu erleben. Als Ende 1999 die UNESCO 30 belgische Belfriede, davon 19 in Flandern, zum Welterbe erklärte und damit unter einen besonderen Schutz stellte, wurden damit jene oft festungsartigen mittelalterlichen Bauten in den Städten geadelt, mit denen die Bürger jahrhundertelang ihren Freiheitswillen gegenüber der Obrigkeit demonstriert hatten.

Belfriede oder Glockentürme wurden im Mittelalter zunächst als Wachtürme errichtet. In ihnen befand sich die Stadtglocke, die bei Annäherung von Feinden oder bei einem Brand geläutet wurde. Die Türme waren die ersten repräsentativen Bauten des Bürgertums und standen für die Unabhängigkeit der Bürger von Kirche und Kaiser.

Belfried in Kortrijk

Fast alle Belfriede sind weitgehend ähnlich konstruiert. In den Kellergewölben befand sich das Verlies mit den Gefängniszellen, die aber fast nur so lange genutzt wurden, bis ein Gefangener vor Gericht gestellt und verurteilt oder freigesprochen wurde. Strafen waren in der Regel Folter oder Tod, da man im Mittelalter praktisch keine Freiheitsstrafe kannte, die in einem Gefängnis vollstreckt wurde.

Im ersten Stock befand sich die große Halle, in der sich der Stadtrat versammelte, auch die wichtigen Urkunden wie Freiheitsbriefe der Stadt wurden feuersicher im

Alsbald dienten sie auch zu weiteren Zwecken. Die Kaufmannschaft brauchte ein von allen zu nutzendes Gebäude, um ihre kostbare Ware zu schützen. Das galt vor allem für jene flandrischen Städte im Küstengebiet, die ihren Wohlstand dem Tuchhandel verdankten und in denen die Belfriede oder die unmittelbar an die Belfriede angebauten Lakenhallen wie in Brügge, Gent oder Ypern als Aufbewahrungsort für die Tuche dienten. Hier tagten vielfach auch die Abnahmekommissionen, die darauf achteten, dass keine minderwertige Ware die Stadt verließ.

Gent, Belfried und Lakenhalle

Belfried aufbewahrt. Vielfach gibt es bei einem Belfried auch einen kleinen Balkon, von dem herab den Bürgern Gesetze und Bekanntmachungen verkündet wurden. Im obersten Geschoss läuteten die Wächter bei Gefahr die Glocken.

Das Läuten der Stadtglocken ebenso wie der Kirchenglocken war der Ursprung für die Glockenspiele – die Carillons. Da häufig im geschäftigen Treiben der blühenden flämischen Städte das Stundenläuten durch eine Glocke überhört wurde, fügte man ein zweites Glöckchen hinzu. Als Ausdruck ihres Reichtums fertigte man dann nach und nach in den flandrischen Städten Glockenspiele mit zahlreichen Glocken. Manche Carillons besitzen 49 und noch mehr Glocken. Sie so zu spielen, dass eine wohltönende Melodie erklingt, ist nicht einfach. Dafür gibt es heute in Mecheln eine eigene Glockenspielschule.

Nicht alle flämischen Belfriede haben ein Glockenspiel. In manchen Städten wie Antwerpen, perlen die Glockentöne eines Carillons von den Türmen der Hauptkirche herab oder vom Rathausturm.

Route 1

Brügge - Kreuz und quer

Audienz bei einer Königin

Man muss nicht unbedingt an einem lauten Sommertag nach Brügge reisen, wenn die Parkplätze vor der Stadt überfüllt sind und die Besucher sich in den engen Gassen drängen. Der Zauber der „Königin der mittelalterlichen Städte" entfaltet sich auch an einem etwas gedämpfteren Tag, an einem trüben Herbsttag, ja sogar an einem Wintertag. An solchen Tagen ist es so, als ob die Königin innehielte, eine Ruhepause machte, aber nicht etwa schläft. Brügge an einem solchen Tag zu erleben, bedeutet vielleicht, manches nicht vorzufinden, um dessentwillen man zu anderer Zeit einen Besuch in der Stadt plant, aber was bedeutet das gegenüber der Tatsache, in diesen Tagen gleichsam der Königin in Privataudienz vorgestellt zu werden?

Highlight!

An einem trüben Tag lohnt es sich manchmal nicht, auf den Belfried hinaufzusteigen, das 88 Meter hohe Wahrzeichen der Stadt. Vielleicht liegt jetzt Nebel über dem flandrischen Land, der den Blick nicht wie bei

Brügge, der beherrschende Belfried mit der Lakenhalle

Brügge, die Madonna mit dem Tintenfass

klarem Wetter bis zur Nordsee hin gehen lässt. Doch was wiegt das angesichts der Stille an solchen Tagen in der Stadt!

Hatten wir uns nicht immer schon gewünscht, einmal in aller Ruhe durch das Groeninge-Museum zu gehen, die Bilder dort anzuschauen, ohne von der nächsten Gruppe weitergeschoben zu werden? Jetzt stehen wir fast allein in den Räumen, können in Ruhe Jan van Eycks „Madonna mit dem Kanonikus van der Paele", Hans Memlings „Christophorus" oder Hieronymus Boschs „Jüngstes Gericht" auf uns wirken lassen. Oder wir können uns im Rathaussaal einfach in eine Ecke setzen und die hölzerne Decke bewundern, die im Mittelalter als achtes Weltwunder galt.

Dieses Rathaus bauten sich die durch den Tuchhandel reich gewordenen Bürger von Brügge im 14. Jahrhundert. Unter seinesgleichen, den Stein gewordenen Reliquienschreinen gleichenden Rathäusern Flanderns, ist das von Brügge das größte und schönste.

Lächelt nicht an seiner Ecke – da, wo die Blinde-Esel-Gasse in dunklen Torbögen verschwindet – die Madonna mit dem Tintenfass ganz verschmitzt, als freue auch sie sich über die Stille, die jetzt in der Stadt liegt?

Im Museum des Heiligen Blutes erzählt der Wärter mit gedämpfter Stimme die Geschichte des Grafen Dietrich vom Elsass, der 1150 bei der Rückkehr vom Kreuzzug aus dem Heiligen Land die Ampulle mit dem Heiligen Blut nach Brügge mitbrachte. Und er erklärt den Schrein, in dem die Reliquie aufbewahrt wird. Erzählt, wie die Geusen den ursprünglich gotischen Schrein zerstörten und wie der Goldschmied Jan Crabbe 1617

Brügge, es blüht im Beginenhof

Spitzenklöpplerinnen in Brügge

den heutigen Schrein schuf. Zu den kostbarsten Schmuckstücken, die ihn zieren, gehört der schwarze Diamant, den einst Maria Stuart besessen haben soll, und das über dem Reliquiar schwebende ungemein zierliche Silberkrönchen der Maria von Burgund.

Im Dämmern schlendern wir über den Beginenhof. Im weiten Viereck umstehen niedrige, kleine Häuser den parkähnlichen Hof, aus dem Pappeln ihre Äste gegen den Abendhimmel strecken. Hier und da schimmert Licht hinter den Fenstern im weißen Mauerwerk, verrät, dass in den kleinen Häuschen auch heute noch Leben ist. Benediktinerinnen wohnen heute in der Anlage, die einst für die Witwen der Kreuzfahrer gegründet wurde. Die Benediktinerinnen im Beginenhof von Brügge leben heute nicht mehr als Spitzenklöpplerinnen, wie die Beginen einstmals. Und sie pflegen auch nicht mehr die Kranken im St. Janshospital, das ohnehin heute Museum ist. Sie beschäftigen sich das ganze Jahr hindurch mit den Kostümen und Gewändern, die von den mehr als 2200 Teilnehmern an der Heilig-Blut-Prozession getragen werden.

Ziellos schlendern wir in die Dämmerung des Abends hinein, die sich lautlos über die Königin senkt. Hinter hellen Fenstern, in erleuchteten Hausfluren in den engen Gassen der Stadt – vor allem in der Nähe des Beginenhofes – sitzen Frauen über ihre Klöppelarbeit gebeugt. Sie lassen flinke Finger und Spulen mit den Fäden wirbeln, lassen Muster um Muster die Spitzen entstehen, die ringsum und in der ganzen Stadt in den Schaufenstern angeboten werden.

Brügge, die Stadt, in der das Mittelalter seinen goldenen Herbst, seinen letzten strahlenden Höhepunkt erlebte, als die Großen Herzöge von Burgund hier zum letzten Mal mit allem Glanz den Prunk mittelalterlicher Hofhaltung zelebrierten, ist auch an solch stillen Tagen nicht nur die Faszination der gotischen Giebel, der hohen Türme, der Beginenhöfe und stillen Grachten. Sie ist genau so die des Essens und Trinkens am Abend. In den niedrigen Lokalen, die sich hinter gotischen Butzenscheiben verbergen, und wo deren braun getäfeltes Innere vom Kerzenlicht lebendig wird, lebt die Vergangenheit noch einmal auf. Auf den Speisekarten wird die Stadt noch einmal zu jenem Mittelpunkt der europäischen Handelswelt, der sie im 15. Jahrhundert war, als Brügge nach Venedig die reichste Handelsstadt Europas war und hier die Kostbarkeiten aus aller Herren Länder ausgeladen wurden. Die Hansestadt Brügge, die Residenz der Großen Herzöge von Burgund, war damals die prächtigste und reichste Stadt des Abendlandes. Noch heute versteht man in Brügge zu tafeln, wie sonst kaum irgendwo in diesem Land Flandern.

Ein dünner Nebel zieht am Sonntagmorgen früh um das verwitterte Mauerwerk der Salvatorkirche, der ältesten Kirche der Stadt. Wuchtige Glockenschläge rufen die Langschläfer zur Spätmesse. Drinnen hängt Weihrauch, Kerzen flackern vor den vergilbten Gemälden aus dem 17. Jahrhundert. In den Kirchen von Brügge wird die spanische Vergangenheit der Stadt noch einmal lebendig, aber auch die burgundische. Hängen doch in der

Isabella von Portugal

Salvatorkirche noch die Wappentafeln jener Ritter, die einst im ausgehenden Mittelalter dabei waren, als Philipp der Gute anlässlich seiner Hochzeit mit Isabella von Portugal, die übrigens sein Hofmaler Jan van Eyck eingefädelt hatte, den Orden vom Goldenen Vlies stiftete. Es ist jener Orden, der später auf das Haus Habsburg überging, nachdem Maximilian von Österreich die letzte Burgundererbin, Maria von Burgund, geheiratet hatte.

Später sitzen wir auf der Mauer der Bonifatiusbrücke und schauen auf das Wasser der Reie. Ein paar weiße Schwäne schwimmen lautlos dort, wo gerade noch eine Barkasse mit Besuchern das Wasser aufgewühlt hat. Fast bewegungslos liegt das Wasser jetzt wieder zwischen bemoosten Ziegelsteinmauern der alten Häuser. Vor dem burgundischen Palast, der heute das

Gruuthusemuseum beherbergt, steht eine Besuchergruppe, wartet auf Einlass. In den roten Blättern des wilden Weins, der das fast 500-jährige Gebäude umwuchert, spielen für einen Moment ein paar zufällige Sonnenstrahlen.

Brügge, St. Janshospital

Im mittelalterlichen St. Janshospital erzählt ein Brügger Familienvater, der mit den Seinen den Sonntagmorgen bei Hans Memlings Werken verbringt, einer deutschen Reisegruppe vom Rhein die Ursulalegende. Er erklärt die sechs Bildtafeln, die der Meister auf den Schrein der heiligen Ursula malte, und auf denen er liebevolle Details des mittelalterlichen Köln ebenso wie Basels wiedergab. Der Brügger Fremdenführer aus Zufall findet Gefallen an seiner Aufgabe, führt zum Katharinenaltar, durch den alten Kranken-

Reliquienschrein der heiligen Ursula mit 6 Darstellungen aus der Legende von den 11.000 heiligen Jungfrauen im Memling-Museum in Brügge

Brügge, Bootsfahrt durch das „Venedig des Nordens"

saal, durch die jahrhundertealte Apotheke. Dann der Mittag. Der Belfried von Brügge, 88 Meter hohes Wahrzeichen der bürgerlichen Freiheiten der stolzen Bürger von einst, beginnt zu singen. Erst vereinzelt, wie verschüchtert noch tropfen helle Glockentöne von dem mächtigen Turm herunter. Dann werden es mehr, immer mehr – bis alle 47 Glocken zusammen tönen. Die Terrassen der kleinen Lokale rund um den Grote Markt füllen sich, an den Straßenecken bleiben Passanten stehen, schauen hinauf zum Symbol der Stadt, von dem die spröden flandrischen Volksweisen in Glockentöne gefasst herunterperlen.

Eine gute halbe Stunde dauert die Fahrt mit einem der Motorboote, die im Sommer zumindest bei jedem Wetter auf den Kanälen der Reie unterwegs sind. Auf der Nepomuksbrücke stehen Passanten, die Kamera im Anschlag. Die wuchtigen, ein wenig düsteren Mauern von Justizpalast, Rathaus und Stadtschreiberei spiegeln sich im Wasser am „Burgundischen Kreuz", einer der schönsten Partien europäischer Stadtarchitektur, den die Maler so lieben. Nirgends sonst wird Brügge seinem Namen „Venedig des Nordens" so gerecht wie hier im Gewirr der Kanäle und Grachten, über denen sich die jahrhundertealten Mauern, Türme und Zinnen der Stadt erheben.

Jedes Haus, jeder Stein in Brügge, erzählt Geschichte. Noch steht am Grote Markt das trutzig wirkende mittelalterliche Gebäude der Cranenburg, in dem einst im

Brügge, Haus ter Beurze, die Geburtsstätte der Institution Börse

Brügge, Zunfthaus der Schuhmacher

15. Jahrhundert die erbosten und um ihre Freiheitsrechte besorgten Bürger von Brügge ihren Souverän einsperrten, Maximilian von Österreich, den späteren Kaiser Maximilian I. In der Altstadt, nordöstlich vom Markt, schlendern wir vorbei an den prunkvollen Häusern, in denen im 14. und 15. Jahrhundert, zur Blütezeit Brügges, die Kaufleute, aber auch die Gesandten aus Spanien und Genua, aus Deutschland, Österreich, Florenz oder Venedig ihre Niederlassungen hatten. Damals waren 40 verschiedene Republiken, Stadtstaaten und Königreiche in Brügge vertreten. Zwischen diesen alten Gesandtschaftshäusern erinnert das Haus der Familie ter Beurze daran, dass Brügge die Geburtsstadt der Börse schlechthin gewesen ist.

Das Dämmern eines trüben Nachmittags liegt in den gewaltigen Schiffen der Liebfrauenkirche, Orgelmusik hängt zwischen den gotischen Pfeilern der gewaltigen Kirche. Konnte eine Stadt wie Brügge, die nicht nur eine Kirche besaß, bei aller Größe eine solche Kathedrale jemals füllen? Überliefert ist, dass tatsächlich einmal diese Kirche den Andrang der Massen nicht fassen konnte. Das war 1482, als hier die Trauermesse für die 25-jährige Maria von Burgund – bei einem Jagdausflug tödlich verunglückt – zelebriert wurde. Die Burgunderfürstin, in Brügge aufgewachsen, war der Liebling des Volkes gewesen. Mit den Bürgerkindern hatte sie als kindliche Prinzessin gespielt, mit ihnen zusammen hat sie im Winter auf dem Eis des Minnewater ihre Bahnen beim Schlittschuhlaufen gezogen. Und nun war alles vorbei. Erst Ende des 20. Jahrhunderts haben Grabungen und Untersuchungen die Gewissheit gebracht, dass dieses Idol der Brügger Bevölkerung tatsächlich hier in der Liebfrauenkirche beigesetzt worden

Liebfrauenkirche

ist. Seit französische Revolutionstruppen seinerzeit die Gräber zerstörten, hatte Ungewissheit über dem Schicksal der letzten Ruhestätte der Burgunderfürstin gelegen.

Die Grabdenkmale der letzten großen Burgunder, Karls des Kühnen und seiner Tochter Maria, lassen noch einmal die Erinnerung an die Zeit aufleben, da Brügge als glanzvolle Residenzstadt des Herzogtums Burgund beinahe zur königlichen Stadt geworden wäre. Doch der Griff Karls des Kühnen nach der Königskrone ging daneben und kurz danach begann Brügges Niedergang. Politische Veränderungen und die Versandung der Hafenzufahrt waren das Todesurteil für die Stadt. Dann schlief sie ein, für mehr als 500 Jahre, ehe sie im 19. Jahrhundert als „Bruges la Morte“ entdeckt und aufgeweckt sich zur Königin der mittelalterlichen Städte entwickelte, die ihren Besuchern Audienz gewährt, so wie sie damals war und wie sie heute von Besuchern aus aller Welt bewundert wird.

Die Orgelmusik dringt bis draußen. Sie weht zwischen den Bäumen am Rosenhoudkai, von deren Ästen wieder der Nebel tropft. Auf den Grachten schwimmen ein paar Blätter, rote und gelbe Lichter spiegeln sich in schwarzem Wasser. Für heute hat die Königin ihre Ruhe.

Brügges schönster Tag

Es ist Himmelfahrtstag in Brügge. Eine geradezu unerträgliche Spannung scheint alljährlich an diesem Tag über der alten Stadt zu liegen. Es ist nicht das Knattern der unzähligen Fahnen und jahrhunderte-

Brügges schönster Tag, die Heiligblutprozession

Schafherde als Teilnehmer an der Heiligblutprozession

alten Zunftzeichen im kühlen flandrischen Wind, was die Menschen unruhig macht. Der Fahnenwald, in dem die gelbbunten Fahnen mit dem flandrischen Löwen alles andere beherrschen, ist ja nur die Dekoration für das große, für das größte Ereignis, das sich alle Jahre wieder an diesem Tag in der Stadt abspielt, die im Mittelalter als Sitz des burgundischen Hofes fast alle anderen Metropolen Europas überstrahlte.

Brügge versinkt für einen Tag wieder ins Mittelalter zurück, ins Jahr 1150, lässt noch einmal die Rückkehr des Grafen Dietrich von Elsass nacherleben und wird noch einmal zum Heerlager. Nicht nur zum Heerlager der Kreuzritter und ihres Gefolges, genauso zu dem der Schaulustigen, die sich auf den abgesperrten Bürgersteigen drängen, auf Campingstühlen hocken oder auf mühsam herangeschafften Sofas zusammenrücken.

Damals wurde der Landesherr nicht nur freudig begrüßt, weil er heil aus dem Land der Sarazenen zurückgekommen war. Der festliche Empfang galt vielmehr dem, was Dietrich damals mitgebracht hatte und was bis heute als größte Kostbarkeit in Brügge verehrt wird, dem Heiligen Blut. 1146 erhielt der Graf vom Patriarchen von Jerusalem eine Ampulle, in der sich nach der Überlieferung einige Tropfen des Blutes Christi befanden, die nach dem Bericht des Evangeliums Josef von Arimathäa am Kreuz auf Golgatha aufgefangen haben sollte.

Allmählich sammeln sich auf dem Burgplatz vor dem wie ein Stein gewordener mittelalterlicher Reliquienschrein wirkenden Rathaus junge Schwarzhäutige und römische Legionäre, Sarazenen und Kreuzritter, Apostel und Propheten, warten darauf, dass das Glockenspiel vom Belfried erklingt. Fast eine Stunde lang perlen die in Glockentöne gefassten spröden flandrischen Weisen dann von dem alten Wahrzeichen der Stadt herab, das einstmals den Freiheitswillen der Bürger dieser Stadt demonstrierte. Dann zieht sie los, die Heiligblutprozession von Brügge, die gar keine Prozession im üblichen Sinne ist, sondern als das letzte bis heute erhalten gebliebene mittelalterliche Mysterienspiel Mitteleuropas gilt, so wie man solche Spiele früher vor den Portalen der großen Kathedralen aufführte.

Gleich hinter der Gottesmutter als Schutzpatronin der Stadt marschiert der Fürst der Hölle mit Adam und Eva. Dann erschlägt Kain seinen Bruder Abel auf offener Straße. Und alle hundert Meter wird der Brudermord erneut vorgeführt. Abraham will seinen Sohn Isaac opfern, Josef taucht

Brügge, Heiligblutprozession, Graf Dietrich vom Elsass reitet in die Stadt ein

auf inmitten seiner Brüder, die ihn verkaufen, sich lachend den Geldbeutel mit dem Kaufpreis zuwerfen. Schafherden ziehen blökend durch die Straßen, Esel trotten daher, stämmige Männer tragen die Bundeslade.

Mehrere Stunden dauert dieser dreiteilige, typisch flämische „Ommegang", wie man hier solche Umzüge nennt. Alles beginnt mit den „Vorbildern des Heiligen Blutes", also den wichtigsten Stationen des Alten Testaments, gefolgt von der zentralen Darstellung „Sieh hier, mein Blut" mit den wichtigsten Begebenheiten aus dem Leben Christi. Der Stall von Bethlehem rollt auf einem Wagen vorbei mit Maria und Josef, dem Kind in der Krippe. Auf einem anderen Wagen steht Christus vor Pilatus. Später reitet er auf einem struppigen Esel in Jerusalem ein, umgeben von seinen Jüngern, umjauchzt und bejubelt von der Menge.

Mit den Bildern der Passion wird das bisher, vor allem im ersten Teil in einzelnen Szenen eher wild und ausgelassen wirkende Geschehen zum besinnlichen Mysterienspiel. Für viele Zuschauer, die an diesem Tag aus ganz Europa angereist kommen, stellt die Darstellung des Ecce-Homo-Bildes aus der Heilig-Blut-Kapelle in der Stadt den Höhepunkt des ganzen Festspiels dar.

Als verspottetes, gegeißeltes, mit Dornen gekröntes und zum Tode verurteiltes Opfer, so schleppt Christus barfüßig das

Kreuz. Bricht immer wieder zusammen unter der Last, die der geschundene Körper nicht mehr tragen kann. Hier und da sinken Männer am Straßenrand spontan in die Knie, Frauen bekreuzigen sich, Kinder beginnen zu weinen. Eine Gruppe tanzender und klagender Frauen, ganz in Anthrazit und Lila gekleidet, umgibt die Kreuzigungsdarstellung. Diesem fast gespenstischen Todesballett folgt Josef von Arimathäa, der das Heilige Blut auffängt.

Die Szene leitet über zum dritten Teil, der dem Einzug Dietrichs von Elsass mit der Reliquie in Brügge gewidmet ist. Die Stimmung wird lauter, ausgelassener, fröhlicher. Historische Bilder aus Brügges Geschichte bestimmen nun das Geschehen. Getreu der Überlieferung reitet der

Brügge, die Polizei bewacht bei der Heiligblutprozession den Reliquienschrein

Graf zusammen mit Sibylle von Anjou, seiner Ehefrau, und einem Kaplan hoch zu Ross in die Stadt ein; Maria von Burgund schreitet daher. Ritter, Reisige, Landsknechte folgen. Fahnen flattern, Chöre klingen auf, die Glocken der Kirchen von Brügge beginnen zu läuten, Stunden nachdem der Umzug begonnen hat. Der Schauzug wird zur echten Prozession, denn nun zieht die Geistlichkeit der Stadt mit, begleitet die Kirchenschätze, Reliquienschreine. Der ungemein kostbare Schrein mit der Heilig-Blut-Reliquie wird von der Polizei eskortiert. Dann dröhnt die schwere Glocke des Belfrieds.

Der bunte Fahnenwald mit den zum Teil noch aus dem Mittelalter stammenden Zunftzeichen setzt bunte Akzente auf ein Geschehen, das bei allem Ernst der Darstellungen doch keineswegs weder von einem Hauch von Schwermut geprägt ist noch von besonderer Feierlichkeit. Schon die Musik, die den ganzen Ommegang begleitet, ist eher frisch und heiter. Und das ganze Mysterienspiel hat bei allem Ernst etwas von der unbeschwerten Heiterkeit, der erdverbundenen Lebensfreude Flanderns.

Damme, Till Eulenspiegel in Flandern

Fast zärtlich wendet sich der große Burgunderherzog Karl der Kühne seiner Braut zu, als er ihr mit der ausgestreckten Rechten den Ehering anbietet. Und Margaretha von York lächelt graziös ihrem berühmten Verlobten zu, während sie ihm den Ringfinger entgegenhält. So stehen die

Damme, Karl der Kühne und Margaretha von York am Rathaus

beiden sich gegenüber, in Stein gehauen seit 500 Jahren an der Fassade des Rathauses zu Damme in Flandern. Dieses Rathaus, einfacher zwar als die berühmten Gegenstücke in Brüssel, Brügge oder Löwen, gehört dennoch zu den großen gotischen Rathäusern Flanderns und wirkt wie sie alle, wie in Stein gehauene und gearbeitete Reliquienschreine.

In Damme ist es ein Reliquienschrein, in dem eine kleine, malerische und doch meist wenig beachtete Stadt die Erinnerung an eine große Zeit aufbewahrt. Denn Damme, heute kaum mehr als eine große Hand voll entzückender, zum Teil ein halbes Jahrtausend alter Häuser um den Marktplatz mit dem Rathaus, St. Janshospital und der gewaltigen Liebfrauenkirche, war einmal eine reiche Handelsstadt. Das war im frühen Mittelalter schon so, als die reich beladenen Frachtschiffe an Damme vorbei durch die Meeresbucht des Zwin und über die Reie bis nach Brügge segeln konnten.

Als dann der Zwin zu versanden begann und damit der Niedergang von Brügge anfing, wurde Damme für ein paar Jahrzehnte zum wichtigen Hafen der benachbarten Stadt Brügge. Es war zeitweise nicht nur einer der wichtigsten Handelshäfen Europas, sondern auch ein bedeutender Passagierhafen. Hier ging im Sommer 1468 die englische Prinzessin Margaretha von York an Land, hier traf sie ihren von Brügge entgegengekommenen Bräutigam Karl den Kühnen. Und in Damme fand am

3. Juli 1468 die Hochzeit zwischen dem Burgunderfürsten und der Schwester des englischen Königs Edward IV. statt.

Als der Zwin immer mehr versandete, war es auch mit der glanzvollen Zeit Dammes als Hafenstadt vorbei. Damme versank für Jahrhunderte in die gleiche Bedeutungslosigkeit wie das große Brügge. Und das hat ebenso wie Brügge die Stadt für uns gerettet – das mittelalterliche Stadtbild wurde bis heute bewahrt.

Schon die Annäherung an das winzige Städtchen, das buchstäblich im Schatten von Brügge, nur ein paar Autominuten von der berühmten Nachbarin entfernt liegt, ist ein Erlebnis. Ein paar Mal am Tag fährt ein kleines Motorschiff von Brügge nach

Damme: Liebfrauenkirche

Damme: Markt mit Rathaus

Damme. Es zieht auf dem schnurgeraden Napoleonkanal entlang, zwischen den gegen den Himmel ragenden Pappeln dahin, die beide Ufer säumen und mit ihren Ästen die Wolken festzuhalten scheinen. Hier und da leuchtet es manchmal am Kanalrand wie ein überdimensionales buntes Herbstblatt: Da hockt ein Angler unter einem großen, bunten Schirm.

Dann taucht hinter den grün schimmernden Äckern der wuchtige Turm der Liebfrauenkirche von Damme auf, der neben den Kirchtürmen von Lissewege und Oostkapelle in der Nähe zu den Wahrzeichen der flandrischen Landschaft gleich hinter der Küste gehört. Eine wie aus dem Prospekt wirkende alte Windmühle, der Kristoffelhof aus dem 18. Jahrhundert, dann hat die beschauliche kurze Schiffsreise auch schon ein Ende.

Ein paar Schritte nur sind es, und wir stehen auf dem Marktplatz dem gotischen Rathaus gegenüber, das die Bürger von

Damme sich zur Blütezeit ihrer Stadt in der Mitte des 15. Jahrhunderts bauen ließen. In seinem Inneren enthält es ein Museum der Stadtgeschichte und kann mit der ältesten öffentlichen Uhr Belgiens aufwarten, ein Meisterwerk des 15. Jahrhunderts.

Auf der anderen Straßenseite steht das älteste Haus der Stadt, das Haus „zum Großen Stern“ aus dem 15. Jahrhundert – ein Doppelgiebelhaus in schönster Backsteinarchitektur. Schräg gegenüber liegt, ganz unauffällig in der Straßenzeile, das St. Janshospital. Margaretha von Konstantinopel soll es im 13. Jahrhundert gegründet haben. Wir sollen „bellen“, wenn wir das Museum in seinem Inneren anschauen wollten, so steht es an der Tür. Doch auch in Damme braucht keiner Hundelaute von sich zu geben, wer Einlass begehrt. Heißt doch „bellen“ im Niederländischen nichts anderes als läuten oder schellen.

So ziehen wir an dem alten Glockenstrang und bellen. Warten, bis drinnen schlurfende Schritte zu hören sind, bis eine alte Nonne uns öffnet, die uns wortlos durch die Räume begleitet. Alte Möbel, Urkunden und sakrale Kunstwerke sind hier zusammengetragen.

Wann immer ein Preis für ein lebendig gebliebenes mittelalterliches Stadtbild zu vergeben wäre, Damme hätte Anspruch darauf wegen seines Marktplatzes. Wo sich die alten Häuser aneinander reihen, in denen die Herbergen des guten Essens und Trinkens untergebracht sind. „Restaurant“ steht draußen an den Türen. Doch das Wort scheint nicht zu passen, klingt zu fein, zu kalt, zu steril. Gasthäuser im besten Sinne des Wortes sind es, die hier mit allen erlesenen Köstlichkeiten der flandrischen Küche den Gast anlocken. Und man wusste bekanntlich schon immer gut zu speisen – zu tafeln im wahrsten Sinne des Wortes in Flandern.

Und derweil wir in einer dieser alten Gaststuben sitzen, unter braun gebeizter Balkendecke, von der die Bierkrüge herabhängen und durch das geöffnete Oberteil der Haustür hinausschauen auf den Marktplatz und zum Rathaus hinüber, wird uns eine Fischerpfanne als Vorspeise serviert, die allein schon ausreichen würde, einen mittleren Hunger zu stillen. Stunden dauert die Zeremonie des Essens hier, bis zum Abschluss die Pfannkuchen „Lamme Goedzack“ aufgetischt werden.

Lamme Goedzack? Das war doch der Gefährte des flandrischen Eulenspiegels. 1867 berühmt geworden durch Charles de Costers in Flandern unsterblich gewordenen Roman „Die Geschichte von Eulenspiegel und Lamme Goedzack“. Das Buch, in dem der berühmte Till den Geist, die Freiheitsliebe und das gemütvolle Wesen der Flamen verkörpert, beginnt mit den Worten: „Zu Damme in Flandern wurde, als der Mai dem Hagedorn die Blüten öffnete, Uylenspijgel geboren als Sohn von Klaas, dem Kohlenträger ...“

Deshalb also das Eulenspiegelmuseum hier in Damme im Haus „Zum Großen Stern"? Deshalb die Eulenspiegelfigur an der Kirche? Keineswegs, die Dammer haben mit Eulenspiegel, dem berühmten Schalk, der in Kneitlingen in Sachsen geboren wurde und in Mölln im Lauenburgischen begraben liegt, ein ganz anderes, eigenes Spiel gehabt, jahrhundertelang.

Im Jahre 1300 starb in Damme der als „Vater der niederländischen Dichtkunst" verehrte Jakob van Maerlandt. Er wurde im Eingang zur Liebfrauenkirche begraben, im Glockenturm. Generationen von Kirchenbesucher gingen über den Grabstein, schliffen im Laufe der Zeit die Oberfläche ab, sodass nichts mehr zu entziffern war.

Dann plötzlich, im Jahre 1646, war eine neue Inschrift da. „Du, der du vorbeikommst, bleib stehen, siehe Eulenspiegel an. Bitte Gott für ihn, er war ein rechter Schalk".

Ein paar Jahre später wurde eine Eule dazu gemeißelt. In dieser Zeit waren der Ruhm und die Werke Jakob van Maerlandts nur noch Wissenschaftlern ein Begriff. Das Volk kannte den „Vater der niederländischen Dichtkunst" nicht mehr.

Aber jeder kannte Till Eulenspiegel, denn die Geschichte des sächsischen Schalks wurde auch in den Niederlanden in immer neuen Übersetzungen und Auflagen unter das Volk gebracht, war ein echter Bestseller. Auf dem Grabstein unter dem wuchtigen Turm von Damme sah man eine Eule, las man die Inschrift. Ist es da zu verwundern, dass sich in ganz Flandern die Kunde zu verbreiten begann, der berühmte Mann läge in Damme begraben? Und prompt war das in neueren Eulenspiegelausgaben als Tatsache zu lesen.

Das kleine Damme erlebte im 17. und 18. Jahrhundert einen wahren Zulauf von Neugierigen, es entwickelte sich ein echter Eulenspiegeltourismus. Jeder wollte das „Eulenspiegelgrab" im Turm von Damme sehen. Dabei sollte die Inschrift auf dem Grabstein nur eine Mahnung sein, gleichsam den inneren Eulenspiegel in sich selbst zu sehen.

Ein Rechtsgelehrter aus Brügge ließ auf Jahrmärkten Flugblätter verteilen, auf denen zu lesen stand, dass nicht Eulenspiegel, sondern Jakob van Maerlandt in Damme begraben sei, und dass Eulenspiegel an den Galgen gehört hätte.
Er ließ das auch als Inschrift auf den Grabstein meißeln. Doch da diese Inschrift lateinisch war, konnte keiner sie verstehen. Nur das Wort „Eulenspiegel" war verständlich, und so verbreitete sich die Kunde vom Eulenspiegelgrab noch mehr. Bis schließlich ein beherzter Pfarrer den Grabstein kurzerhand umdrehen ließ.

Der Maerlandt-Eulenspiegel-Grabstein wurde 1829 an einen Steinmetz in Brügge verkauft, der ihn auseinander schnitt. Doch in den flandrischen Volksbüchern von Till Eulenspiegel und im Volksmund des kleinen Damme lebt die jahrhundertealte Überlieferung fort, dass Till in Damme begraben liegt.

Brügge: Stadterkundung mit der Kutsche

WIE ENTDECKT MAN BRÜGGE?

Brügge ist nicht nur eine wunderschöne Stadt, es ist auch für den Besucher eine sehr bequeme Stadt. Das historische Zentrum, heute ein Welterbe der UNESCO, Kulturstadt Europas im Jahre 2002, ist klein und überschaubar. Dazu kommt, dass weite Teile dieser Innenstadt verkehrsberuhigt sind, sodass man sie nicht nur zu Fuß, sondern, was gern gemacht wird, auch mit dem Fahrrad erkunden kann. Wer keins dabei hat, kann es sich am Bahnhof ausleihen. Außerdem gibt es noch eine ungemein reizvolle Art Brügge kennen zu lernen – mit dem Fiaker, wie man in Wien sagen würde. Pferdedroschken stehen am Belfried bereit, die Gäste auf- und einsteigen zu lassen und sie auf längeren oder kürzeren Wegen an die Geheimnisse dieser Stadt heranzubringen. Die Kutscher mit der Melone auf dem Kopf, ob alt oder jung, machen sich dann natürlich einen besonderen Spaß daraus, ihren Gästen die Geschichte und – was noch viel spannender ist – die Geschichtchen von Brügge zu erzählen. Keine Angst, dass man die Herren am Zügel nicht versteht. Die Flamen sind allgemein ausgesprochen sprachbegabt und bestrebt, möglichst viele Fremdsprachen wenigstens in Grundzügen zu beherrschen, wohl wissend, dass ihr niederländisches Idiom nicht unbedingt eine Weltsprache ist. Und wenn es darum geht, den Gästen in der Kutsche von Maria von Burgund zu erzählen – die heute, mehr als ein halbes Jahrtausend später, immer noch der Liebling der einfachen Leute von Brügge ist – oder davon zu erzählen, dass die Institution der Börse im 15. Jahrhundert in Brügge entstanden ist, dann sprechen sie manchmal auch viersprachig in einem einzigen Satz.

Und schließlich gibt es noch die Möglichkeit, Brügge vom Wasser her kennen zu lernen, schließlich heißt die Stadt nicht von ungefähr das „Venedig des Nordens“. Die Reie durchzieht mit vielen Armen bis ins unmittelbare Zentrum hinein die alte Stadt.

Wer glaubt, eine Königin könne man nicht einfach so besuchen, sondern brauche einen Begleiter, voilà: Natürlich stehen genügend charmante und sprachgewandte Damen und Herren bereit, ihr durch ein Diplom nachgewiesenes Wissen über diese Königin der alten Städte ihren Gästen, die sie begleiten, kundzutun.

Zum Schluss noch ein guter Rat: Versuchen Sie Brügge nicht unbedingt an einem Ferienwochenende im Sommer zu erleben. Man sieht mitunter die alten Zunfthäuser vor lauter Menschen nicht, und um auf die Höhe des Belfrieds zu kommen, sollte man reichlich Verpflegung für die dann oft stundenlange Wartezeit dabeihaben.

Eine Stadt wie Brügge, diese Königin Flanderns, kann man ruhig auch einmal an einem trüben Herbst- oder Wintertag erkunden. Wenn Nebelfetzen zwischen dem bunten Laub des wilden Weins am Gruuthuse wabern und man glauben möchte, da stiegen die Geister der Vergangenheit wieder auf, entfaltet Brügge einen Reiz, den kein noch so sonniger Tag hervorrufen kann.

Der Burgplatz in Brügge

Brügge offenbart viele romantische Ecken

WAS ALLES SCHON IN BRÜGGE PASSIERT IST

Eine Stadt wie Brügge, die einmal das strahlende wirtschaftliche und darüber hinaus eines der wichtigsten politischen und kulturellen Zentren Europas war, kann man nur verstehen, wenn man das Wichtigste von dem weiß, was sich im Laufe von fast 1200 Jahren hier nur wenige Kilometer von der Küste entfernt abgespielt hat. 1200 Jahre Stadtgeschichte kann man überblicken, dafür gibt es Anhaltspunkte. Was davor war, schlummert im Dunkel der Geschichte oder im archäologischen Museum.

851 wird der Name der Stadt als „bryggja" erstmals erwähnt. Das Wort ist skandinavischen Ursprungs und bedeutet Landungsbrücke, an der Schiffe anlegten. 1089 wird dieses „bryggja" Residenzstadt der Grafen von Flandern und damit Hauptstadt des Landes. Von der damals gebauten Burg, an die nur noch der Name „Burg" nahe dem Rathaus erinnert, ist nichts mehr übrig geblieben. Das gleiche gilt für die dem berühmten Aachener Oktogon des Münsters nachgebaute, St. Donatuskirche. An sie erinnert immerhin noch eine Umrissmarkierung im Pflaster auf dem Burgplatz.

1150 ist ein wichtiges Jahr. Seine Auswirkung bringt Brügge heute noch Jahr für Jahr Tausende von Besuchern: Graf Dietrich vom Elsass (und Flandern) kommt von einem Kreuzzug zurück und bringt die bis heute hochverehrte Reliquie des heiligen Blutes mit.

Knapp hundert Jahre später bauen die Brügger Bürger ihren imposanten Belfried, von dessen Plattform aus man so herrlich über Stadt und Land bis zum Hafen Zeebrügge schauen kann. Und über einen Zeitraum von fast 50 Jahren entsteht 1420 das Rathaus, eines der schönsten – oder sogar das schönste gotische Rathaus Flanderns.

Mit dem Burgunderherzog Philipp dem Guten erreicht die Pracht der Residenzstadt Brügge ihren Höhepunkt. Philipps Hofmaler Jan van Eyck wird in diplomatischer Mission nach Portugal geschickt und freit dort im Auftrag seines Herrn um die Prinzessin Isabella. Anlässlich der Hochzeit stiftet Philipp den Orden vom Goldenen Vlies, der heute noch zum Haus Habsburg gehört.

Die burgundischen Herzöge waren ausgesprochene Kunstliebhaber. An ihrem Hof wirkten vor allem der schon genannte Jan van Eyck und der aus Deutschland stammende Hans Memling. Man nannte diese beiden und einige andere namhafte Maler des 14. Jahrhunderts die „Niederländischen Primitiven“. Nicht weil sie primitiv gemalt hätten, sondern weil sie als erste – lateinisch: primi – Menschen in den Mittelpunkt ihrer Bilder stellten. In dieser Zeit der enormen wirtschaftlichen und politischen Blüte hatten rund 40 verschiedene Königreiche, Stadtstaaten und Republiken ihre Gesandtschaften in Brügge. Viele dieser Häuser sind heute noch erhalten und verraten mit ihren heutigen Namen, dass sie den Österreichern, den Spaniern, der Republik Venedig und so weiter gehört haben.

Der plötzliche Tod der jungen Fürstin Maria von Burgund bedeutet das Ende der glücklichen Zeit Brügges. Der Ehemann, Maximilian von Österreich, der spätere deutsche Kaiser Maximilian I., kommt mit den Brüggern nicht zurecht. Sie sperren ihn in der Kranenburg am Markt ein, und aus Wien muss der Vater, Kaiser Friedrich III., heraneilen, um gut Wetter zu machen für den Sohn.

Maximilian rächt sich: Er beschneidet die Handelsprivilegien von Brügge, verlagert sie nach Antwerpen. Der Handel mit Wolltuchen, Grundlage für Brügges Wohlstand, verlagert sich ebenfalls dorthin. Der Hof verlässt die Stadt, siedelt nach Gent um. Die Natur tut ein Übriges. Der Zwin, die bis an den Stadtrand von Brügge heranreichende Meeresbucht, durch eine Laune der Natur vor Jahrhunderten schiffbar geworden, versandet, schneidet die Stadt vom Meer ab.

In den kommenden Jahrhunderten geht der Niedergang weiter, die ständig wechselnden Fremdherrschaften – Spanier, Österreicher, Franzosen und schließlich Niederländer – wirken sich zusätzlich ungünstig aus. Brügge wird zum schlafenden Aschenputtel.

Bis Ende des 19. Jahrhunderts ein gewisser Georges Rodenbach ein Buch veröffentlicht: „Bruges la Morte“, Brügge, die Tote. Die Bevölkerung der inzwischen völlig verarmten Stadt, die auch den Anschluss an die Industrialisierung verpasst hat, ist empört. Aber die Welt horcht auf. Kann das stimmen, dass da draußen in Flandern, irgendwo zwischen Poldern und Kanälen, eine Stadt existiert, die noch so aussieht wie vor fast einem halben Jahrtausend?

Die Folge war wie im Märchen: Die kulturellen, architektonischen und historischen Schätze der Stadt wurden plötzlich entdeckt, und die intime Atmosphäre, in der Brügge jahrhundertelang geschlafen hatte, wurde einer ihrer größten Trümpfe. Aus dem Aschenputtel wurde die Königin.

Unterwegs in Brügge

Der Markt ist in der Regel der Mittelpunkt alter Städte. In Brügge ist das anders. Der historische Mittelpunkt ist der „Burg" genannte Platz. Hier findet man das städtische Fremdenverkehrsamt, wo man sich einen Stadtplan und ein paar Informationen über die Stadt geben lassen kann – und dann geht es los. Draußen steht man sofort dem gotischen Rathaus gegenüber, das wie kaum ein anderes seiner Art den oft gebrauchten Vergleich mit einem überdimensionalen Reliquienschrein verträgt. Im Inneren galt im Mittelalter die Eichenholzkassettendecke des Prunksaales im ersten Stockwerk als achtes Weltwunder.

Brügge, Heiligblutbasilika

Rechts neben dem Rathaus steht eine zweistöckige Kirche. Eigentlich sind es zwei Kirchen übereinander. Die untere romanische Basiliuskapelle aus dem 12. Jahrhundert war die Zunftkapelle der Maurer. Darüber liegt die eigentliche Heiligblutkapelle mit der in einem überaus kostbaren Schrein aufbewahrten Heiligblutreliquie.

Vielleicht ist es gerade Mittag, und vom nahen Markt her erklingt das Glockenspiel vom Belfried. Er ist das mächtigste Gebäude hier am Markt. Bei gutem Wetter lohnt unbedingt der Aufstieg wegen der großartigen Aussicht über Brügge und das Umland. Mitten auf dem Markt befindet sich das Standbild von Jan Breydel und Pieter De Coninck, zwei Brügger Anführer in der Schlacht von den Goldenen Sporen 1302 in Kortrijk.

Rings um den Markt reihen sich die hübschen alten Häuser aneinander, darunter ist auch jene Cranenburg, in die einst die Brügger ihren Souverän, Österreichs Kronprinzen Maximilian, eingesperrt haben. Zurück zum Burgplatz geht man geradewegs auf die aus der frühen Renais-

Brügge, Zunfthaus der Gerber

sancezeit stammende Anlage der Alten Kanzlei zu, deren Besichtigung wegen des berühmten Kamins lohnt, auf dem die Verherrlichung Karls V. zu sehen ist.
Dann lockt zwischen Rathaus und alter Stadtschreiberei die überwölbte Blinde Ezelsstraat. Dabei sollte man an der äußersten linken Ecke des Rathauses auf die lächelnde „Madonna mit dem Tintenfass" achten. Die Straße führt mit Blick auf den von Napoleon eingerichteten und auch heute noch genutzten Fischmarkt zum Huidevettersplein mit dem schönen alten Zunfthaus der Gerber.

Geht man am Rozenhoedkai entlang, gibt es zauberhafte Blicke auf das Wasser der Reie und die alten Giebel und Türmchen der Stadt.

Ein kurzer Abstecher über die Nepomukbrücke, von der aus man so schön den Ausflugsbooten auf der Reie zuschauen kann, in die Wollestraat beschert den berühmte-

Brügge — Nepomukbrücke

Brügge, im Gruuthusemuseum

sten Ausblick in Brügge: den Blick auf das „Burgundische Kreuz", ein Lieblingsmotiv der Maler und Fotografen.

Am Dyver vorbei geht es auf die gewaltige Liebfrauenkathedrale zu. Auf der linken Seite liegt das Groeninge-Museum, Brügges Gemäldegalerie. Es ist ein eher kleines Museum, aber vom Rang der Werke, die hier zu sehen sind, steht es in einer Reihe mit der Eremitage in St. Petersburg, dem Prado in Madrid und anderen weltberühmten Museen. Hier findet man vor allem einige der schönsten Werke von van Eyck und Memling und anderen „Primitiven".

Jenseits der Brücke lockt das nächste Museum, das Gruuthusemuseum, ein alter burgundischer Palast. Unmittelbar bei der Liebfrauenkathedrale lässt die Bonifatiusbrücke Erinnerungen an längst vergangene Zeiten wach werden. In der Kathedrale sind vor allem die Michelangelo-Madonna und die Gräber Karls des Kühnen und seiner Tochter Maria die großen Sehenswürdigkeiten. Diese Kirche ist gewaltig. Und trotzdem war sie zu klein, um alle Menschen zu fassen, die 1482 hierher zum Trauergottesdienst für ihren Liebling, die Fürstin Maria von Burgund, zusammengekommen waren.

Wieder aus der Kirche im Freien, geht es durch den einstigen Liebfrauenkirchhof in die Mariastraat, und dann fesselt wieder ein Blick: der Blick auf die aus dem Wasser aufragenden Partien des mittelalterlichen St. Janshospitals. In ihm ist heute das

Memlingmuseum untergebracht, mit einigen der großartigsten Werke dieses Meisters, vor allem dem Ursulaschrein und der Mystischen Vermählung der heiligen Katherina, wobei die heilige Katharina die Züge Marias von Burgund tragen soll. Diese Memling-Sammlung ist einzigartig in der Welt.

Der Rundgang endet dann beim Beginenhof aus dem 13. Jahrhundert und dem gleich daneben liegenden Minnewater, das bis 1751 der zuletzt allerdings nur noch armselige Handelshafen Brügges war. Überall in den Gassen nahe dem Beginenhof sitzen alte, aber auch junge Frauen mit den Klöppelkissen. Bei gutem Wetter sitzen sie im Freien vor den Häusern, sonst kann man sie im offen zugänglichen Hausflur besuchen und ihnen zuschauen, wie ihre flinken Finger kostbare Spitzen entstehen lassen.

Brügge — Memlingmuseum (St. Janshospital)

Geht man zurück in Richtung Markt, darf die Salvatorkirche nicht unbesehen bleiben. Hier hängen heute noch die Fahnen und Wappentafeln der Ritter, die zu Trägern des von Philipp dem Guten gestifteten Ordens vom Goldenen Vlies wurden.

Und an die Hochzeit des Herzogs mit Isabella von Portugal erinnert nahe bei der Kirche in der Zilverstraat das Haus Nr. 38. Es ist eines der interessantesten alten Häuser Brügges. 1468 wurde es für den Privatsekretär Isabellas von Portugal gebaut.

Unbedingt anzusehen ist dann ein anderer Teil von Alt-Brügge – der Bereich nördlich vom Markt. Das Haus Nr. 25 in der Vlamingstraat ist das alte Haus ter Beurze. Ter Beurze hieß die Familie, die das Haus im 15. Jahrhundert bewohnte. Hier trafen sich vor allem ausländische Kaufleute, um Handelsgeschäfte abzuschließen. Aus ter Beurze wurde das Wort „Börse“, das in viele Sprachen eingegangen ist.

In der angrenzenden Academiestraat fällt die Poortersloge auf, ein imposantes Gebäude aus dem 15. Jahrhundert, einst Versammlungsort der reichen Bürger. In der Fassade eingelassen ist „Beertje van de Loge“, das Bärchen von der Loge, scherzhaft als ältester Bürger Brügges bezeichnet. Gegenüber steht das alte Zollhaus von 1477. Geht man seitab vom Jan-van-Eyck-Platz in die alten Straßen hinein, kommt man in die Spanjaardstraat

Brügge — Jan van Eyckplatz

(Spanierstraße) oder zum Oosterlingenplein. Hier ist das Viertel, in dem einst die ausländischen Gesandtschaften lagen.

Sehenswert sind auch die St. Jakobskirche, das Potteriespital, die vier alten Stadttore – Eselstor, Genttor, Kruistor und Smedentor – und die Windmühlen auf dem alten Stadtwall. In dem einstigen genuesischen Handelskontor Jerusalem-Stiftung ist heute das interessante Spitzenmuseum untergebracht. Hier kann man auch Klöppeldemonstrationen beiwohnen.

Wo man auch hingeht in Brügge, immer sollte man die alten, liebevoll restaurierten Giebel im Auge behalten. Vielfach kann man aus den hier abgebildeten Emblemen noch ohne Weiteres erkennen, welcher Handwerkerzunft das jeweilige Gebäude als Zunfthaus diente. Oder aber man staunt über die vielen kunstvoll gearbeiteten Medaillons, die oft ganze Geschichten erzählen.

TIPP

Gute Adressen am Wegesrand

Wer rund um den Markt essen will, muss wissen, dass von den Restaurants über die Cafés bis zu den Imbisswagen dort alles sehr teuer ist. Ausweichen in die Seitengassen zahlt sich aus!

Romantikhotel Pand
in der Altstadt aber abseits des Betriebs:
Pandreitje 16
8000 Brügge
Tel.: 0032-50-34 06 66
Fax: 0032-50-34 05 56
www.pandhotel.com

Hotel Prinsenhof, vornehmes Hotel im stillen Teil der Altstadt, aber im Zentrum: Ontvangersstraat 9
8000 Brügge
Tel.: 0032-50-34 26 90
Fax: 0032-50-34 23 21
E-Mail: info@prinsenhof.be

Hotel De Swaene, idyllisches kleines Hotel in der Altstadt:
Steenhouwersdijk 1
8000 Brügge
Tel.: 0032-50-342798
Fax: 0032-50-33 66 74

Jugendherberge im Stadtteil Assebroek:
Baron Ruzettelaan 143
8310 Brügge
Tel.: 0032-50-35 26 79
Fax: 0032-50-35 37 32
E-Mail: brugge@vjh.be

Restaurant De Karmeliet, das Spitzenrestaurant von Brügge:
Lange Straat 19
8000 Brügge
Tel.: 0032-50-33 82 59
Fax: 0032-50-33 10 11

Restaurant St. Amour, romantisches Gewölbelokal in einem Keller, dessen Küchenchef vor einigen Jahren als „bester Koch Flanderns“ ausgezeichnet wurde:
Oude Burg 14
8000 Brügge
Tel.: 0032-50-33 71 72
Fax: 0032-50-34 09 91
www.saint-amour.be

Brugs Beertje, typisch flämische Bierkneipe, 300 verschiedene belgische Biere:
Kemelstraat 5
8000 Brügge
Telefon und Fax:
0032-50-33 96 16
www.brugsbeertje.be

Informationen: Toerisme Brügge
Burg 11
8000 Brügge
Tel.: 0032-50-44 86 86
Fax: 0032-50-448600
www.brugge.be
E-Mail: toerisme@brugge.be

BRÜGGE IM ÜBERBLICK

- Brügge mit dem Fahrrad zu erleben, ist ganz einfach. Es gibt zahlreiche Fahrradverleihstationen. Fahrräder, die man am Bahnhof ausleiht, können an 51 anderen Bahnhöfen zurückgegeben werden.
  Weitere Verleihstationen sind:
  Koffieboontje, Hallestraat 4;
  De Ketting, Gentpoortstraat 23;
  Bauhaus Bike Rental, Langestraat 135;
  Eric Popelier, Mariastraat 26 oder
  E-kar, Vlamingstraat 44. Hier kann man auch Elektrofahrzeuge mieten.

- Familien mit Kindern werden sicherlich den Familienpark Delfinarium Boudewijnpark ansteuern, Debaeckestraat 2.

Besondere Veranstaltungen:
- Heiligblutprozession am Himmelfahrtstag.
- Bunter Wochenmarkt jeden Samstagvormittag auf dem Burgplatz.
- Brügge Anno 1468, Speisen wie bei einer Fürstenhochzeit des 15. Jahrhunderts, freitags- und samstagsabends, Vorbestellung erforderlich, Vlamingstraat 86, Tel.: 050-347572.

Spezialitäten: Die bekannteste Brügger Spezialitäten sind handgeklöppelte Spitzen, die in vielen Geschäften angeboten werden.

Ausflug von Brügge aus: Damme.

Am Kanal Brügge-Damme

Die schönste Art, nach Damme zu kommen, ist die Fahrt mit dem Raddampfer „Lamme Goedzak“. Ein wunderschönes Erlebnis ist auch die Fahrt am Kanal Brügge–Sluis entlang nach Damme.

Sehenswertes in Damme:
Auf dem Marktplatz das 1464 erbaute Rathaus mit Figurenschmuck; im Inneren archäologisches Museum. Lohnend ist der Besuch des Ratssaales mit einem Kamin aus der Erbauungszeit. Im Nebensaal, dem einstigen Gerichtssaal, sind alte Stadtmaße und Gewichte zu sehen.

Vor dem Rathaus steht das Denkmal des 1300 in Damme gestorbenen Dichters Jakob van Maerlant.

Rechts neben dem Rathaus befindet sich das alte gotische Patrizierhaus „Der Große Stern“ mit zwei Giebeln aus dem 15. Jahrhundert. Im Innern ein Museum zum Thema „Uilenspijgel“. In der Hoogstraat steht das Haus „St. Jan“, in dem sich heute das Jakob-van-Maerlant-Museum mit stimmungsvollem Interieur befindet. Hier fand die Trauung Karls des Kühnen mit Margarete von York statt.

In dem 1249 von Margaretha von Konstantinopel gestifteten St. Jansspital in der Kerkstraat ist ein Antiquitätenmuseum untergebracht.

Beherrschendes Bauwerk in Damme ist die Liebfrauenkirche, deren ältester Teil aus dem Jahre 1210 stammt. Die 1310 durchgeführte Erweiterung war das erste Beispiel einer Hallenkirche in Flandern, wurde jedoch 1725 im Zuge eines Umbaus weitgehend abgerissen; ein Teil wurde zum heute noch erhaltenen Chor umgestaltet. Kunstgeschichtlich sehr wertvolle Inneneinrichtung, insbesondere mit den Bildern der Apostel aus dem 14. Jahrhundert, den barocken Beichtstühlen, die aus der abgerissenen Donatuskirche in Brügge stammen, sowie zahlreichen Gemälden.

Route 2

Von Brügge nach De Panne an der Küste entlang

Hoch zu Ross den Krabben nach

Das Ganze hat etwas Surrealistisches, und das passt zur Umgebung, in der sich dieses weltweit einzigartige Schauspiel heute noch in Oostduinkerke abspielt. Während nur wenige Kilometer vom Strand entfernt in St. Idesbald Paul Delvaux – Belgiens größter surrealistischer Maler – seine faszinierenden Bilder von nackten Frauen, nächtlichen Bahnhöfen und Zügen, die nach Nirgendwo fahren, in einem fensterlosen Kellerraum untergebracht hat, reiten vom Oostduinkerker Strand die Krabbenfischer hoch zu Ross ins Meer hinaus.

Paul Delvaux-Museum

Es ist ein heißer Augusttag, einer jener Bilderbuchsommertage mit fast wolkenlosem Himmel über Strand und Meer, an denen man nirgends anderswo sein möchte als an der Küste. Das eintönige Rauschen des an den Strand brandenden Wassers wird leiser, das Rollen der Kiesel,

Oostduinkerke, berittene Krabbenfischer

von jeder Flutwelle in Bewegung gebracht, rückt weiter weg, das Wasser beginnt abzulaufen, zieht sich zurück. Das ist die Stunde der Krabbenfischer. Sieben Reiter, in gelbes Ölzeug gekleidet, kommen auf schweren Brabanter Kaltblutpferden vom Ort herunter an den Strand. Die Pferde mit großen Reetkörben an den Flanken, kleine Karren hinter sich herziehend, auf denen allerlei Gerätschaften mitgeführt werden, suchen sich ihren Weg zwischen Sonnenanbetern, Sandburgen und spielenden Kindern an den Strand. Die Strandgäste nehmen kaum Notiz von diesem Ereignis, das sich in der Hochsaison fast täglich wiederholt. Sie wissen, dass es erst interessant wird, wenn die Reiter zurückkommen.

Die Karren werden abgeschirrt, schwere Schleppnetze an ihrer Stelle angespannt, dann ziehen die Reiter in weitem Abstand voneinander dem ablaufenden Wasser nach. Sie holen es ein – schließlich sind sie an der belgischen Küste und nicht in der Normandie, wo selbst ein galoppierendes Pferd das Wasser nicht einholen kann –, reiten immer tiefer ins Wasser hinein, bis es ihnen zu den Knien und den Pferden bis fast an den Hals reicht. Schließlich sind die gelben Gestalten vom Strand her kaum noch auszumachen, und keiner nimmt mehr Notiz von ihnen. Das Strandleben geht weiter, im großen Schwimmbad johlen und plantschen meist Kinder und Jugendliche. Die Sonnenanbeter wenden das Grillgut, will heißen, sie drehen der Sonne die andere Körperseite zu; Großeltern ziehen mit den Enkeln zur Strandpromenade hinauf zum nächsten Eiscafé.

Oostduinkerke, Süßwasserschwimmbad

Hier und da richten sich aber immer mehr Ferngläser aufs Meer hinaus. Wo sind die kleinen gelben Gestalten geblieben? Sie werden allmählich wieder größer, kommen näher. Jetzt ist es Zeit für die Kinder am Strand, die genau wissen, was in der nächsten halben Stunde ablaufen wird. Und als die schweren Pferde mit ihren gelben Reitern schließlich wieder aus dem Wasser heraus sind und auf den trockenen Strand zutraben, während das Wasser von Menschen, Tieren und Körben herabläuft, steht eine dichte Mauer von Schaulustigen da. Was bringen die Fischer diesmal mit?

Was dann aus den Netzen herausgeholt wird, ist für uns, die wir das Schauspiel zum ersten Mal erleben, eher enttäuschend. Drei, vier Hände voll Krabben, klein, grau, unansehnlich, fast unappetitlich aussehend, nehmen die Fischer aus den Netzen, klauben sie zwischen Quallen, Seesternen und winzigen zappelnden Fischen heraus. Die Seesterne und Fischlein landen in den kleinen Eimern der Kinder, die sich gegenseitig wegschubsend an die Fischer herandrängen.

Das Krabbenfischen hoch zu Ross, nirgends sonst mehr praktiziert als in Oostduinkerke, sei nur noch ein bescheidenes Überbleibsel einer Tradition, die bis ins 16. Jahrhundert zurückreiche, erzählt uns dann Johan Vandendriesch, einer der sieben, die heute noch ihren Brabanter das Schleppnetz durch das Wasser ziehen lassen. Einen wirtschaftlichen Wert habe das Krabbenfischen mit den Pferden nicht mehr, meint er.

Krabbenfischer

Nur dank finanzieller Zuwendungen seitens der Gemeinde können sich die Männer den Zeitaufwand noch leisten. Was früher einmal tagaus, tagein harter Alltag, Broterwerb der „Peerdevisser" war, ist heute touristische Attraktion, deren Termine von den Gezeiten abhängen und beim örtlichen Fremdenverkehrsamt erfragt werden können. Sie bietet beliebte Fotomotive und lässt nostalgische Bilder der Vergangenheit in dem kleinen Badeort wieder lebendig werden.

Heimkehr der Krabbenfischer

Was in den Lokalen des Badeorts zu Mittag oder am Abend an Garnelenspezialitäten serviert wird, haben nur selten einmal die gelben Reiter von Oostduinkerke an Land geschleppt, es sei denn, sie würden wie Johan Vandendriesch selber ein Lokal führen.

Die industriell betriebene Hochseefischerei auf Krabben oder Garnelen, wie die schmackhaften kleinen Meerestiere auch genannt werden, bedrohten die Bestände, erzählt uns Johan Vandendriesch, der uns auf seinem Karren hat aufsitzen lassen und mit uns zu seinem kleinen Hof im Hinterland des Ortes fährt. In der Regel kommen die mit „Krabben-Tomaten", „Garnelen-Kroketten" oder bei „Seezunge mit Garnelen in Butter" aufgetischten Krabben vom Nachbarn im Osten. Die Niederlande exportieren Jahr für Jahr

Oostduinkerke, Fischereihafen

Tausende von Tonnen Garnelen nach Belgien, gelten doch die Belgier, speziell die Flamen, als besonders „krabbenverrückt" und lassen ihre Gäste an einer solchen liebenswerten Verrücktheit gern teilhaben.

Und deshalb werden die Männer in ihrem gelben Ölzeug auf ihren starken Pferden mit Reetkörben und Schleppnetzen weiterhin die Brandung vor Oostduinkerke durchpflügen, nicht nur an solchen Bilderbuchtagen wie heute.

Wir jedenfalls haben uns vorgenommen, uns am Abend ein Garnelenmenue in Oostduinkerke zu genehmigen, natürlich irgendwo an der Promenade, am Deich, mit Blick auf das Meer, durch das die „Paardevisser" heute geritten sind.

Flandern, Du üppiges Heim,
wo wir alle wie Gäste
an einer reich gedeckten Tafel sind!
Wer könnte Dich kennen
und sich nicht von Herzen
Deiner erfreuen;
nicht dankbar sein für Tage,
so wunderschön wie triumphierende Götter,
dankbar wie ein Bettler
für warmes Weizenbrot?

Karel van de Woestijne

De Panne, ein Hauch des Südens

Einem bunten Blumenstrauß gleicht die belgische Küste mit ihren 13 Badeorten, einem Blumenstrauß, in dem 13 verschiedene Blumen zusammengebunden sind: Eine Nelke und eine Levkoje mögen in diesem Strauß sein, blauer Rittersporn, eine weiße Lilie und neben acht anderen Blumen natürlich auch eine duftende, wenn auch dornige Rose. Als eine solche Rose mag dem Besucher manchmal De Panne erscheinen.

Der Rosenduft, den wir wahrnehmen, ist etwas, das die Besucher von Belgiens westlichstem Seebad immer wieder als Hauch, als Atmosphäre des Südens empfinden. Wenn wir über die Zeelan in De Panne zum Markt schlendern und weiter auf die Duinkerkelaan zu, hinter der sich der berühmte, weite Strand dehnt, spüren wir immer wieder die besondere Atmosphäre dieses Bads. Woran liegt das?

Ist es der Umstand, dass dichter als in den anderen Küstenorten die Geschäfte in De Haans wichtigsten Straßen aneinander gedrängt sind, Geschäfte jeglicher Art?

Kommt nicht von den Menschen, die an schönen Sommertagen durch diese Straßen flanieren, die draußen vor den Cafés, den Bistros oder kleinen Restaurants sitzen und genießen, ein wenig von der Lebensfreude herüber, die nun einmal mit dem Urlaub, den schönsten Wochen des Jahres oder nur einem Wochenende zum Ausspannen, verbunden ist?

De Panne — Zeedijk

Und dann der Strand jenseits der Duinkerkelaan, einer der weitesten und schönsten Strände der gesamten Nordseeküste! Badehäuschen und mehr noch das Meer von bunten Sonnenschirmen mit ihrer gestreiften oder geringelten Bespannung prägen das Bild. Von oben, vom Deich aus betrachtet, sieht das aus wie eine gigantische Herde bunter Zebras im Sand. In ihrem Schutz spielen Mütter mit ihren Babys, schmiegen sich verliebte junge Leute aneinander, aalen sich Junge und Alte in der Sonne, und der Duft von Sonnenöl und Cremes steigt auf. All das lässt eine Ahnung von südländischer Urlaubsatmosphäre, von mediterraner Lässigkeit aufkommen.

De Panne — am Strand

Dieser Strand ist groß und breit, und das Meer davor tut ein Übriges dazu, ein Gefühl aufkommen zu lassen, dass alle Probleme ein wenig in die Ferne gerückt erscheinen. Immer wieder zieht es sich zurück, weit hinaus, und in unendlicher Regelmäßigkeit überrollt es dann doch wieder mit seinen Wellen den Strand, lässt alle Sandburgen, an denen Stunden gebaut wurde, in Minuten zerrinnen. Diese Rose, die ja oft als die schönste aller Blumen bezeichnet wird, hat nicht nur ihren Duft, sie hat auch Dornen. Manche Zeitgenossen winken ab, wenn der Name De Panne fällt. Touristischer Rummelplatz, sagen vor allem diejenigen abfällig, die De Panne nicht kennen. Natürlich gehört der Ort zu den meistbesuchten der belgischen Küste, und wo sich viele Besucher drängen, gibt es halt oft unschönes Gedränge, die Dornen eben, die diese Rose hat. Aber dass De Panne manchmal so viele Besucher anzieht, lässt wieder auf den Vergleich mit der Rose blicken. Unter allen Blumen gehört die Rose zu denjenigen, die ihre Blüten am längsten in der Knospe verborgen hält. Wenn die Blüte sich aber weit geöffnet hat und ihren Duft verströmt, lassen die Besucher des Gartens oft die anderen Blumen unbeachtet und schauen sich die blühenden Rosen an.

Tatsächlich ist De Panne ein Badeort, dessen Reize länger als die der anderen in der Knospe verborgen waren. Später als in Knokke-Heist oder Blankenberge, Ostende, Middelkerke, Nieuwpoort oder Koksijde wachte man in De Panne auf. Man rieb sich gleichsam verwundert die Augen, als man feststellte, dass sich auf fast 70 Kilometern von hier aus nach Osten bis zur niederländischen Grenze inzwischen lauter kleine und größere Badeorte entwickelt hatten und die Badegäste umsorgten. Warum hatte man das hier geradezu verschlafen? Das Fischerdorf De Panne war – etwas übertrieben ausgedrückt – in Vergessenheit geraten. Vielleicht weil die

Menschen hier im äußersten Westen, in der Westhoek, sich gern den Nachbarn gegenüber ein wenig abkapselten? Vielleicht weil die großen Städte, aus denen anderenorts die Badegäste kamen, zu weit weg lagen oder einfach nur, weil man genügsam war und zufrieden mit dem bescheidenen Wohlstand, den die Fischerei dem Ort bescherte.

Dabei hatten die Bürger von De Panne bereits im Jahre 1831 einen besonderen Fisch an Land gezogen, aus dessen Landung manch andere Kommune sicherlich sofort eine große Vermarktung des Ortes begonnen hätte. Genau weiß es heute keiner mehr zu sagen, aus welchem Grund der Coburger Prinz Leopold, der sich bis dahin in London aufgehalten hatte, das Schiff, das ihn von England herüberbrachte, ausgerechnet in De Panne anlegen

De Panne, Denkmal für Leopold I.

ließ und nicht etwa in Ostende. Diesen Prinzen Leopold hatten die Belgier, deren Staat soeben unabhängig geworden war, zu ihrem ersten König gewählt. Man muss sich das vorstellen: Da entsteht ein selbstständiges Königreich, der erste König, der nun das Land regieren soll, geht an Land, und in aller Bescheidenheit wird zwar ein Denkmal, das Leopold-Monument, an der Stelle errichtet, an der der König sein Land gleichsam in Besitz nahm, aber sonst nehmen die Fischer von De Panne das Ereignis kaum zur Kenntnis.

Die heutigen Bürger von De Panne und ihre Gäste sind dankbar, dafür, dass die Vorfahren wenig Aufhebens von der königlichen Landung gemacht haben. Der Entwicklung des Ortes ist es zugute gekommen, dass die Rose so lange in der Knospe geruht hat. Man hat von De Panne aus sorgsam die Nachbarn beobachtet, man hat gelernt von ihnen, wie man aus einem Fischerdorf einen viel besuchten Badeort macht. Natürlich kann man nicht sagen, dass man aus den Fehlern anderer Orte gelernt hätte. Auch in De Panne gibt es wenig attraktive Appartementblocks, aber gibt es die nicht in jedem dieser Badeorte? Dornen hat fast jede Rose – wenn sie sie nicht hat, fehlt ihr meist auch der Duft.

Dünen kennen keine Grenzen

Grenzen gibt es für sie nicht. Seit Jahrtausenden wandern sie zwischen der Küstenlinie und dem dahinter liegenden Land, den so genannten Poldern. Sie werden vom Wind aufgebaut, zu bizarren Gestalten aufgetürmt mit messerscharfen

In den Dünen von De Panne

Kanten, dann brechen Sie wieder zusammen und werden weiter getragen. Wanderdünen lassen sich von nichts und niemandem aufhalten.

Doch halt, ehe diese Wanderer zwischen Strand und Polder sich zu weit vorwagen, ehe sie das Kulturland bedrohen, greift der Mensch beizeiten ein. Seit alters her ist an der Küste die Kunst der Dünenbefestigung gewachsen. Mit allerlei Bepflanzungen versucht man, die unruhigen Wanderer zu bändigen. Strandhafer hat sich da besonders bewährt. Kiefern und mancherlei andere anspruchslose Bäume und Büsche, die mit dem Sandboden vorliebnehmen können, wurden angesiedelt. So entstand im Laufe von mehreren Jahrhunderten die einzigartige Dünenlandschaft, die sich vor allem zwischen dem belgischen Koksijde über De Panne bis zum französischen Dünkirchen erstreckt.

Aber immer noch wird loser Sand vom stetig wehenden Wind weitergetragen, zu mächtigen Gebilden aufgebaut, abgetragen, verändert, weitergetragen und neu aufgebaut. Die größte dieser Wanderdünen, Tausende von Kubikmetern loser Sand, trägt den bezeichnenden Name „Sahara“. Die Sahara an der Nordsee.

Der Wüstencharakter dieser gewaltigen Düne bei De Panne ist so echt, dass hier nur wenige Meter von der ewig rauschenden Nordsee entfernt handfeste Wüstenfilme gedreht werden konnten.

Dünen ziehen sich an der ganzen flämischen Küste entlang. Dabei erreichen sie zum Teil für Nordseedünen beachtliche Höhen. So ist der Spioenkop bei Wenduine mit 31 Metern die zweithöchste und De Hoge Blekker bei Koksijde mit 33 Metern die höchste Düne hier an der Küste. Die einstige Wanderdüne, ein Blickfang vom Meer her und damit natürlich ein alter Orientierungspunkt für die Schifffahrt, bedeckt eine Fläche von mehr als 21 Hektar. Diese gewaltige Düne im Naturschutzgebiet „Schipgatduine“ gilt als Europas höchste Düne überhaupt.

Ein Netz von Pfaden, aber auch markierten Wanderwegen, durchzieht die Dünen. Fast ein wenig prickelnd ist es dabei, von De Panne aus unbemerkt über die Grenze nach Frankreich hinüberzugehen, wo sich die Dünenlandschaft an der so genannten Opalküste bis Calais fortsetzt.

Wer in den Dünen wandert, ist immer wieder erstaunt über den Reichtum an Blumen, denen er hier zwischen Frühjahr und Spätherbst begegnet. 81 verschiedene Arten von anspruchslosen, aber mitunter ungemein attraktiven Wildblumen, die auf dem kargen Sandboden ihr Auskommen finden, haben die Botaniker in den Dünen gezählt.

Strandflieder

Regelmäßig werden vor allem von De Panne aus Dünenwanderungen unter sachkundiger Führung durchgeführt, bei denen auch auf die Vielfalt der Blumenwelt in den Dünen eingegangen wird.

Dünenflora in De Panne — Nachtkerzen

Wenn eine Wanderdüne zur Ruhe gekommen ist – sei es weil sie auf natürliche Hindernisse stößt, sei es dass der Mensch sie durch Bepflanzung und Durchwurzelung „sesshaft“ gemacht hat –, bilden sich an den Sandhängen teils durch weitere Bepflanzung, teils durch natürliche Ansiedlung Gebüschgruppen, ja sogar kleine Waldstücke. Hier und da kommt es zur Bildung einer so genannten Panne, einer Pfanne, einer typischen Vertiefung, wie sie auch De Panne den Namen gegeben hat. Vor allem im Winter kann es in diesen Pfannen zur Ansammlung von Süßwasser kommen, und das wiederum hat die Ansiedlung von wasserliebenden Pflanzen und Tieren zur Folge.

Man sieht, es ist ein ausgesprochen kompliziertes Geflecht von Beziehungen, das sich um die eigentlich nur aus Sand bestehenden Hügelketten spinnt. Ein eigenes Informationszentrum „De Nachtegal" in den Dünen von De Panne gibt da auf viele Fragen eine Antwort.

SEGELN AUF DREI RÄDERN

HIGHLIGHT!

Segel sieht man überall, wo Wasser ist, erst recht natürlich an der Küste. Zu Hunderten schwärmen sie über das Wasser, als ob eine Wolke weißer oder auch bunter Schmetterlinge vom Himmel gefallen sei, sieht das manchmal aus. Nur in De Panne ist das anders. Da flitzen die Segel über den Strand mit Geschwindigkeiten, von denen jeder Segler draußen auf dem Wasser nur träumen kann. Geschwindigkeiten bis zu 120 Kilometern in der Stunde können die Strandsegler – die schlanken, eleganten Segelwagen von De Panne – hier auf dem schönsten, dem breitesten Strand an der belgischen Küste erreichen.

Strandsegeln hat eine jahrhundertelange Tradition. Schon Ende des 16. Jahrhunderts wurde von dem Brügger Simon Stevin der erste Segelwagen gebaut. Es dauerte dann allerdings noch rund 300 Jahre, bis De Panne durch seine Segelwagen von sich reden machte. Um die Jahrhundertwende wurden die ersten Rennen auf dem fünf Kilometer langen und bis zu 500 Meter breiten Strand ausgetragen, wenige Jahre später entstand der erste Segelwagenclub. Segeln auf drei Rädern, unter knatternder Leinwand über

De Panne - Segeln auf drei Rädern

Nieuwpoort — König Albert-Denkmal

den Strand zu rasen, wurde schnell zu einer sehr spezifischen, exklusiven Sportart, die aber nur da praktiziert werden konnte und kann, wo der Strand genügend breit, fest und lang ist, eben in De Panne. Es wurden eigene Lehrbücher für diese Sportart entwickelt, eine eigene Fachsprache bildete sich heraus. Als ideal fürs Strandsegeln gelten Windstärken zwischen vier bis sechs.

Inzwischen sind die Segelwagen aus dem Strandbild von De Panne nicht mehr wegzudenken, und die Meisterschaften und Segelregatten, die alljährlich zwischen September und November auf dem Strand ausgetragen werden, gehören zu den bekanntesten und interessantesten Veranstaltungen an der Küste. Im Wechsel mit dem deutschen St. Peter-Ording, mit französischen, australischen und britischen Badeorten finden alle paar Jahre sogar Weltmeisterschaften im Strandsegeln in De Panne statt. Wenn auch hoffnungsvolle Nachwuchssegler sich als Jugendliche schon ihre eigenen Segelwagen bauen und damit ihre eigenen Meisterschaften austragen, müssen für einen perfekten Segelwagen durchaus 7000 Euro bezahlt werden.

Die Beherrschung eines Segelwagens gilt trotz der fürs Segeln ungewöhnlich hohen Geschwindigkeit, die erreicht werden kann, als leichter zu erlernen, als das Segeln auf dem Wasser. Und wer's in den Ferien in De Panne lernen will, findet natürlich auch eine Spezialschule, die Strandsegelschule LAZEF, Dynastielaan 20, B-8660 De Panne, www.lazef.be.

DIE ROUTE VON BRÜGGE NACH DE PANNE AN DER KÜSTE ENTLANG IM ÜBERBLICK

Diese Route, die Brügge entlang des östlichen Teils der Küste mit De Panne verbindet, berührt einige der wichtigsten Orte im Bereich der belgischen Küste. Ohne Abstecher ist sie etwa 70 Kilometer lang. Von Brügge aus geht es über die N 9 Richtung Ostende. Diese Straße ist wie so viele hier im Poldergebiet um Brügge auf der Karte mit einem grünen Rand versehen. Man weiß, was das bedeutet: besonders reizvolle Strecke.

Brügge – Klemskerke – Bredene – Mariakerke – Middelkerke – Westende – Lombardsijde – Nieuwpoort – Oostduinkerke/Bad – Koksijde/Bad – Koksijde – Veurne – Adinkerke – De Panne

Sehenswürdigkeiten

Bredene: Wie bei vielen Orten an der Küste wird zwischen Bredene Dorf und Bredene Bad unterschieden. Näheres siehe Route 6, Seite 162.

Middelkerke, meist mit dem benachbarten Westende genannt. Wer sich nicht in einem der stillen Badeorte einquartiert, sondern nur auf der Küstenstraße entlangfährt, sollte sich in Middelkerke das alte Casino anschauen. Es ist im so genannten normannischen Stil gebaut.

Sehenswürdigkeiten:

Domäne Raversijde, ein Dreifachmuseum, bestehend aus dem Memorial Prinz Karl (1903–1983), dem Freiluftmuseum Atlantikwall über die Küstenverteidigung in den beiden Weltkriegen und dem Archäologischen Museum Walraversijde mit Fischerdorfatmosphäre aus dem 15. Jahrhundert.

Infos: Fremdenverkehrsamt Middelkerke
Joseph Casselaan 4–8
B-8430 Middelkerke
Tel.: 0032-59-30 03 68
Fax: 0032-59-31 11 95
E-Mail: toerisme@middelkerke.be
www.middelkerke.be

Westende, Gemeinde Middelkerke, ist nach Bredene der beliebteste Ort für Campingurlaub an der Küste. Reizvolle Ausflugsmöglichkeiten zu stattlichen Bauernhöfen im Hinterland.

Infos: Fremdenverkehrsamt Westende
Distellaan 44
B-8434 Westende
Tel.: 0032-59-30 20 85
Fax: 0032-59-31 47 57
E-Mail: info.westende@middelkerke.be
www.middelkerke

Nieuwpoort. Die kleine Stadt an der Mündung der Ijzer in die Nordsee hat eine wichtige Rolle während des Ersten Weltkriegs gespielt.

Bei der Schleuse „Ganzepoot" fließen drei Schifffahrts- und Entwässerungskanäle zusammen.
Hier begann über die Entwässerungskanäle die Überflutung des Frontgebiets. Am 21. Oktober 1914 ließ General Dossin die Schleusen öffnen, sodass allmählich das

gesamte Poldergebiet, das durch Jahrhunderte trockengelegt worden war, wieder voll Wasser lief. Nahe Veurne (siehe unten) wurden weitere Schleusen geöffnet – damit stand das ganze Frontgebiet unter dem von der Ijzer kommenden Wasser. Die deutschen Truppen wurden so am Vormarsch gehindert. Eine Rundfahrt von Nieuwpoort über die Frontroute nach Ypern und Diksmuide und wieder zurück erschließt das furchtbar umkämpfte Gebiet.

Näheres zu den erbitterten Kämpfen zwischen 1914 und 1918 und die Möglichkeiten der Besichtigung steht in Route 4, Seite 117 ff.

Nieuwpoort mit dem vorgelagerten Nieuwpoort Bad ist einer der wichtigsten Fischereihäfen Belgiens mit täglicher Fischauktion. Die Marina von Nieuwpoort bietet Liegeplätze für rund 2000 Jachten und gilt als größte Nordeuropas.

Veranstaltungen: Am 1. Sonntag im August eines jeden Jahres großes Friedensfest am Denkmal für König Albert I.
Bunter Wochenmarkt freitags, Marktplatz.
Glockenspielkonzerte zwischen Mitte Juni und Mitte September jeden Mittwoch- und Samstagabend.

Für Kinder: Kinderbauernhof De Lenspolder. Hier lernen Kinder Brot backen, Kräuter erkennen und verwenden und den Umgang mit Pferden, Schafen oder Ziegen.

Infos: Fremdenverkehrsamt Nieuwpoort
Marktplatz 7
B-8620 Nieuwpoort
Tel.: 0032-58-22 44 44
Fax: 0032-58-22 44 28
E-Mail: info@nieuwpoort.be
www.nieuwpoort.be

Oostduinkerke. Das ursprüngliche Dorf liegt etwas im Hinterland, Oostduinkerke-Bad dehnt sich direkt am Meer entlang. Ursprünglich ein reines Fischerdorf ist Oostduinkerke heute ein beliebtes Familienbad. Berühmt ist der Ort einmal durch seine Krabbenfischer, die mit schweren Brabanter Kaltblutpferden ins Meer hinaus reiten und mit Schleppnetzen Krabben einholen. Zum anderen hat Oostduinkerke einen bemerkenswerten Dünengürtel, der sich vor allem nach Westen, Richtung De Panne hinzieht.

Sehenswürdigkeiten:

- Nationales belgisches Fischereimuseum; Florishof, privates Heimatmuseum.
- Naturschutzgebiet Hoge Blekker, der mit 33 Metern höchsten Düne Belgiens.
- Naturschutzgebiet Kerkepannebos; Schipgatduinen.
- Dünengebiet Ter Yde. Es werden auch geführte Wanderungen angeboten.
- Oostduinkerkes größte Sehenswürdigkeit ist das Erlebnis des Krabbenfischens mit Pferden an insgesamt 34 Tagen zwischen Ende März und Mitte September. Manchmal werden

die gefangenen Krabben auf der Strandpromenade gekocht und anschließend verkauft.

Feste:

- Drachenfestival am letzten Maiwochenende.
- Garnelenfest am letzten Juniwochenende.

Leckere Spezialität: frisch gefangene Krabben (Garnelen).

Infos: Fremdenverkehrsamt
Koksijde-Oostduinkerke
Leopold II-laan 2
B-8670 Oostduinkerke
Tel.: 0032-58-53 21 21
Fax: 0032-58-53 21 22
E-Mail: toerisme@koksijde.be
www.koksijde.be

Koksijde geht mit Oostduinkerke ineinander über. Der Ort gilt im Hinblick auf seinen ausgeprägten Blumenschmuck als der „Blumenbadeort".

Sehenswürdigkeiten:

- Dünenabtei „Unsere Liebe Frau in den Dünen", 1107–1577. Bis zu ihrer Zerstörung, die nicht eine Folge des Flugsandes und der Wanderdünen, sondern der Bilderstürmer war, galt die in den Dünen im Hinterland von Koksijde gelegene Abtei als eine der größten Zisterzienserabteien der Niederlande – ein kleiner Ständestaat. Die Mönche dieser Abtei wurden die „Dünenherren" genannt. Im Laufe der Jahrhunderte haben sie rund 1000 Hektar Land durch Einpolderung gewonnen und nutzbar gemacht. Die Ruinen, 1948 freigelegt, sind heute im Rahmen eines ausgeklügelten Museumskonzepts zugänglich.
- Abteihof Ten Boegarde, nahe der Dünenabtei gelegen, wurde 1148 der Abtei geschenkt. Im 13. Jahrhundert entstand hier die heute noch erhaltene Riesenscheune der Abtei. Nach der Zerstörung der Abtei 1577 siedelten die Mönche in diesen Außenhof um und machten ihn durch den Bau einer Kapelle und eigener Klostergebäude zur „Ersatzabtei", die bis 1627 benutzt wurde. Dann zogen sie nach Brügge. Nach der Säkularisation und Enteignung kauften sie die Dünenabtei und den Hof zurück. 1833 schenkte der letzte Dünenherr, Niklaas de Roover, den gesamten Komplex dem Bistum Brügge.
- Kirche „Unsere Liebe Frau in den Dünen". Die moderne Kirche wurde 1965 gebaut. In der Krypta befindet sich der Sarkophag des 1894 heilig gesprochenen dritten Abtes der Dünenabtei, Idesbald.

Paul-Delvaux-Museum. Im Keller eines alten Bauernhauses, in dem der berühmte Surrealist lange gelebt und gearbeitet hat, ist ein Museum eingerichtet, das zahlreiche seiner Werke zeigt.

Infos: Fremdenverkehrsamt
Koksijde-Oostduinkerke
Leopold II-laan 2
B-8670 Oostduinkerke
Tel.: 0032-58-53 21 21
Fax: 0032-58-53 21 22
E-Mail: toerisme@koksijde.be
www.koksijde.be

De Panne, westlichster Ort an der belgischen Küste. Endstation der von Knokke-Heist kommenden Dünenbahn, unmittelbar vor der französischen Grenze gelegen. De Panne hat den breitesten Sandstrand Belgiens, ist berühmt durch seine Segelwagen und liegt am Rand eines weitläufigen, über die Grenze nach Frankreich hineinragenden Dünengebietes.

Sehenswürdigkeiten:
De Pannes große Sehenswürdigkeiten sind der weite Sandstrand mit allen Möglichkeiten für den Badeurlaub und das Dünengebiet. Besonders erlebenswert sind die folgenden, durch sechs markierte Wanderwege unterschiedlicher Länge erschlossenen Dünenreservate mit ihrer zum Teil ganz speziellen Pflanzenwelt:

- De Westhoek lässt Entstehung und Entwicklung der Dünenflora sehr gut erkennen. Zwischen den beiden Dünengürteln der Westhoek liegt die wüstenartige Sandlandschaft Sahara.
- Auch der Calmeynbos ist einen Besuch wert. Dieses Waldgebiet wurde Anfang des 20. Jahrhunderts zur Befestigung des losen Dünensandes angelegt.
- De Nachtegal, Besucher-Informationszentrum für die Naturschutzgebiete an der Westküste.
- Dumontviertel, historischer Stadtteil von De Panne mit zahlreichen hübschen Gassen und alten Häusern;
- ein Denkmal erinnert an die Ankunft König Leopolds I.
- Für Kinder: Plopsaland, ein kindergerechter und familienfreundlicher Freizeitpark.
- Meliepark in Adinkerke. Vier Kilometer vom Zentrum De Panne entfernt lockt der größte Vergnügungspark an der Küste.

Veranstaltungen:

- Samstags bunter Wochenmarkt.
- Wettbewerbe für Strandsegler jeweils am zweiten Wochenende im März und im September.

Leckere Spezialitäten: De Panne gilt als der Gourmetbadeort an der belgischen Küste. Besondere Aufmerksamkeit verdienen die Fischsuppen.

Infos: Fremdenverkehrsamt De Panne
Zeeland 21
B-8660 De Panne
Tel.: 0032-58-42 18 18
Fax: 0032-58-42 16 17
E-Mail: toerisme@depanne.be
www.depanne.be

TIPP

Gute Adressen am Wegesrand

DE PANNE:
Hotel Iris
schönes Haus mit Meerblick
Duinkerkelaan 41
B-8660 De Panne
Tel.: 0032-58-41 51 41
Fax: 0032-58-42 11 77
www.hotel-iris.be

Hotel Chalet du Chien Vert
familiäres Hotel im denkmalgeschützten Dumontviertel
Koning Albert Plein 12
B-8660 De Panne
Tel.: 0032-58-41 20 60
E-Mail: catherine.brisko@skynet.be

Ferienhausanlage Strandpark mit Studios und Bungalows in den Dünen am Strand
Nieuwpoortlaan 151
B-8660 De Panne
Tel.: 0032-58-42 02 22
Fax: 0032-58-42 06 85
www.strandpark.be
E-Mail: info@strandpark.be

Restaurant Hostellerie Le Fox
Spitzenrestaurant in der noblen Hostellerie Le Fox
Walckierstraat 2
B-8660 De Panne
Tel.: 0032-58-41 28 55
Fax: 0032-58-41 58 79
www.hotelfox.be

OOSTDUINKERKE:
Hotel Britannia Beach
direkt am Meer gelegen
Zeedijk 435
B-8670 Oostduinkerke
Tel.: 0032-58-52 11 77
Fax: 0032-58-52 15 77

Jugendherberge De Paardevisser
Duinparklaan 41
B-8670 Oostduinkerke
Tel.: 0032-58-51 26 49
Fax: 0032-58-52 28 80
E-Mail: oostduinkerke@vjh.be

NIEUWPOORT:
Kompas Camping
einer der schönsten Campingplätze an der Westküste mit vielen Freizeitangeboten.
Brugsesteenweg 49
B-8620 Nieuwpoort (Sint Joeris)
Tel.: 0032-58-23 60 37
Fax: 0032-58-23 26 82
www.kompascamping.be

Route 3

An der Opalküste

Nach 13.000 Jahren

Es war ein uralter Traum. Seit Menschen diesseits und jenseits des Ärmelkanals leben, mögen sie davon träumen, einmal zu Fuß, hoch zu Ross oder mit einem Wagen auf die andere Seite gelangen zu können, von Flandern nach England oder umgekehrt. Hätten am Ende der letzten Eiszeit bereits Menschen diese Region besiedelt gehabt – wofür es allerdings nicht die geringsten Anzeichen gibt –, dann hätte dieser Traum rund 13.000 Jahre alt sein können. Denn als die Eiszeit zu Ende ging, also vor etwa 13.000 Jahren, entstand der Ärmelkanal – La Manche, wie die Franzosen sagen. An seiner engsten Stelle, zwischen dem französischen Calais und dem englischen Dover, sind es gerade einmal 34 Kilometer Wasserbreite, die Flandern von England trennen. Sagen Sie jetzt nicht, das französische Calais hätte nichts mit Flandern zu tun. Es hat das sehr wohl (siehe Kapitel „Dreimal Flandern", Seite 17).

Gemessen an der langen, langen Zeit der Träume ist erst verhältnismäßig spät, nämlich 1751, der erste uns bekannte Ingenieur mit der Idee an die Öffentlichkeit getreten, einen Tunnel von Calais nach Dover zu bauen. Es war der Franzose Nicolas Desmaret. So weit heute bekannt ist, blieben seine Ideen jedoch ohne großes Echo.

Calais — Rathaus

1802 gab es den ersten heute bekannten detaillierten Plan zum Bau eines Tunnels unter dem Ärmelkanal. Der Zeitpunkt schien günstig. In Amiens berieten Engländer und Franzosen über einen Friedensschluss, der den englisch-französischen Krieg beenden sollte. Der französische Bergwerksingenieur Albert Mathieu legte den Teilnehmern der französisch-englischen Friedensgespräche einen ernsthaften Plan vor, an der schmalsten Stelle unter dem Kanal einen Tunnel zu graben und eine Straße im Tunnel zu bauen. Der Ver-

Hafenmole in Calais

kehr von Frankreich nach England sollte mit Pferdekutschen betrieben werden. Mathieu hatte sowohl an eine Pferdewechselstation gedacht als auch an ein Belüftungssystem. In regelmäßigen Abständen sollten „Kamine“, die einige Meter über die Wasseroberfläche ragen sollten, die Frischluftzirkulation im Tunnel gewährleisten. Napoleon soll von der Idee sehr angetan gewesen sein, die Engländer, die sich in ihrer Rolle als Insulaner doch wohl recht gut fühlten, weniger. Doch da der englisch-französische Krieg wieder ausbrach, erledigte sich das Tunnelprojekt zunächst einmal.

Nur ein Jahr später, 1803, legte der englische Ingenieur Henri Mottray einen Tunnelplan vor, der jedoch wegen grundlegender, ungelöster technischer Details nicht weiterverfolgt wurde.

1851 ging wiederum ein Franzose, Hector Moreau, mit einem neuen Tunnelplan an die Öffentlichkeit. Er schlug vor, einen an Land aus Stahl vormontierten Tunnel auf dem Meeresboden zu verlegen. Doch die Zeit war noch nicht reif – neben technischen gab es vor allem auf englischer Seite erhebliche politische Bedenken.

1856 rückte man der Idee eines Tunnelbaus nun stärker zu Leibe. Napoleon III. beauftragte eine wissenschaftliche Kommission mit der Prüfung der Machbarkeit eines solchen Tunnelprojektes. Das Ergebnis war, dass ein vom Franzosen Thomé de Gamond entworfener Plan als technisch realisierbar angesehen wurde.

Aufgrund dieses Gutachtens begannen 1880 Versuchsbohrungen mit einer neu entwickelten Bohrtechnik. Doch die Engländer hatten Angst, in ihrer insularen Unnahbarkeit gestört zu werden und setzten es durch, dass alle Arbeiten am Tunnelprojekt eingestellt wurden. Erst 1955 ließ das britische Verteidigungsministerium erklären, dass aus militärischer Sicht nun keine Bedenken mehr gegen einen Tunnel zwischen Frankreich und England bestünden.

Dünkirchen, Befestigungsanlagen des Atlantikwalls

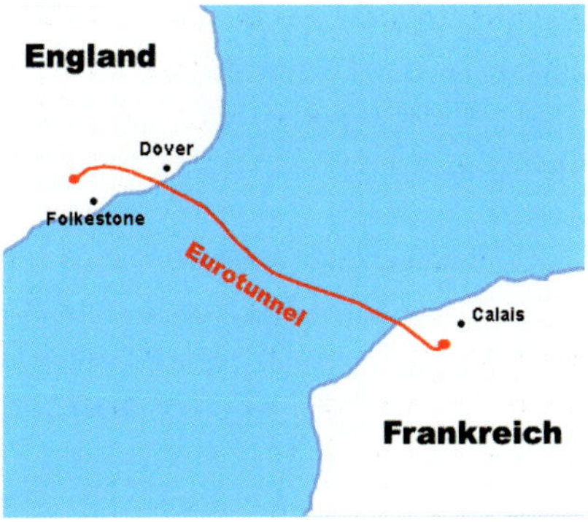

Verlauf des „Eurotunnels“

1960 wurde es nun konkreter mit dem Tunnel. Eine Studiengruppe schlug vor, zwei getrennte Tunnelröhren für die Eisenbahn zu bauen, dazwischen einen Servicetunnel. Von einer unterseeischen Straße war nicht mehr die Rede. Einigkeit bestand darin, dass das Projekt privat finanziert werden sollte.

1973 wurde durch den britischen Premier Edward Heath und Frankreichs Staatspräsident Georges Pompidou die entscheidende Vereinbarung zum Bau des Tunnels unterzeichnet. Doch schon zwei Jahre später mussten die Pläne wegen Geldmangels auf Eis gelegt werden. Erst nach zehn Jahren, 1985, ging es weiter – das Tunnelprojekt wurde international ausgeschrieben. Am 20. Januar 1986 bekam das britisch-französische Konsortium „The Channel Tunnel Group Ltd/France-Manche SA“ den Zuschlag. Nun konnte es richtig losgehen.

Mitte Dezember 1987 begannen auf britischer Seite die Bohrungen, auf französischer Seite erst Ende 1988. Die britische Regierungschefin Margaret Thatcher hatte es durchgesetzt, dass auf beiden Seiten keine öffentlichen Mittel für den Tunnelbau eingesetzt wurden. 15.000 Arbeiter waren rund sieben Jahre lang damit beschäftigt, den knapp 38 Kilometer langen Tunnel in durchschnittlich 40 Meter Wassertiefe durch eine Kreideschicht zu bohren. Dabei wurden große Tunnelbohrmaschinen eingesetzt, die regelrechte Bohrfabriken waren. Das Bohren, der Abtransport des Materials und das Abstützen wurde von einer Maschine durchgeführt. Gerade das Abstützen und Auskleiden der Wände war enorm wichtig, da der Tunnel durch weiche Kreide gebohrt wurde und daher immer wieder Wasser durchdrang.

Am 1. Dezember 1990 trafen die beiden Bohrmannschaften mit ihren Maschinen auf dem Grund des Tunnels, 40 Meter unter der Wasseroberfläche, zusammen, nur zwei Zentimeter von der vorher ausgerechneten Stelle entfernt. Fast vier Millionen Kubikmeter Abraum waren bei den Arbeiten angefallen. Der größte Teil davon wurde auf britischer Seite vor Folkestone im Meer aufgeschüttet, um eine neue Insel zu gewinnen.

Am 6. Mai 1994 eröffneten Königin Elisabeth II. und Präsident François Mitterand den Tunnel unter dem Ärmelkanal. Nach 13.000 Jahren konnte man nun wieder trockenen Fußes von einer Seite zur anderen kommen.

Wie der 1960 vorgelegte Plan vorsah, besteht der Tunnel aus zwei Haupttunneln, in denen die Eisenbahn Personen, Fracht

Opalküste — Cap Blanc Nez

und Fahrzeuge befördert. Ein kleinerer Servicetunnel zwischen den beiden großen Tunneln ist mit schmalen Fahrzeugen befahrbar und hat in regelmäßigen Abständen Querverbindungen zu den Haupttunneln für etwaige Hilfs- oder Rettungsmaßnahmen.

Auch aus technischen Gründen ist dieser Tunnel in der Mitte mit seinen Querverbindungen wichtig. Vor den mit hoher Geschwindigkeit durch den Tunnel fahrenden Zügen baut sich eine aerodynamische Stoßwelle auf, die die Geschwindigkeit unvermeidlich drosseln würde, könnte sie nicht abgeleitet werden.

Der gesamte Tunnel ist 50,5 Kilometer lang, davon liegen 37,9 Kilometer unter Wasser. Fast sieben Millionen Passagiere fahren jährlich mit dem *Eurostar*, einem Passagierschnellzug, der den Pariser Bahnhof *Gare du Nord* mit der *Waterloo Station* in London verbindet. Außerdem verkehrt *Le Shuttle* durch den Tunnel, ein Zug, der zwischen Sangatte (Calais/Coquelles) und Folkestone pendelt und Autos, Busse und Motorräder transportiert. Die Passagiere bleiben dabei in oder bei ihren Fahrzeugen. Bei den *freight shuttle trains*, die nur Lastwagen befördern, haben die Fahrer eigene Personenwagen für die Tunneldurchquerung. Schließlich gibt es noch Frachtzüge für herkömmliche Schienenfracht.

Bislang ist der Eurotunnel, wie der Kanaltunnel genannt wird, ein Zusatzgeschäft. Die Betriebseinnahmen können die Kosten nicht decken. Rund sechs Milliarden Schulden haben sich bei der Betreibergesellschaft Eurotunnel angehäuft. Der Aktienkurs an der Börse liegt weit unter dem Emissionskurs. Doch die Gläubiger scheinen verhandlungsbereit in Richtung Schuldenerlass. Dann könnte auf absehbare Zeit der Tunnelbetrieb doch noch profitabel werden.

Für Schlagzeilen hat in den letzten Jahren der Tunnel immer wieder im Zusammenhang mit Asylbewerbern gesorgt, die sich in Großbritannien günstigere Asylbedingungen als in Frankreich erhofften. Ausgangspunkt war dabei immer das Asylbewerberlager Sangatte unmittelbar neben der Tunneleinfahrt bei Calais. Von dort schmuggelten sich Asylbewerber auf Frachtzüge, versteckten sich in Lastkraftwagen, manche versuchten durch den Tunnel zu laufen oder hielten sich an den Zügen fest. Auf Druck der britischen Regierung wurde inzwischen das Lager geschlossen.

DIE ROUTE „AN DER OPALKÜSTE" IM ÜBERBLICK

Diese Route an die Côte d'Opale ist ein Abstecher ins französische Flandern (siehe Kapitel „Dreimal Flandern", Seite 17). Gleich jenseits der Grenze bei De Panne setzt sich hier auf französischem Gebiet die großartige Dünenlandschaft mit wunderschönen Strandabschnitten fort.

Dünkirchen, Calais und Boulogne-sur-Mer sind drei Höhepunkte an dieser Küste, an der es vor allem in Dünkirchen selber und in seiner Umgebung im Mai 1940 zu schweren Kämpfen, Luftangriffen und Zerstörungen kam.

Landschaftlich gibt es keine Unterschiede zwischen dem belgischen und dem jenseits der Grenze, vor allem im französischen Departement Nord gelegenen Flandern. Rein äußerlich erinnern hier noch zahlreiche Ortsnamen an die niederländische Sprache und Kultur, die einst auch hier vorherrschten.

Offiziell – das heißt in den Amtsstuben, der Schule und vor Gericht – gilt heute nur die französische Sprache. Doch in der Bevölkerung ist das niederländische Idiom noch immer verbreitet. Es gibt flämische Kulturvereine und viele Eltern aus dem grenznahen Gebiet, die ihre Kinder in nahe gelegene belgische Schulen schicken, weil dort der Unterricht in niederländische Sprache erteilt wird.

Auch die Küche ist im Département Nord noch recht flämisch, nämlich deftig geprägt. Das erlebt der Reisende vor allem in den so genannten Estaminets, das sind ländliche Kneipen, die meist in kleinen Dörfern liegen. Zu den hier servierten Standardgerichten gehört das Hähnchen in Bier, wie überhaupt heute noch die Dichte der Brauereien auffällig groß ist. Die Estaminets zeichnen sich dadurch aus, dass sie wie kleine Museen wirken, in denen die Wirtsleute zahlreiche Gegenstände aus dem Alltagsleben vergangener Zeiten gesammelt und aufgestellt oder aufgehängt haben. Fast jedes Estaminet hat noch seinen kleinen Spielsalon, in dem alte, heute kaum noch bekannte flämische Gesellschaftsspiele zu finden sind, mit denen sich die einheimischen Gäste gern beschäftigen.

Landschaftliche Berühmtheit hat das Cap Griz Nez bekommen, da man bei diesem Kap die Einmündung der Nordsee, des Ärmelkanals in den Atlantik, festgelegt hat.

Eine Besonderheit an der französischen Küste zwischen Dünkirchen und Boulogne-sur-Mer sind die Stations KID. So dürfen sich jene Badeorte (es sind praktisch alle hier oben) bezeichnen, die mit besonderen Einrichtungen für Kinder aufwarten. Das können speziell für Kinder

Opalküste — Cap Gris Nez

geeignete Einrichtungen am Strand sein, Sportmöglichkeiten für Kinder an Land, am Strand und auf dem Wasser, Animationen und vieles mehr. Die Altersbegrenzung liegt zwischen 3 und 12, in manchen Orten bis 14 Jahren.

Die wichtigsten Eckpunkte an der rund 120 Kilometer langen Route:
De Panne – Dünkirchen – Gravelines – Calais – Wissant – Ambleteuse – Boulogne-sur-Mer

Sehenswürdigkeiten
Dünkirchen (Dunkerque), drittgrößter Hafen Frankreichs, Mittelpunkt der Großgemeinde Dunes de Flandre, zu der neben Dünkirchen noch Leffrinckouque, Zuydcooke, Gyvelde, Téteghem und Bray Dunes gehören. 700 Hektar Dünen säumen im Raum Dünkirchen die Küste. Die Strände sind hier zum Teil mit denen von De Panne vergleichbar, sodass sich auch hier die Tradition der Segelwagen entwickelt hat. Dünkirchen ist die nördlichste Stadt Frankreichs und das nördlichste Seebad.

Der Hafen von Dünkirchen wurde um 800 gegründet und kam im Laufe der Zeit in englischen Besitz. Ludwig XIV. kaufte ihn 1662 den Engländern ab. Nachdem der als Festungsbaumeister bekannt gewordene Vauban Hafen und Stadtbefestigung ausbaute, erlebte Dünkirchen eine lange Zeit des Wohlstands.

Im Mai und Juni 1940 war Dünkirchen Schauplatz des Unternehmens „Dynamo", der groß angelegten Rückzugsaktion der damals die Stadt besetzt haltenden Briten und auch Franzosen vor den heranrückenden deutschen Panzerverbänden. Es war die größte militärische Rückzugsaktion der Geschichte. Infolge von Kommunikationsschwierigkeiten und Eigenmächtigkeiten auf der Ebene der deutschen Befehlshaber wurde der Vorstoß vorübergehend gestoppt, wodurch Engländer und Franzosen wertvolle Zeit für den Rückzug gewannen. Das war der Hintergrund für das vor allem von den Briten oft zitierte „Wunder von Dünkirchen".

Sehenswert:
- Hafenrundfahrten mit der „Bazenne".
- Hafenmuseum, das 2005 als eines der besten unter den besten Museen Frankreichs ausgezeichnet wurde.
- Leuchtturm im Hafen, 63 Meter hoch, der bestiegen werden kann und eine hervorragende Aussicht über den Hafen bietet, dessen Anlagen sich weit über die Stadtgrenze hinaus ziehen.
- Leughenaer-Turm, einziger Überrest der Stadtbefestigung aus dem 15. Jahrhundert.
- Belfried mit Glockenspiel; Denkmal für Jean Bart, den berühmtesten und erfolgreichsten Freibeuter aus Dünkirchen.

Für Kinder: Station KID.

Veranstaltungen:
- Berühmter Karneval von Dünkirchen von Mitte Januar bis Mitte März (jährlich etwas schwankend).
- Markt, bunter Wochenmarkt mittwochs und samstags ganztägig.

Sport: Golf, 18-Loch-Anlage in Bergues.

Dünkirchen am Abend

Ausflug: Bergues, die wohlerhaltene kleine mittelalterliche Stadt wird „das Brügge des französischen Flanderns“ genannt. Noch ganz umgeben von einer fünf Kilometer langen Stadtmauer mit vier Toren bietet das Städtchen im Inneren eine Vielzahl mittelalterlicher Häuser, einen Belfried und einen Kanal im Stadtzentrum.

Infos: Office de Tourisme Dunkerque,
Dunes de Flandre
Le Beffroi
F-59140 Dunkerque
Tel.: 0033-3-28 66 79 21
Fax: 0033-3-28 63 38 44
E-Mail:
accueil.dunesdeflandre@ot-dunkerque.fr
www.ot-dunkerque.fr

Gravelines, Badeort mit Vaubanfestung und Fischereihafen, von dem aus in früherer Zeit die Islandfischer ausliefen; schöner Sandstrand, der sich bis Calais erstreckt.

Sehenswert: Haus der Islandfischer mit Einrichtung aus dem Anfang des 20. Jahrhunderts.

Erlebenswert: Stadtrundfahrt mit Ausflugsboot; Ausfahrt mit ehemaligen Fischtrawler zum Fischen.

Für Kinder: Station KID.

Infos: Office de Tourisme des Rives de l'Aa
11 rue de la République
F-59820 Gravelines
Tel.: 0033-3-28 51 94 00
Fax: 0033-3-28 65 58 19
E-Mail: gravelines.cote.opale@wanadoo.fr
www.tourisme.fr/gravelines

Calais, bedeutende Hafenstadt vor allem für den Fährverkehr nach England. Calais liegt an der mit 34 Kilometern engsten Stelle des Ärmelkanals gegenüber von Dover. Der Name des Départements Pas-de-Calais, zu dem die Stadt gehört, drückt diese Lage aus: Pas bedeutet „Schritt“. Von hier soll es also nur einen Schritt bis England sein. Durch den Bau des Eurotunnels (siehe Kapitel „Nach 13.000 Jahren“, Seite 107) hat Calais noch größere Bedeutung gewonnen.

1347 wurde die Stadt von den Engländern unter Eduard III. erobert und blieb bis 1559 englisch.

Sehenswert:

- Leuchtturm, einer der wenigen Leuchttürme Frankreichs, der in einem Stadtzentrum steht. Steigt man im Inneren die 271 Stufen in die Höhe, belohnt dort oben (bei klarem Wetter) der Blick bis zur englischen Küste.
- Bürger von Calais – das berühmteste Denkmal in Calais. Der französische

Bildhauer Auguste Rodin schuf die Gruppe von sechs überlebensgroßen Bürgern aus Calais, die sich nur im Büßerhemd und mit einem Strick um den Hals 1347 freiwillig dem englischen König Eduard III. auslieferten mit der Bitte die Stadt zu verschonen. Dem gleichen Ereignis hat G. B. Shaw ein Lustspiel gewidmet.

- Fort Risban, im Mittelalter errichtete Befestigungsanlage an der Hafeneinfahrt, im 17. Jahrhundert durch Vauban ausgebaut; Museum der schönen Künste und der Spitzen.

Für Kinder: Station KID.

Veranstaltungen: Bunte Wochenmärkte finden an verschiedenen Stellen in der Stadt mittwochs, donnerstags, samstags und sonntags statt.

Leckere Spezialitäten: fangfrische Fische und Meeresfrüchte.

Infos: Office de Tourisme de Calais
12 boulevard Clemenceau
F-62100 Calais
Tel.: 0033-3-21 96 62 40
Fax: 0033-3-21 96 01 92
E-Mail: ot@ot-calais.fr
www.tourisme.fr/office-du-tourisme.fr
www.calais-coteopale.com

Wissant, Badeort, der sich noch sehr die Atmosphäre eines alten Fischereihafens erhalten hat. Wissant liegt zwischen dem Cap Gris Nez und Cap Blanc Nez, zwei besonders markanten Punkten an der Küste. Besonders bei der Küste an der „Grauen Nase" fallen die Kreidefelsen steil ab ins Meer und bieten einen reizvollen Kontrast zum ansonsten durch Sand geprägten Strand beider-

Boulogne-sur-Mer, die gewaltige Kuppel der Kathedrale

seits des Kaps. Am Cap Gris Nez schwenkt die Küste mit einem scharfen Knick aus der bisher südwestlich verlaufenden Linie nach Süden ab. Das mag der Grund dafür sein, dass man hier den Übergang des Ärmelkanals in den Atlantik annimmt.

Sehenswert: Stadtbild mit Fischereihafen. Kreidefelsen am Cap Gris Nez.

Für Kinder: Station KID.

Infos: Office de Tourisme de Calais
12 boulevard Clemenceau
F-62100 Calais
Tel.: 0033-3-21 96 62 40
Fax: 0033-3-21 96 01 92
E-Mail: ot@ot-calais.fr
www.calais-coteopale.com

Boulogne-sur-Mer, Frankreichs wichtigster Fischereihafen und Europas bedeutendster Handelsplatz mit Fischereierzeugnissen. Unter dem Sonnenkönig wurde die Stadt (heute Oberstadt) nach Plänen von Vauban ausgebaut. Sie ist heute noch von der Wehrmauer umgeben, mit Türmen und Toren versehen.

Sehenswert:

- Oberstadt mit ihrer durch vier Tore unterbrochenen und mit Türmen bestückten Wehrmauer.
- Rathaus aus dem 17. Jahrhundert.
- Basilika Notre Dame mit einer Krypta aus dem 11. Jahrhundert.
- Unterstadt mit Fischerei-, Fracht- und Jachthafen.

Für Kinder: Station KID.

Nausicaa, größtes europäisches Meeresaquarium, das Nationale Zentrum des Meeres. Von der tropischen Lagune bis zum Fischtrawler ist hier alles zu sehen an Landschaft, Tieren und Pflanzen, Kultur und Nutzung der Weltmeere.

HIGHLIGHT!

Leckere Spezialitäten: Gerichte mit fangfrischem Fisch und Meeresfrüchten.

Infos: Office de Tourisme
Forum Jean Noël - BP 187
F-62203 Boulogne-sur-Mer
Tel.: 0033-3-21 83 53 72 (provisorisch)
Fax: 0033-3-21 10 88 11
E-Mail:
info@tourisme-boulognesurmer.com
www.tourisme-boulognesurmer.com

TIPP

GUTE ADRESSEN AM WEGESRAND

DÜNKIRCHEN:
Madame Protopapas
Fremdenzimmer mit Garten- und Terrassenbenutzung, nahe dem Strand und der Stadtmitte
rue Louis Vanraet 59
F-59240 Dünkirchen
Tel.: 0033-3-28 63 73 48
Fax: 0033-3-80 10 06 69

GRAVELINES:
Le Turbot, eines der besten Fischrestaurants der Opalküste in der historischen Altstadt
rue de Dunkerque 26
F-59820 Gravelines
Tel.: 0033-3-28 23 08 54
Fax: 0033-3-28 23 19 47

BERGUES:
Taverne „Le Bruegel", Restaurant in einem Haus aus dem 16. Jahrhundert mit der Atmosphäre der Gemälde der großen flämischen Maler, ausschließlich regionale Gerichte der flämischen Küste
rue du Marché aux Fromages 1
F-59380 Bergues
Tel.: 0033-3-28 68 19 19
Fax: 0033-3-28 68 67 12
E-Mail: contact@lebruegel.com

BOULOGNE-SUR-MER:
Hotel Le Metropole, angenehmes Hotel im Stadtzentrum
rue Thiers 51
F-62200 Boulogne-sur-Mer
Tel.: 0033-3-21 31 54 30
Fax: 0033-3-21 30 45 72
E-Mail: hotel.metropol@wanadoo.fr
www.hotel-metropole-boulogne.com

Hotel und Restaurant La Matelote, intimes, sehr persönlich geführtes kleines Hotel am Fischereihafen gegenüber Nausicaa. Das Restaurent trägt einen Michelin-Stern.
Boulevard Sainte-Beuve
F–62000 Boulogne-sur-Mer
Tel.: 0033-3-21 30 33 33
Fax: 0033-3-21 30 87 40
www.la-matelote.com

Route 4

Flanderns blutgetränkte Erde

Merry Christmas

„Merry Christmas“ ist ein Spielfilm, der Ende 2005 in die Kinos kam. Seine Handlung könnte man ohne weiteres als unerträglichen Kitsch bezeichnen, wenn, ja wenn sie sich nicht tatsächlich so ereignet hätte. Am Weihnachtsabend 1914 kam es auf einem der so blutig und fanatisch umkämpften Schlachtfelder Flanderns zu einem Vorfall, den man nur eine Wirklichkeit gewordene Utopie nennen kann. Ein deutscher Grenadier, der im Zivilleben als Tenor auf Bühnenbrettern stand, hatte zusammen mit seiner Frau, einer Sopranistin, vor dem nahe der Front weilenden deutschen Kronprinzen gesungen. In den Schützengraben zurückgekehrt, wo er die nächsten feindlichen Salven erwartete, begann er das Lied von der Stillen, der Heiligen Nacht zu singen. Dabei stieg er aus dem Schützengraben heraus, sodass sein Gesang auch auf der Gegenseite zu hören war.

Und dann geschah das Wunder dieser Weihnachtsnacht 1914: Nach einem Moment der Stille kommt von den Engländern und Franzosen lauter Beifall. Schottische Dudelsackspieler intonieren die unsterbliche Melodie, Franzosen kommen mit Champagner in die deutsche Stellung. Das Unfassbare an dieser Begebenheit ist, dass die Verbrüderung auch an

Am Kemmelberg

den nächsten Tagen noch anhält, ungeachtet schweren Artilleriebeschusses, der von weit hinter der Front neue Kämpfe ankündigt. Die Geschichte des Kriegs in Flandern beweist, dass dieser Versuch, der Menschlichkeit im Wahnsinn des Mordens Vorrang zu gewähren, sehr bald schon im Keim erstickt wurde. Auf beiden Seiten wurden die Disziplinargerichte tätig, weil nicht sein konnte, was nicht sein durfte.

Friedhöfe überall

Wie lange muss eine Katastrophe zurückliegen, damit man den Schauplatz als Tourist unbefangen betreten kann? Wie viele Jahrzehnte oder Jahrhunderte muss ein Krieg in der Zeitlosigkeit der Geschichte untertauchen, dass man den Ort des Geschehens bereisen kann, ohne sich selbst den Vorwurf der Sensationslust oder der Befriedigung des Nervenkitzels machen zu müssen? Die Thermopylen oder der Teutoburger Wald, das Lechfeld oder Waterloo sind Namen, die stellvertretend stehen für große Schlachten im Laufe der Zeit. Hunderte, Tausende sind hier ums Leben gekommen, und doch sind die Ereignisse auch beim Besuch an Ort und Stelle meist nicht mehr als Daten im Geschichtsbuch.

Aber Flandern 1914–1918? Kann man unbefangen nach Ypern reisen oder nach Langemark? Kann man durch die Wälder am Kemmelberg so wandern wie in den Ardennen? Oder kann man an der Ijzer so unbeschwert bummeln wie an anderen belgischen Gewässern? Und kann man die so geschickt und liebevoll wieder aufgebauten westflandrischen Städte in der so genannten Westhoek so genießen wie die Altstadtpartien von Brügge oder Gent?

Es fällt schwer, auch heute noch, 90 Jahre nach dem Grauen der Flandernschlachten. Doch in Belgien selber, in Westflandern, sieht man das wohl anders. Durch das Kampfgebiet des Ersten Weltkriegs wurden touristische Routen ausgeschildert wie die „Ijzerfrontroute“ oder die Route „In Flanders Fields“, die bis vor einigen Jahren „Route 14–18“ hieß. Ein Geschäft mit dem Tod? Tourismus auf dem Rücken der Gefallenen? Oder ist es einfach nur der Wunsch, 90 Jahre danach das Land wieder in die Normalität zu führen, auch touristisch?

Ypern (Ieper) — steinerne Totenlisten im Menener Tor

Ypern (Ieper) — Gerichtshof

Wir möchten an diese Normalität glauben, wenn wir die Bauern von Poperinge bei der Hopfenernte sehen, an den stattlichen Höfen vorbei fahren, die mit ihren Dächern in saftig grünen Wiesen liegen, angesichts der hoch beladenen Erntewagen mit Zuckerrüben oder den verspielt wirkenden Fassaden am wiedererstandenen Marktplatz von Diksmuide. Aber dann sehen wir Kinder in verfallenen Laufgräben spielen, und Schafe liegen wiederkäuend und dösend in eingestürzten Bunkern, unter deren Trümmern die Leichen der verschütteten Soldaten nie geborgen wurden. Und ein beklemmendes Gefühl kommt auf bei dieser Fahrt durch die Westhoek, Flanderns westlichsten Zipfel, gleich an der Grenze zu Frankreich.

Ypern (Ieper) — Menener Tor

Schon am Stadtrand von Ypern, oder Ieper wie die Flamen sagen, bricht gleichsam die Vergangenheit über uns herein. Von weitem sieht das Menener Tor (Menenpoort) aus wie ein römischer Triumphbogen. Es ist auch einer, ein Triumphbogen des Todes. 54.896 Namen sind in seinen Marmor gemeißelt: die Namen der britischen und für das Commonwealth kämpfenden Soldaten, die nach den Kämpfen um Ypern vermisst wurden. Rund 130 Friedhöfe der Briten gibt es allein auf dem heute recht weitläufigen Stadtgebiet dieser vier Jahre lang unvorstellbar erbittert umkämpften Stadt Ypern.

Ypern ist eine hübsche Stadt mit einem bildschönen Marktplatz, den das mächtige Gebäude der Lakenhal (Tuchhalle) prägt. Mit Brügge und Gent gehörte die Stadt zu den drei bedeutendsten flandrischen Tuchmacherstädten des Mittelalters. Die Sonne scheint, auf den Kaffeehausterrassen sitzen Menschen, reden, lachen. Doch gleich daneben, in einem Teil der Lakenhal ist das Museum des furchtbaren Krieges, wo erschütternde Fotos das Sterben der Stadt dokumentieren. Und schlagartig wird uns vor Augen geführt, dass dieses hübsche Ypern da draußen nur noch eine Imitation ist, nicht mehr die Tuchmacherstadt des Mittelalters, deren Lakenhal so groß war, dass voll beladene Schiffe zum Entladen hineinfahren konnten.

Ypern (Ieper) — im Flanders Field Museum

Als der Krieg vorbei war, gab es Ypern nicht mehr. Hier stand kein Stein mehr auf dem anderen! Ypern war eine Steinwüste, war als Stadt das völlige Nichts, war das Stalingrad oder Hiroshima des Ersten Weltkriegs. Vier Jahre lang war die Stadt in einem Leidensweg ohnegleichen untergegangen.

Ypern (Ieper) — die tägliche Zeremonie der „Last Post"

Die Erinnerung an diese schlimmsten vier Jahre in der Geschichte der kleinen Tuchmacherstadt wird heute noch wach gehalten, Tag für Tag, oder besser gesagt Abend für Abend. Um acht Uhr abends hält ein Polizist vor dem Menener Tor den Verkehr an, Männer treten auf die Straße und blasen mit Signalhörnern ein weiches, lang gezogenes Trompetensignal. Es ist die „last post", der Zapfenstreich der britischen Armee. Jeden Abend, seit fast 90 Jahren hallt das Signal vor dem Menener Tor in Ypern über die geschundene Erde der Westhoek. Es klingt nicht nur für die 204.000 toten Commonwealth-Soldaten, für Zehntausende belgischer, französischer, amerikanischer, polnischer, portugiesischer und russischer Soldaten, sondern auch für die gefallenen und vermissten Deutschen, die vier Jahre lang vergeblich versuchten, die von den Engländern seit dem 14. Oktober

1914 besetzt gehaltene Stadt zurückzuerobern. Fassungslosigkeit und Wut, grenzenlose Wut angesichts des hirnlosen Fanatismus von Offizieren und Generalstäben, die in patriotischer Borniertheit solch grauenvolles Abschlachten ihrer Soldaten zu vertreten hatten, ergreifen den Besucher.

Auf der seinerzeit berüchtigten Höhe 62 steht ein alter, weißhaariger Schotte, der seinem Dudelsack quäkende Töne zum Gedenken an die toten Kanadier entlockt. Hier oben verlief 1916 die kanadische Frontlinie. Zwischen der Höhe 62 und dem nahe gelegenen britischen Friedhof Sanctuary Wood gibt es eines der vielen kleinen Museen, die auf mannigfache Art die Erinnerung an das grausige Geschehen aufrecht erhalten. Vor verrostetem Kriegsgerät, vor allem britischem, steht ein Kaugummiautomat. Für ein paar Münzen kann man den Mund voll Süßigkeiten bekommen angesichts von Granathülsen, Bajonetten und Stahlhelmen, die unter britischen, kanadischen und australischen Fahnen zum Kauf angeboten werden. Tausendfacher Tod und massenhafter Kommerz sind hier eine makabre Verbindung eingegangen.

Durch eine herbstlich friedvolle Bauernlandschaft, wie sie ein Breughel nicht schöner hätte malen können, fahren wir auf ein Dorf zu. Von weitem sieht es aus wie alle diese flandrischen Dörfer. Doch dann sehen wir die Ortstafel, sehen den Namen, der darauf steht und zucken zusammen: Langemark.

Langemark — deutscher Soldatenfriedhof

Das ist kein Name wie irgendein anderer auf einer belgischen Ortstafel. Langemark steht als Symbol für den sinnlosen Tod Tausender deutscher Studenten, die – das Deutschlandlied auf den Lippen und den Hurrapatriotismus ihrer Offiziere im Rücken – 1914 und 1915 hier in den Tod getrieben wurden.

Eine dieser unheilvollen Phrasen, die damals die Köpfe der Abiturienten verwirrten, ziert heute noch den Eingang zum deutschen Soldatenfriedhof am Ortsrand von Langemark: „Deutschland muss leben – und wenn wir sterben müssen." Man kann sich nur mit Grausen abwenden. Wer solche Inschriften anbringt, hat offensichtlich aus der Katastrophe nichts gelernt.

44.294 deutsche Gefallene wurden auf diesem als Studentenfriedhof bekannten Gräberfeld beigesetzt, mehr als die Hälfte davon in einem Massengrab mit 25.000 Toten. Die Zahlen sprengen jedes Vorstel-

Vladslo, Käthe Kollwitz' Trauernde Eltern auf dem deutschen Soldatenfriedhof

lungsvermögen, wird doch das Unvorstellbare dieses Massentodes durch exakte Zahlen nicht vorstellbarer. 44.294 junge Männer aus Deutschland liegen hier, 25.644 sind es auf dem Friedhof von Vladslo. Hier stehen am Rande des Gräberfeldes Käthe Kollwitz' berühmte „Trauernde Eltern", eines der eindrucksvollsten Mahnmale gegen den Krieg. Der Sohn der Künstlerin, Peter, wurde hier begraben. 8247 Gefallene ruhen auf dem kleinen deutschen Friedhof von Hooglede und 47.864 auf dem größten deutschen Friedhof in Flandern, dem Friedhof von Menen. Mit den Vermissten sind es mehr als 210.000 junge Deutsche, fast eine Viertelmillion, für die Flandern den Tod bedeutete. Damit Deutschland leben konnte? Für wen denn, möchte man sich fragen. Wie hohl, wie sinnlos sind solche Sprüche!

An einer Wegekreuzung nahe Langemark stoßen wir auf die überlebensgroße Figur eines trauernden kanadischen Soldaten. Er weist auf das Massengrab jener 8000 Kanadier hin, die den ersten deutschen Giftgasschwaden zum Opfer fielen. Sie wurden ohne vorherige Warnung im April 1915 gegen die kanadischen Linien geblasen.

Mitten in den Hopfenplantagen Westflanderns, nur einen Steinwurf weit von der französischen Grenze entfernt, liegt Poperinge. Ein hübsches kleines Städtchen ist das, mit einem behaglich wirkenden Marktplatz, der von alten Häusern umstanden ist. Das belgische Hopfenmuseum liegt in einer Seitengasse. Beschaulichkeit scheint angesagt. Tatsächlich blieb Poperinge am Rande des damaligen Kriegsinfernos auf fast wunderbare Weise weitgehend von Zerstörungen verschont. Doch in der Reihe der alten Häuser steht jenes Tal-

Poperinge — Rathaus

Britischer Soldatenfriedhof Tyne Cot

bot-Haus der britischen Armee, das heute noch jedem bedürftigen Einwohner des ehemaligen Empire als Herberge zur Verfügung steht, wenn er nach Flandern reist, um Gräber seiner Vorfahren – Angehörige gibt es ja kaum noch – zu besuchen.

Auf der damals berüchtigten Höhe 60 bei Zillebecke steht am Straßenrand ein Ehrenmal für die gefallenen Australier. Dahinter eingezäuntes Land. Ein paar Schafe liegen auf Hügeln, dazwischen tummeln sich Wildkaninchen in Mulden. Hunderte Hektar ist das Gelände groß, das von Granaten gestaltet wurde. Einschlagstrichter liegt neben Einschlagstrichter, jeder Quadratzentimeter wurde hier von explodierenden Granaten umgepflügt, aufgewühlt, hochgewirbelt. Hier und da stehen noch von der Wucht explodierender Granaten auseinander gerissene Bunkerreste.

Fast anderthalb Kilometer lang zieht sich die Front des britischen Friedhofs Tyne Cot hin. 11.856 Soldaten liegen hier begraben, 11.856 Grabsteine stehen hier in endlosen Reihen. Jeder Grabstein trägt einen Namen oder die immer wieder kehrende Formel „A SOLDIER OF THE GREAT WAR KNOWN UNTO GOOD".

Die Briten haben jedem ihrer in Flandern Gefallenen ein eigenes Grab zugebilligt, auch wenn der Tote nicht mehr zu identifizieren war. Auf den Umfassungsmauern sind die Namen der Vermissten eingemeißelt, es sind nochmals 34.959 Namen.

Herbstlich bunt ist der Wald, durch den wir über ein windungsreiches Sträßchen zum Kemmelberg hinauffahren. Kemmelberg? Wie viele tausend Tote hat dieser Berg gefordert, bis er im August 1918 für genau vier Tage von bayerischen Gebirgsjägern erobert wurde? Heute liegt eine der anspruchsvollsten Hostellerien der Gegend auf der Kuppe des Berges, ein wenig abseits der Straße im Wald, mit großartiger Aussicht ins flandrische Hopfenland hinunter. Nur hundert Meter daneben erinnert ein großes Denkmal an die vielen Franzosen, die am Kemmelberg ums Leben gekommen sind, und die auf dem französischen Friedhof auf der anderen Seite des Bergs begraben liegen.

Friedhöfe überall! Die Kreuze und Grabsteine prägen das Bild der Westhoek ebenso wie die sieben Meter hohen Hopfenstangen, wie die wiederaufgebauten Kirchtürme, die fetten Schweine auf den Wiesen oder die alten Kopfweiden, die die verschlungenen Wiesenbäche in diesem blutgetränkten Land begleiten.

Kemmelberg Fietsweg im Heuvelland

GULLIVERS ZWERGENLAND

Wie Maulwurfshaufen am Horizont aufgereiht sehen die Kuppen von weitem aus. Doch zweifellos sind es samt und sonders Berge – die Namen verraten es: Kemmelberg, Monteberg, Schergeberg, Rodeberg, Vidaigneberg. Und beim Näherkommen entpuppen sich diese Berge als Herzstück einer Landschaft, deren Name draußen noch kaum gehört sein dürfte: Heuvelland.

Heuvelland bedeutet nichts anderes als Hügelland. Doch was dem Besucher von draußen tatsächlich bei Erhebungen wie dem 151 Meter hohen Kemmelberg nur als Hügel erscheinen mag, muss für die Menschen, die hier in der äußersten Südwestecke Westflanderns leben, schon richtiges Gebirgsland sein. Oft sprechen sie von ihrem Land als den Flämischen Ardennen, wobei es interessanterweise in Ostflandern ebenfalls Flämische Ardennen gibt, die keinen räumlichen Zusammenhang mit dem Heuvelland haben.

Mit den Ardennen selber, jenem bis zu 700 Meter hohen Mittelgebirgsland, das das wallonische Belgien durchzieht, haben diese Ardennen des Heuvellandes nichts zu tun. An landschaftlicher Schönheit nehmen sie es jedoch durchaus mit manchen Partien in den berühmten Waldbergen Südbelgiens auf, nur eben im verkleinerten Maßstab. Alles ist hier kleiner, fast möchte man sagen: niedlicher. Die Berge sind niedriger, die Täler lieblicher, die Dörfer kleiner. Aber ein Blick auf die Karte verrät einiges: die Sträßchen im Heuvelland sind sämtlich mit einem grünen Rand versehen, also als landschaftlich besonders reizvoll eingestuft. Und die „Berge“ sind mit einem roten Strahlenkranz dargestellt. Auch da weiß man, was hinter solcher Signatur steckt: Sie verrät eine besonders schöne Aussicht vom Gipfel.

Südlich einer Linie, die sich von Poperinge, dem Zentrum des Hopfenanbaus in Westflandern nach Ypern hinzieht, eingerahmt im Westen wie im Süden von der Grenze, jenseits derer das französische Flandern liegt, ist das Heuvelland touristisch noch so etwas wie ein schlafendes, zumindest im Halbschlaf liegendes Dornröschen unter den belgischen Landschaften, das darauf wartet, wachgeküsst zu werden.

Nicht als ob die Zeit hier stehen geblieben wäre. Beileibe nicht. Dafür haben schon die erwähnten Flandernschlachten gesorgt.

War doch gerade der Kemmelberg noch im April 1918 Schauplatz fürchterlicher Kämpfe zwischen deutschen Truppen auf der einen und britischen wie französischen auf der anderen. Die Soldatenfriedhöfe an den Abhängen des Kemmelbergs sprechen eine deutliche, eine traurige Sprache.

Auf die Höhe des Kemmelbergs, des höchsten Punktes im Heuvelland, führt eine Autostraße. Hier oben liegt heute einer der anspruchsvollsten Feinschmeckertempel Westflanderns. Und hier oben steht ein Aussichtsturm, den zu besteigen sich lohnt. Von seiner Höhe aus überschaut man nach allen Richtungen – ein wunderschönes Land – ringsum mit geradezu unzählbaren Türmen diesseits und jenseits der Grenze. Dicht dabei liegen Ypern und Poperinge, man sieht bei klarem Wetter ohne Weiteres die Ijzertürme von Diksmuide und die Türme von Veurne. Die Küstenlinie bei Nieuwpoort mit ihren Appartementhochhäusern ist zu sehen und auch die Seen von Dikkebus und Zillebeke erkennt man. Nach Süden geht der Blick im Französischen Flandern auf rauchende Schlote und auf die Türme von Belle (Bailleul), auf die benachbarten Kuppen von Rode- und Zwareberg. Fast ist es zu viel, um alles in sich aufnehmen zu können. Mit einem Fernglas kann man nach Brügge schauen, nach Ostende und auf der anderen Seite den Hafen des französischen Dünkirchen sehen.

Diksmuide, das „Männchen aus dem Mond"

Unten vor dem Kemmelberg liegt das Dorf Kemmel, der älteste Touristenort im Heuvelland. Als der Erste Weltkrieg zu Ende war, gab es Kemmel nicht mehr. Heute ist es ein adrettes Dorf – wie so viele andere hier im Heuvelland. In seiner Nähe lohnt das Landgut „Warande" einen Besuch. Das prachtvolle Schloss im flämischen Renaissancestil ist allerdings eine Täuschung. Es entstand erst 1925 und verdankt seine Existenz einer hier im Heuvelland heute noch erzählten Sage – der Sage von „Malegijs Pferd". Diese Sage erzählt von drei jungen Mädchen aus Ypern, die auf einem Wunderpferd durch die Luft reiten zu einem wunderschönen Schloss, wo sie die Zeit mit Spielen verbrachten. Als sie im Pfänderspiel alles, auch ihre Kleider, verloren hatten, brachte das fliegende Pferd sie auf den Gipfel des Kemmelbergs. Hier erinnert heute noch ein Holzrelief des Pferdes mit seinen drei Reiterinnen an diese Geschichte.

Diksmuide — Ijzertoren

Folgt man den kleinen Straßen kreuz und quer durch dieses winzige Bergland, kommt man rasch überall hin, wo es schön ist in diesem Land der Flämischen Ardennen, sogar zur einzigen Seilbahn Westflanderns. 1957 wurde sie zwischen dem Baneberg und dem Vidaigneberg gebaut. Baneberg ist ein anderer Name für den Rodeberg, auf dessen Höhe eine restaurierte Windmühle steht. Sie ist die einzige, die es heute im Heuvelland noch gibt.

Man kommt dann auch nach Dranouter, ein kleines Dorf im Süden des Kemmelbergs, wo 1522 Pieter Platevoet geboren wurde. Besser bekannt wurde er unter seinem lateinischen Namen, den er sich dem Brauch der damaligen Zeit folgend zugelegt hatte: Petrus Plancius. Er war einer der größten Kartografen des 16. Jahrhunderts, der mit seinen Seekarten den berühmten Willem Barrents zu seinen Entdeckungsreisen anregte. Barrents entdeckte dabei die Insel Novaja Semlja im Eismeer und die Inselgruppe Spitzbergen.

Petrus Plancius

Von Dranouter nach Nieuwkerke führt uns ein Sträßchen haarscharf an der Grenze entlang, bleibt jedoch auf belgischer Seite. Die Türme von Belle jenseits der Grenze sind dabei zum Greifen nahe. Nieuwkerke gibt sich als hübscher Touristenort, auch wenn hier wie fast überall im Heuvelland kaum historische Bausubstanz erhalten blieb.

Trappistenbier

Ein zierliches Rathaus mit gotischem Treppengiebel ist heute der Mittelpunkt des einstigen Tuchmacherstädtchens. Die Lakenhalle, einst Stolz der Tuchherren, gibt es indessen nicht mehr.

Manchmal wirkt dieses Heuvelland abseits der furchtbaren Erinnerungen an den Krieg wie Gullivers Zwergenland. Alle paar hundert Meter ändert sich das Landschaftsbild. Mal ragt ein „Berg" auf, dann wieder windet sich die Route durch ein kleines Waldstück, in das Wanderwege einladen. An fetten Wiesen geht es vorbei, auf denen Kühe und Schweine stehen. Kleine Gehöfte aus roten Ziegeln und kleine Dörfer tauchen auf, gerade so groß, dass sie in dieses Liliputland hineinpassen. Und überall gibt es Gasthäuser, in denen man sich verwöhnen lassen kann, wie es seit alters her Brauch ist in Westflandern.

TRAPPISTENBIER

Dass Belgien das Bierland schlechthin ist, gilt als ausgemachte Tatsache, obwohl in Deutschland statistisch gesehen pro Person mehr Bier getrunken wird als in Belgien. Um das Jahr 1900 gab es rund 3000 Brauereien in Belgien, heute sind es noch etwa 100, von denen sechs etwas ganz Besonderes brauen: das Trappistenbier. Und da sich auch im nördlichen Flandern zwei Braustätten dieses exklusiven Bieres befinden, die man zwar nicht

Westvleteren — Portal der Sint-Sixtus-Abtei

besichtigen, deren Erzeugnisse man aber kosten und genießen kann, ist es angebracht, über das Phänomen Trappistenbier ein paar Sätze zu sagen.

Der Name lässt es ahnen: Trappistenbier ist ein Abteibier, wird in klösterlichen Braustätten produziert, in Westmalle nahe Antwerpen und in Westvleteren in der so genannten Westhoek nahe Veurne in Westflandern. Man nennt die Trappisten auch Zisterzienser von der strengen Observanz; sie gelten als die schweigenden Mönche, und von daher ist es vielleicht verständlich, dass sie entgegen ihren weltlichen Braukollegen keinen Besuch an ihren Sudkesseln wünschen.

Es gilt als geklärt, dass das Bierbrauen, wahrscheinlich vor rund 7000 Jahren in Mesopotamien „erfunden", im Mittelalter vor allem in den Klöstern sehr stark betrieben wurde. Jedes Kloster, jeder Orden hatte natürlich seine besonderen Rezepte – so auch die Trappisten, deren Name auf das Zisterzienserkloster La Trappe in der Normandie zurückgeht.

Hopfen und Gerstenmalz, Wasser, Hefe und Kandiszucker sind die Ingredienzien, die die Mönche von Westmalle und in der Brauerei der Abtei St. Sixtus in Westvleteren heute noch für ihr Bier gebrauchen. Da der Zusatz von Kandiszucker natürlich dem berühmten deutschen Reinheitsgebot widerspricht, durfte Trappistenbier lange Zeit nicht nach Deutschland exportiert werden. Erst im Zuge der Liberalisierungen durch die Europäische Union fand das dunkle, obergärige Trappistenbier seinen Weg zu den deutschen Liebhabern.

TIPP! *„Unterwegs auf den Spuren des belgischen Bieres", Ann-Marie Bernardt, GEV, ISBN 90-5433-201-8, www.gev.be*

Belgien, das Paradies der Bierliebhaber

DIE ROUTE „FLANDERNS BLUTGETRÄNKTE ERDE" IM ÜBERBLICK

Diese Route durch die so genannte Westhoek nahe der belgisch-französischen Grenze durchquert auf einer Länge von etwa 95 Kilometern von De Panne nach Kortrijk die Hauptkampfgebiete der Flandernschlachten des Ersten Weltkriegs. Überall begegnet man Soldatenfriedhöfen sowie Hinweisen auf Schlachtfelder, Mahnmale, erhalten gebliebene Bunker, Stollen, Schützengräben.

Eine besonders entscheidende, tragische Rolle hat der Fluss Ijzer gespielt. Die Schlacht an der Ijzer und die Flutung der Ijzerebene im Oktober 1914 (siehe Route 2, Seite 102 unter Nieuwpoort) brachten die deutsche Kriegsführung total durcheinander. Der schnelle Sturmangriff, mit dem der deutsche Aufmarsch Richtung Frankreich im August 1914 eingesetzt hatte, wurde hier gestoppt. Vier Jahre lang war das Land Schauplatz eines erbitterten, völlig sinnlosen Krieges, der Hunderttausenden von jungen Soldaten aus Deutschland, Belgien, Großbritannien, Frankreich, Kanada, Australien, Südafrika und sogar Indien den Tod gebracht hat.

Diese Route, wie auch die folgende Route Nr. 5, wird immer wieder gekreuzt von touristischen Routen, die das ehemalige Kampfgebiet erschließen. Es sind die „Route in Flanders Fields", die „Bachten-de-Kuppe-Route", die „Ijzerfrontroute" und die „Hoppelandroute". Diese Routen sind mit sechskantigen weißen Tafeln und dem entsprechenden Namen ausgeschildert. In den Fremdenverkehrsämtern gibt es zu jeder Route meistens ausführliche deutschsprachige Führerbroschüren mit Karte.

Ungeachtet der geradezu unübersehbaren Vielfalt von Erinnerungen und Mahnmalen an die grausame Zeit des Ersten Weltkriegs ist die Landschaft aber auch von vielen recht friedvollen Momenten geprägt. Dazu gehört vor allem im Hinterland der Küste die Polderlandschaft, fruchtbares Bauernland mit zahlreichen Windmühlen und behäbigen, großen Gehöften. Um neben den Schlachtfeldern möglichst viele der westflandrischen Idyllen zu erleben, ist die vorgeschlagene Route, die durchaus nicht die kürzeste Verbindung zwischen De Panne und Kortrijk ist, vielfach über ganz kleine Straßen geführt. Eine sehr gute, detaillierte Straßenkarte, eine Generalkarte, ist zur Orientierung daher unerlässlich.
So verläuft die Route: De Panne – De Moeren – Houten – Alveringem – Lo – Leisele – Beveren – Westvleteren – Poperinge – Kemmel – Ypern – Langemark – Poelkapelle – Moorslede – Ledegem – Kortrijk.

Sehenswürdigkeiten entlang der Route:
De Moeren. Die vielen kleinen Kanäle, die sich rechtwinklig schneiden, zeigen schon an, dass man hier in einem einst ausgedehnten Moorgebiet unterwegs ist. Zwei Drittel liegen auf belgischem, ein Drittel auf französischem Boden. Bereits im 12. Jahrhundert betrieb die Dünenabtei bei Koksijde (siehe Route 2, Seite 104) hier Torfstechereien. Seit 1561 wurde das Moor trockengelegt. Es entstanden die zahlreichen Entwässerungskanäle und 21 Windmühlen, die als Schöpfmühlen das Wasser ins höher gelegene Land schaffen mussten, damit es dort abfließen konnte. Zwei solcher Wind-

mühlen sind westlich der Route noch zu sehen. Westlich der Straße liegt der Gutshof „Sinte Flora“, während des Ersten Weltkriegs Zuflucht der königlichen Familie.

Infos: Dienst voor Toerisme
Grote Markt 29
B-8630 Veurne
Tel.: 0032-58-33 55 31
Fax: 0032-58-33 55 96
E-Mail: infotoerisme@veurne.be
www.veurne.be

Houtem, Pfarrhaus von 1686, von der St. Nikolausabtei in Veurne gebaut; spätgotische Onze-Lieve-Vrouw-Hemelvaartkerk, von 1554.

Infos: Dienst voor Toerisme
Grote Markt 27
B-8630 Veurne
Tel.: 0032-58-33 55 31
Fax: 0032-58-33 55 96
E-Mail: infotoerisme@veurne.be
www.veurne.be

Alveringem, Mout-en Brouwhuis De Snoek. Dieses „Museum des Durstes“, in einer ehemaligen Mälzerei und Brauerei eingerichtet, passt ins Bierland Flandern. Bis Mitte der 50er-Jahre des 20. Jahrhunderts wurde hier mit Brauutensilien und nach einem Verfahren von 1840 Bier gebraut.

Veranstaltungen: Das Gebiet von Alveringem ist bekannt für seine landwirtschaftlichen Spezialitäten. Folgerichtig veranstaltet das Fremdenverkehrsamt im Sommer Planwagenfahrten für Feinschmecker. Die Teilnehmer sollen auf originelle Weise Land und Leute kennen lernen und die leckeren Spezialitäten, deren Verkostung natürlich zum Programm gehört.

Infos: Dienst voor Toerisme
Sint-Rijkersstraat 19
B-8690 Alveringem
Tel.: 0032-58-28 88 81
Fax: 0032-58-28 88 83
E-Mail: toerisme.cultuur@alveringem.be
www.alveringem.be

Lo, Hauptteil des Doppelortes Lo-Reninge; hübsches altes Städtchen, das früher wegen seiner Tuch- und Käsefabrikation berühmt war.

Sehenswürdigkeiten:

- Mittelalterliches Stadtzentrum, Marktplatz mit Renaissance-Rathaus.
- Kloster der Grauen Schwestern von 1492.
- Neogotische Pietershallenkirche mit prächtigem Mobiliar und reichen Kunstschätzen.
- Duiventoren, ein achteckiger Taubenturm von 1710 mit 1312 Einfluglöchern.

Leckere Spezialitäten: „Lukken“, typische Butterwaffeln.

Infos: Dienst voor Toerisme
Markt 17 a
Lauka
B-8647 Lo-Reninge
Tel.: 0032-58-28 91 66
Fax: 0032-58-57 51 20
E-Mail: info@lauka.be
www.lauka.be

Westvleteren, Teil der Gemeinde Vleteren.

Sehenswert: Abtei St. Sixtus. Abseits des Ortes, inmitten der Wiesen und Felder, liegt die Trappistenabtei St. Sixtus, eine der 6 Trappistenabteien in Belgien, die noch nach altem Rezept Bier brauen.

Das Bier von St. Sixtus gilt als eines der besten Biere überhaupt, wobei man sagen muss, dass die frommen Herren am Sudkessel wohl recht stand- und trinkfest gewesen sein müssen und es wohl noch immer sind. Denn neben dem Westvleteren Blonde mit 5,8%, gibt es das Westvleteren 8 mit 8% und das wahrhaft umwerfende Westvleteren 12 mit 10,2%.

Die Produkte dieser Abteibrauerei sind so beliebt, dass die Abtei ein eigenes Biertelefon eingerichtet hat, unter dessen Rufnummer 0032-70-210045 man das Bier unbedingt vorher telefonisch reservieren muß.

Die Brauerei sowie das Kloster selber können nicht besichtigt werden. Es gibt jedoch innerhalb der Abtei das „Claustrum“, ein so genanntes interaktives Klostermuseum. Es erlaubt einen Blick hinter die Klostermauern, gewährt Einblick in das Leben und Wirken der schweigenden Mönche. Auch gibt es eine Einführung in die Kunst, Trappistenbier zu brauen.

Leckere Spezialitäten: Trappistenbier von Westvleteren; Paterkäse und Abteipaté.

Infos: Toerisme Vleteren
Kasteelstraat 39
B-8640 Vleteren
Tel.: 0032-57-40 00 99
Fax: 0032-57-40 13 66
E-Mail: toerisme.vleteren@publilink.be
www.vleteren.be

Poperinge, hübsches kleines Städtchen am Rande des Heuvellandes, Zentrum des belgischen Hopfenabaus, im Ersten Weltkrieg durch Artilleriebeschuss teilweise beschädigt.

Sehenswürdigkeiten:

- Nationales Hopfenmuseum.
- Rathaus mit Totenzellen und Exekutionspfahl, an dem junge Soldaten, die die Hölle der Front nicht mehr aushalten konnten, erschossen wurden.
- Talbot-House, kostenlos zu benutzende Herberge der britischen Armee für Angehörige, die Gräber im einstigen Kampfgebiet Westflanderns besuchen wollen.

Aktivitäten: Poproute, 55 Kilometer lange Fahrradroute zu den Spuren des Ersten Weltkriegs, an 21 Zwischenstationen Audiounterstützung mit Walkman, kostenlos beim Verkehrsamt (gegen Kaution).

Veranstaltungen: Hopfenfest am ersten Wochenende im März.

Leckere Spezialitäten: Gerichte mit Hopfensprossen; Mazarinetorte.

Infos: Dienst voor Toerisme
Grote Markt 1
B-8970 Poperinge
Tel.: 0032-57-34 66 76
Fax: 0032-57-33 57 03
E-Mail: toerisme@poperinge.be
www.poperinge.be

Kemmel, Mittelpunkt des Heuvellandes, im Ersten Weltkrieg weitgehend zerstört, geschickt wieder aufgebaut.

Sehenswürdigkeiten:

- Kemmelberg, höchst Erhebung des Heuvellandes, noch im August 1918 Mittelpunkt sinnloser, erbitterter Kämpfe, mehrere Soldatenfriedhöfe am Fuße des Bergs und auf dem Berg, darunter die deutsche Gedenkstätte „Bayerwald" für die hier ums Leben gekommenen bayerischen Infanteristen; von der Höhe aus faszinierender Blick bis weit ins französische Flandern.
- Schloss Warande.
- Kabelbahn Cordoba in Westouter, einzige Seilbahn Flanderns.
- Besucherzentrum Bergen, das in sechs Schauräumen Entstehung und Entwicklung des Heuvellandes und seiner historischen Gestalten erleben lässt.
- Zahlreiche Soldatenfriedhöfe, vor allem der Briten und Franzosen in der Umgebung, insbesondere in Richtung Ypern.

Leckere Spezialitäten: Kemmel ist berühmt für seine Bauernpasteten.

Infos: Dienst voor Toerisme Heuvelland
Reningelstraat 11
B-8950 Heuvelland (Kemmel)
Tel.: 0032-57-45 04 55
Fax: 0032-57-44 89 99
E-Mail: vvvheuvelland@skynet.be
www.heuvelland.be

Ypern (Ieper), im Mittelalter neben Brügge und Gent eine der drei reichsten Tuchmacher- und Handelsstädte. Der Reichtum der Tuchherren war gewaltig. Zwischen 1914 und 1918 ist die Stadt ununterbrochen zwischen britischen und deutschen Truppen umkämpft gewesen und dabei vollständig zerstört worden. Rund 500.000 Soldaten beider Seiten kamen bei diesen Kämpfen ums Leben. Der Wiederaufbau der verwüsteten Stadt dauerte mehr als 40 Jahre. Heute sieht das historische Zentrum wieder so aus, als ob nichts geschehen wäre.

Sehenswürdigkeiten:

- Lakenhalle (Tuchhalle) mit Belfried. Die Lakenhalle, die der Aufbewahrung der Tuche diente, war über dem Wasser der Yperlee gebaut, sodass die Waren auf Kähnen bis in die Halle gebracht werden konnten. In der Lakenhalle ist heute das Museum „In Flanders Fields" untergebracht, das umfassend über die erbitterten Kämpfe in und um Ypern informiert.
- Belfried mit Glockenspiel.
- Rathaus, architektonisch ein Anbau an die Lakenhalle.
- Gotische St. Martinskathedrale.
- Vauban-Festungsring um die Stadt, im Ersten Weltkrieg nicht zerstört worden.

- Menener Tor, britische Gedenkstätte für 54.896 vermisste Commonwealth-Soldaten, deren Namen im Inneren des Tores eingemeißelt sind.

Veranstaltungen:

- Last Post, Großer Zapfenstreich für alle Gefallenen der Ypern-Kämpfe, geblasen durch britische Musiker, jeden Abend um 20 Uhr.

- Katzenkirmes am zweiten Sonntag in der Fastenzeit.
- Katzenfest, zweiter Sonntag im Mai; auf verschiedenen Prunkwagen wird die Geschichte der Katze dargestellt; Figuren in Katzenform werden vom Belfried herabgeworfen.
- 170 Soldatenfriedhöfe der verschiedenen Nationen, vor allem britische, gibt es in und um Ypern, allerdings keine deutschen.

Für Kinder: Vergnügungspark Bellewaerde-Park.

Infos: Besucherzentrum für Ypern und die Westhoek
Grote Markt 34
B-8900 Ypern
Tel.: 0032-57-23 92 20
Fax: 0032-57-23 92 75
E-Mail: toerisme@ieper.be
www.ieper.be

Langemark, das Dorf nördlich von Ypern, ist das „Dorf der toten deutschen Studenten"; Langemark wurde zum Inbegriff verbohrter nationalistischer Phrasenideologie, der 44.294 deutsche Abiturienten und Studenten zum Opfer fielen, vom Hurrapatriotismus ihrer Offiziere in den Tod getrieben.

Sehenswert: deutscher Soldatenfriedhof Langemark.

Infos: Dienst Toerisme
Kasteelstraat 1
B-8920 Langemark
Tel.: 0032-57-49 09 10
Fax: 0032-57-48 60 50
E-Mail:
toerisme@langemark-poelkapelle.be
www.langemark-poelkapelle.be

Kortrijk, die Stadt der „Schlacht von den goldenen Sporen" 1302, ist als Glanzpunkt in die Geschichte Flanderns eingegangen. Als erste Tuchmacherstadt Flanderns führte Kortrijk mechanische Webstühle ein und machte damit die Tuchmacher in Ypern brotlos. Im 18. Jahrhundert sicherte sich die Stadt ihren Wohlstand als eines der mitteleuropäischen Zentren der Flachsverarbeitung und Leinengewinnung. Im Ersten

Weltkrieg geriet auch Kortrijk unter zerstörerisches Artilleriefeuer. Viele der attraktiven mittelalterlichen Giebel sind somit Rekonstruktionen. Kortrijk gilt als das kulturelle, historische und wirtschaftliche Zentrum der so genannten Leiestreek – jener Landschaft, die vom französischen Flandern durch West- nach Ostflandern reicht und von der Leie durchflossen wird.

Sehenswürdigkeiten:

- Rathaus aus der Übergangszeit von der Gotik zur Renaissance. Lohnend zu besichtigen sind der Schöffensaal und der Ratssaal.
- Der Belfried auf dem Grote Markt, als UNESCO-Welterbe eingestuft, gehörte einst zur heute verschwundenen Lakenhalle; im Belfried befindet sich ein Glockenspiel mit 48 Glocken.
- Gotische St. Martinskirche mit kostbaren Kunstwerken, darunter Gemälden aus der Rubensschule, im Kirchturm das älteste Glockenspiel der Stadt.
- Beginenhof, ebenfalls ein UNESCO-Welterbe. Der Beginenhof von Kortrijk ist einer der größten in Flandern. Wie in Brügge wurde auch hier der **HIGHLIGHT!** Beginenhof durch Johanna von Konstantinopel, die „Gute Fee Flanderns“, im 13. Jahrhundert gegründet. Die rund 40 barocken Beginenhäuschen stammen aus dem 17. Jahrhundert; Beginenhofmuseum.
- Liebfrauenkirche aus dem 13. Jahrhundert, im 17. Jahrhundert barock umgestaltet. Zu den Kunstwerken im Inneren der Kirche gehört Anton van Dijks „Kreuzaufrichtung“.
- Broeltürme, 13. und 15. Jahrhundert, die beiden einzigen Überreste der mittelalterlichen Stadtbefestigung.
- Nationales Flachsmuseum mit Spitzen- und Leinenmuseum.

Für Kinder: Kinderbauernhof Van Clé; Kinder lernen hier das Leben auf dem Bauernhof kennen und können den Bauern bei der Arbeit helfen.
Kinder ab neun Jahren können mit speziellen Führern und in entsprechenden Kostümen das Leben im mittelalterlichen Kortrijk erleben.

Leckere Spezialität: Kalletaart, eine Torte auf der Basis von Marzipan, Äpfeln und Calvados; Kortrijker Genever, ausschließlich aus Roggen gebrannt.

Infos: Dienst Toerisme
Begijnhofpark Z/N
B-8500 Kortrijk
Tel.: 0032-56-27 78 40
Fax: 0032-56-27 78 49
E-Mail: toerisme@kortrijk.be
www.kortrijk.be/toerisme

TIPP

GUTE ADRESSEN AM WEGESRAND

ALVERINGEM:
De Zoeten Inval, restaurierter historischer Gasthof von 1780
Lostraat 7–8
B-8691 Alveringem-Leisele
Tel.: 0032-58-29 99 64
Fax: 0032-58-29 80 55
www.hotelzoeteninval.be

KORTRIJK:
Hotel Broel, vornehmes Hotel an den Grachten von Kortrijk
Broelkaai 8
B-8500 Kortrijk
Tel.: 0032-56-21 83 51
Fax: 0032-56-20 03 02
www.hotelbroel.be

De Begijnhofkamers
Begijnhof 23
B-8500 Kortrijk
Tel.: 0032-486-23 02 50
oder 0032-56-22 83 74
Erlebenswerte Unterkunft in den Gästehäuschen des Beginenhofes.

Jugendherberge Groeninghe
Passionistenlaan 1 A
B-8500 Kortrijk
Tel.: 0032-56-20 14 42
Fax: 0032-56-20 46 63
E-Mail: kortrijk@vjh.be

KEMMEL:
Hostellerie Kemmelberg
B-8950 Kemmel
Tel.: 0032-57-44 41 45
Fax: 0032-57-44 40 89
E-Mail: info@montkemmel.be
Das nobelste Hotel-Restaurant an der Route mit traumhaftem Fernblick.

LO-RENINGE:
Kunst-Kaffee und Esshaus
„Ronny Paesbrugghe“
Lindesteenweg 10
B-8647 Pollinkhove (Lo-Reninge)
Tel.: 0032-58-28 92 24
eine originelle Kombination von Bildhaueratelier und Café-Restaurant.

Route 5

Durch die Leiestreek nach Ostende (Oostende)

Alle Wege führen nach Ostende

Kein Zweifel, Ostende ist der Mittelpunkt der belgischen Küste. Hier teilt sie sich in die Westküste, an der entlang man nach De Panne und weiter nach Frankreich kommt, und die Ostküste, die uns nach Knokke-Heist und weiter in die Niederlande leitet. Ostende, Ziel der von Deutschland, vom Rheinland her kommenden Autobahn E 40 ebenso wie der von Köln ankommenden Züge, ist genau so ein Ausgangspunkt für Fährverbindungen nach England.

Ostende — der Bahnhof

Die größte Stadt an der Küste ist alles in einem: Badeort und Hafenstadt, Fährhafen und Kunststadt, Ziel der Glücksritter, die dem Spielcasino zustreben ebenso wie der Gourmets, die hier in der „Oostendse Compagnie“ einen preisgekrönten Feinschmeckertempel finden, wenn auch nicht den einzigen in dieser Stadt.

Doch die „Königliche Villa“, wie das Nobeletablissement auf dem Seedeich, nicht weit vom Casino entfernt und oberhalb einer schier endlosen Kolonnadenreihe gelegen, genannt wird, erinnert mit diesem Namen daran, dass die königliche Familie, vor allem Leopold II., sich hier gern aufhielt. Damals, das heißt seit etwa 1850, war Ostende mit einer höchst mondänen, eleganten Atmosphäre ein bevorzugter Treffpunkt des europäischen Adels. Leopold genoss diese Gesellschaft, ebenso wie die betuchter „Untertanen“, vor allem weiblichen Geschlechts. So ließ er 1905 jene Säulengänge errichten, die „Königliche Galerien“ genannt wurden, aber vielleicht passender als „Königliche Sonnen- oder Regenschirme“ bezeichnet worden wären, je nachdem, wovor das wohlhabende und in die Nähe des Königs drängende Großbürgertum sich gerade schützen wollte. Diese Kolonnaden wurden zu einem der markantesten baulichen Wahrzeichen an der ganzen Küste. Wer hier unterwegs ist, kann unbehelligt von Wind und Wetter den Blick aufs Meer genießen.

Im Zentrum von Ostende

Böse Zungen behaupten noch heute, der Monarch habe noch etwas ganz anderes hier in Ostende bauen lassen, nämlich einen unterirdischen Gang von der Villa auf dem Deich ins Stadtzentrum, damit er abends oder gar nachts ungesehen in die Stadt ausschwärmen konnte, um seinen amourösen Abenteuern nachzugehen.

Als Kunststadt mit dem bemerkenswerten „Museum der Schönen Künste“ am Wapenplein kann sich Ostende vor allem auf einen berühmten Namen stützen: James Ensor (siehe „Ostendes größter Sohn“, Seite 139).

Wo soll man beginnen, diese Stadt zu erkunden? Vielleicht am Wapenplein, dem quirligen Zentrum Ostendes? Die Caféterrassen sehen so verlockend aus.

Ostende — die königlichen Kolonnaden

Ostende — im Fischerhafen

Wir könnten uns niederlassen und auf den Strom der Passanten schauen, auf den Blumenkiosk oder auf die Straßenmusikanten, die hier zwischen dem Publikum musizieren. Aber womöglich würden wir viel zu lange hier hängenbleiben und dann viel zu wenig von der Stadt sehen. Vielleicht sollten wir erst einmal auf den Deich steigen und hinausschauen aufs Meer, das Ostende mehr als irgendeine andere Stadt an der belgischen Küste geprägt hat und bis heute prägt. Schon der im nahen Brügge residierende Burgunderherzog Philipp der Gute ließ 1445 den Hafen Ostende anlegen.

Sollen wir durch die Kolonnaden wandern oder vielleicht erst einmal zum Vissersplein und zum Visserskaai? Hier schlägt das Herz der Fischerstadt, des größten belgischen Fischereihafens, der Ostende neben allem anderen auch immer noch ist. Hier schlendern wir über den Fischmarkt an den vielen Ständen vorbei, die all die Köstlichkeiten feilbieten, frisch gefangen, sozusagen noch tropfnass aus dem Meer, die nur darauf warten, in einem der vielen kleinen Tempel des sympathischen Gottes Lukull zubereitet zu werden. Das Problem ist nur, dass es hier am Visserskaai so viele verlockende kleine Lokale gibt, die die Köstlichkeiten des Meeres anbieten. Da fällt die Wahl schwer.

Und dann setzen wir uns vor eines der Cafés oder Bistros, die ihre Tische draußen stehen haben, genießen ein Bier oder einen Kaffee, zu dem es natürlich wie überall in Flandern ein „Spekuloos“, ein kleines knuspriges Spekulatius gibt, ganz gleich ob es Hochsommer ist oder Weihnachtszeit. Die Luft kommt vom nahen Meer, sie riecht nach Salzwasser und Tang, nach Fischen und Ferien. Dazu passt der Blick auf „Amadine“, den letzten

Ostende — Amadine, der letzte aktive Islandfanger

Schiffsschleuse in Ostende

Ostende, das Schulschiff Mercator

aktiven Islandfänger, der hier am Visserskaai in einem speziellen Trockendock liegt und als interaktives Museum zugänglich ist. Jenseits des Montgomery-Docks liegt der große Bahnhof der Stadt, wo die Züge aus Deutschland und den Niederlanden, aus Frankreich, von Moskau und von Rom ihre Endstation haben.

Nur wenige Schritte davon entfernt liegt mitten in der Stadt der Fährhafen, wo gerade eine der großen Englandfähren abgefertigt wird, die von hier aus nach Dover und nach Folkstone verkehren. Das weiße Schiff füllt sich. Passagiere ziehen in langer Schlange über die Brücke an Bord. Autos, Wohnwagen, Busse und Lastwagen verschwinden im Bauch des Schiffes. Ostende ist Belgiens bedeutendster Passagierhafen. Eine Zugbrücke, über die Fußgänger und Radfahrer zum Bahnhof hinüberkommen, geht hoch; alles muss stehen bleiben und zuschauen wie eine Segeljacht, vom nahen Jachthafen herkommend, das Montgomery-Dock passiert, um der nahen Nordsee zuzustreben. Keiner regt sich auf über solche Unterbrechung; das Leben hier hat einen anderen Rhythmus als in anderen Städten.

Auf der Mercator

Fernweh kann auch die „Mercator“ wecken, die ihre letzte große Fahrt allerdings schon lange hinter sich hat. Das einstige Segelschulschiff der belgischen

Marine liegt heute fest vertäut neben dem Jachthafen und kann als Museum besichtigt werden. Den ganzen Tag über drängen sich die Besucher, um mit eigenen Augen zu sehen, wie einst die Marinekadetten an Bord gelebt haben und was sie alles aus den mehr als vier Dutzend Ländern, die die „Mercator“ angelaufen hat, mitgebracht haben in die Heimat.

Und dann der Strand! 21 Kilometer Sandstrand von feinster Eieruhrqualität bietet Ostende seinen Gästen. Nach beiden Seiten hin dehnt sich dieser schönste Strandspielplatz, der sich denken lässt, nach Bredene auf der einen Seite, wo er in die Dünen von De Haan übergeht, nach Westende und Middelkerke auf der anderen Seite.

Ostende, historische Häuserfassaden vor modernem Wohnblock

Ostendes grösster Sohn

Man hat ihn „Ostendes größten Sohn“ genannt, den Maler James Ensor, der am 13. April 1860 als Sohn eines Briten und

Am Strand von Ostende

einer waschechten Ostenderin hier, genau im Mittelpunkt der flämischen Küste, geboren wurde. Als er 1949 in seiner Geburtsstadt starb, hatte er – anders als die meisten seiner Berufskollegen – seine Heimatstadt praktisch nie verlassen, mit Ausnahme einer kurzen Studienzeit an der Kunstakademie in Brüssel und gelegentlichen kurzen, kleinen Reisen. Die Stadt und das unablässig an ihre Deiche schlagende Meer haben ihn als Künstler beeinflusst und er hat sie als Kunststadt geprägt.

Während seiner frühen Schaffensperiode war die Stadt der Treffpunkt der großbürgerlichen Schickeria an der belgischen Küste. Besonders beliebt bei diesem Publikum waren Maskenbälle. Und James Ensor rief 1898 den „Ball der toten Ratte“ ins Leben – ein Maskenball mit beliebiger Verkleidung. Die Anregung dazu hatte er von einem Besuch des Cabarets „Le Rat Mort“ aus Paris mitgebracht. Dieser Ball wurde zu einem der populärsten Maskenbälle in der Zeit der Jahrhundertwende und ist bis heute ein Dauerbrenner unter derartigen Veranstaltungen. Er lockt noch immer am ersten Freitag im März Tausende von Kostümierten und Maskierten nach Ostende.

James Ensor, Ostendes großer Sohn

Dass Ensor, der Maler, der den weltberühmten „Mann mit dem Blumenhut“ schuf, sich immer wieder mit Masken beschäftigte, auch und vor allem als Sujet seiner Bilder, mag daran liegen, dass seine Eltern einen kleinen Kramladen betrieben, in dem sie tausenderlei Krimskrams für Badegäste verkauften und zur Fastnachtszeit eben – Masken. Schon immer war Ostende eine Stadt, in der der Karneval eine große Rolle spielte. Von dem berühmten Blumenhutbild hat Ensor sich übrigens Zeit seines Lebens nicht getrennt, wie er sich überhaupt schwer tat, seine Bilder wegzugeben. Es ist als Tatsache überliefert, dass er an manche seiner fertigen Bilder ein Schildchen anbrachte – „verkocht“, also „verkauft“ –, nur um es nicht weggeben zu müssen.

Ein anderes Thema, das mit zunehmendem Alter für Ensor immer wichtiger wurde, war der Tod. Schon 1888 schuf er eine Radierung, die er „Mein Porträt 1960“

Ostende — Museum der Schönen Künste

nannte. Es gibt eine Fotografie, auf der das berühmte Blumenhutbild an der Wand zu sehen ist, das er übrigens als Selbstporträt geschaffen hat; davor sieht man auf seiner Staffelei einen Totenkopf, der just den berühmten Blumenhut trägt.

Jahrzehntelang hatte Ensor mit Misserfolgen zu kämpfen, bis schließlich einige große Ausstellungen 1912 und 1921, vor allem aber die Biennale in Venedig, den Durchbruch und damit Ensors internationale Anerkennung als Künstler brachten.

In seiner auf den ersten Blick mitunter unfassbaren, unverständlichen Symbolik ist Ensor tatsächlich manchmal mit dem berühmten Niederländer des 16. Jahrhunderts, Hieronymus Bosch, zu vergleichen. Und so wird er in der Kunstgeschichte auch gesehen.

Dass Ensor, der Englischstämmige, in Ostende geboren wurde, ist bezeichnend. England liegt näher, als es die wenigen Seemeilen zwischen Ostende und Dover ausmachen. Von Engländern stammt der Ausspruch, Ostende sei „the most British town of Europe“. Für die Briten ist Europa ja bekanntlich nur das Festland, ihre Inseln haben Sonderstatus.

Im Yachthafen von Ostende

DIE ROUTE „DURCH DIE LEIESTREEK NACH OSTENDE" IM ÜBERBLICK

Der erste und größere Teil der Route führt wieder durch das Gebiet der Kriegsschauplätze, besucht Roeselare, Dijksmuide und Veurne und führt dann durch das so genannte Höfeland, das geprägt ist von stattlichen Bauerngehöften im Hinterland der Küste nach Ostende. So sieht die Route aus: Kortrijk – Lendelede – Rumbeke – Roeselare – Hooglede – Zoutenaaie – Veurne – Ramskapelle – Gistel – Ostende. Insgesamt etwa 100 Kilometer lang.

Sehenswürdigkeiten entlang der Route:
Roeselare, eine eher unscheinbare Industriestadt, deren historisches Zentrum jedoch einige wohlerhaltene Komplexe aufweist, derenthalben die Stadt zum UNESCO-Welterbe erklärt wurde. Für die Belgier hat Roeselare besondere Bedeutung als Stadt des Nationalen Fahrradmuseums (Nationaal Wielermuseums).

Sehenswert:

- Nationales Fahrradmuseum (Nationaal Wielermuseum). Um dieses Museums willen lässt der Name Roeselare die Herzen der Belgier, dieser fahrradbegeisterten Nation, höher schlagen. Denn was hier in einer alten Feuerwache eingerichtet wurde, ist mehr als nur eine Sammlung von Fahrrädern seit 1760, es ist gleichzeitig ein Museum des Radrennsports. Und der ist für die Belgier immerhin mit Namen wie Odile Defraeye verbunden, der 1912 als erster Belgier die Tour de France gewann, oder mit Eddy Merckx, der nationalen Radrennikone Belgiens.
- Marktplatz mit Rathaus im Stil Ludwigs XV., UNESCO-Welterbe.
- Glockenturm. In seinem Inneren wird heute die Geschichte des Glockenspiels dargestellt.
- Hooglede. Fünf Kilometer nordwestlich von Roeselare liegt in Hooglede einer von vier deutschen Soldatenfriedhöfen mit 8247 Gefallenen.
- Schloss Rumbeke, zwei Kilometer südlich der Stadt. Im Schloss wird derzeit ein interaktives Museum zur Geschichte Flanderns aufgebaut.

Leckere Spezialität: Rodenbachbiere aus der Brauerei Rodenbach in Roeselare. Sie gehören zu den besten Bieren Belgiens.

Infos: Infocentrum Roeselare
Ooststraat 35
B-8800 Roeselare
Tel.: 0032-51-26 96 00
Fax: 0032-51-26 96 08
E-Mail: infocentrum@roeselare.be
www.roeselare.be

Diksmuide. Mit der alten Stadt Diksmuide und ihrer Umgebung begegnet dem Reisenden nochmals die Erinnerung an die entsetzliche Zeit der Flandernschlachten, in deren Verlauf die Stadt an der hart umkämpften Ijzer in Schutt und Asche gelegt wurde.

Was uns heute beim Betreten des Marktplatzes wie eine Kulisse für einen Spielfilm anmuten mag, ist ausnahmslos das Ergebnis des Wiederaufbaus seit 1923. Die internationale Anerkennung für diesen gelungenen

Wiederaufbau erhielt Diksmuide 1999 durch die Aufnahme in das UNESCO-Welterbe.

Sehenswertes:

- Marktplatz, einer der größten Belgiens, mit der goldglänzenden Skulptur „Das Männchen aus dem Mond“, das den flämischen Humor charakterisieren soll.
- Rathaus, seit 1428 an dieser Stelle mehrfach verändert, 1923 in der Form des historistischen Gebäudes aus dem 19. Jahrhundert wiederaufgebaut.
- In dem von einer Laterne gekrönten mittelalterlichen Stadtturm befindet sich das 1935 geschaffene Glockenspiel mit 35 Glocken.
- Beginenhof aus dem 13. Jahrhundert am Rande des Marktplatzes. Ijzerturm, 84 Meter hoch, mit großartiger Aussicht. Im Turm auf 22 Stockwerken das Friedensmuseum, das die Bedeutung des Ersten Weltkriegs für Flandern zeigt. Man erfährt unter anderem die erschütternde Tatsache, dass unzählige junge flämische Soldaten hier den Tod fanden, weil sie die Befehle ihrer französischsprachigen Offiziere nicht verstanden.
- Vladslo, wenige Kilometer nordöstlich von Diksmuide, deutscher Soldatenfriedhof, wo 25.644 deutsche Soldaten begraben wurden, darunter Peter Kollwitz, Sohn der Berliner Bildhauerin Käthe Kollwitz. Sie schuf für ihn die berühmte Skulptur „Trauernde Eltern“ auf dem Friedhof von Vlasdlo.
- Totengang, teilweise rekonstruierte Anlage von Schützengräben, Bunkern und Unterständen.

Aktivitäten: Wanderungen durch das Naturschutzgebiet de Blankaart, ein Wasser- und Sumpfbiotop mit reichhaltiger Vogel- und Pflanzenwelt.

Veranstaltungen: Ijzer-Wallfahrt am letzten Augustsonntag.

Leckere Spezialitäten: Verschiedene Biere der „Dolle Brouwers“; Butterkuchen, verschiedene Käsesorten.

Infos: Toerisme Diksmuide
Grote Markt 28
B-8600 Diksmuide
Tel.: 0032-51-51 91 46
Fax: 0032-51-51 91 48
E-Mail: toerisme@stad.diksmuide.be
www.diksmuide.be

Zoutenaaie. Bis zur Eingliederung in die Gemeinde Veurne war Zoutenaaie die kleinste selbstständige Gemeinde Belgiens mit zuletzt 16 Einwohnern. Aufgrund einer Verfassungsänderung war es gestattet worden, dass sich Einwohner von Nachbargemeinden in den Gemeinderat von Zoutenaaie wählen lassen durften.

Infos: Toerisme Veurne
Grote Markt 29
B-8630 Veurne
Tel.: 0032-58-33 05 31
Fax: 0032-58-33 55 96
E-Mail: infotoerisme@veurne.be
www.veurne.be

Veurne, nur sechs Kilometer von der Küste entfernt, ist die kleine Stadt, die vor allem bei Regenwetter ein Zufluchtsort für Strandurlauber ist. Dank des wohlerhaltenen Stadtbildes aus der Zeit der spanischen Niederlande wird Veurne gern die „spanische Stadt“ genannt.

Sehenswert:

- Marktplatz, einer der schönsten Belgiens, UNESCO-Welterbe, mit zahlreichen dekorativen Giebelhäusern.
- Rathaus, Anfang des 17. Jahrhunderts im flämischen Renaissancestil gebaut.
- Landhaus aus der gleichen Zeit, ehemaliger Gerichtshof.
- St. Walburgakirche, ursprünglich aus dem 9. Jahrhundert.
- Spanischer Pavillon, 15. Jahrhundert, Hauptquartier der spanischen Offiziere im 17. Jahrhundert.
- Alte Fleischhalle mit Renaissancegiebel, 1615.
- St. Niklaaskirche, Hallenkirche aus dem 12. Jahrhundert mit Glockenspielmuseum im Turm.
- Hauptwache, ehemaliges Haus der Nachtwächter, Renaissance, 1636; Schloss Beauvoorde in Wulveringem, 7 Kilometer außerhalb der Stadt, großartiges Wasserschloss.

Veranstaltungen: Bußprozession, eine der ältesten Veranstaltungen dieser Art in Belgien; seit 1644 alljährlich am letzten Julisonntag.

Für Kinder (und Erwachsene): Bäckereimuseum, mit speziellen Aktivitäten für Kinder.

Leckere Spezialitäten: verschiedene Käsesorten; Genever; Veurner Meringuetorte; Likör von Pferdemilch.

Infos: Toerisme Veurne
Grote Markt 29
B-8630 Veurne
Tel.: 0032-58-33 55 31
Fax: 0032-58-33 55 96
E-Mail: infotoerisme@veurne.be
www.veurne.be

Ostende. Angesichts zahlreicher Sehenswürdigkeiten bis hin zu den fünf verschiedenen Stränden von Ostende, fällt es nicht leicht, die „Königin der belgischen Badeorte“, wie man die Stadt oft nennt, mit nur wenigen Sätzen zu charakterisieren.

Die wichtigsten Sehenswürdigkeiten sind:

- „Mercator“. Sie war das Schulschiff für die Offiziere der belgischen Handelsmarine, das zwischen 1932 und 1960 unterwegs war. Heute dient es als Museumsschiff, Mercator-Jachthaven.
- „Amadine“, der letzte Ostender Islandfänger, der bis 1995 Dienst getan hat und heute als interaktives Museum dient.
- Vistrap, der Fischmarkt, Ostendes berühmtester Markt. Täglich drängen sich hier von morgens früh bis abends spät die Käufer ebenso wie die Schaulustigen.
- Wapenplein, der zentrale Platz in Ostende. Dreimal in der Woche findet hier Markt statt, montags und donnerstags Wochen- und Gemüsemarkt, sonntags großer Blumenmarkt.

- Auf dem Wapenplein der „Pavillon", einst das Wahrzeichen der Stadt.
- Leopoldpark. Größter Park der Stadt, auf den ehemaligen Wällen angelegt mit der berühmten Blumenuhr, 1963 hierher verpflanzt, aus 20.000 Pflanzen zusammengesetzt. Die angegebene Uhrzeit wird täglich korrigiert.
- Königliche Galerien. 1905 wurde die rund 400 Meter lange Galerie auf dem aussichtsreichen Seedeich angelegt, um die begüterten Bürger vor Sonne und Regen zu schützen. Sie verbindet die Königliche Villa mit der Wellington-Rennbahn.
- Museum der Schönen Künste. Unter den vielen sehenswerten Museen Ostendes sei dieses Museum besonders erwähnt, weil es mehrere Werke des Ostender Malers James Ensor enthält, insbesondere das bekannteste: „Mann mit Blumenhut".
- Kirche St. Peter und Paul, neogotisch, 1907 gebaut, mit dem Grab der ersten belgischen Königin, Louise-Marie.
- Casino-Kursaal. Eine der größten Anlagen dieser Art Europas, mit

HIGHLIGHT! Theatersaal, Tanzsälen, Ausstellungs- und Gesellschaftsräumen, Restaurant und Nachtclub.

Veranstaltungen: Ball der Toten Ratten zu Karneval.

Leckere Spezialitäten: Vor Ort zu genießen: jede Art fangfrischer Fische und Meeresfrüchte; zum Mitnehmen: Pralinen in Form von Meeresfrüchten.

Ausflüge: Von Ostende Tagesausflug nach London.
Ein Angeltag auf See. Von Ostende fahren täglich 12 speziell ausgerüstete Sportfischereifahrzeuge aus. Angelmaterial wird an Bord ausgeliehen.

Für Kinder: Earth-Explorer, eine aufregende Reise in die Welt der Natur und ihrer Kräfte.

Infos: Fremdenverkehrsamt Ostende
Monacoplein 2
B-8400 Ostende
Tel.: 0032-59-70 11 99
Fax: 0032-59-70 34 77
E-Mail: info@toerisme-oostende.be
www.toerisme-oostende.be

TIPP

Gute Adressen am Wegesrand

DIKSMUIDE:
De Vrede
angenehmes Hotel im Zentrum
der Stadt
Grote Markt 35
B-8600 Diksmuide
Tel.: 0032-51-50 00 38
Fax: 0032-51-51 06 21

Salons Saint Germain
Restaurant
De Breyne Peellaertstraat 12
B-600 Diksmuide
Tel.: 0032-51-50 25 20
www.salonssaintgermain.be

VEURNE:
Hotel 't Kasteel en 't Koetshuys
Lindendreef 5–7
B-8630 Veurne
Tel.: 0032-58-31 53 72
Fax: 0032-58-31 53 72
www.kasteelenkoetshuys.com

OSTENDE:
Hotel Oostendse Compagnie das Spitzenhaus (Hotel und Restaurant in der Stadt) in einzigartiger Lage auf dem Seedeich
Koningstraat 79
B-8400 Ostende
Tel.: 0032-59-70 48 16
Fax: 0032-59-80 53 16

Hotel Thermae Palace
exklusives historisches Hotel aus dem Anfang des 20. Jahrhunderts
Konigin Astridlaan 7
B-8400 Ostende
Tel.: 0032-59-80 66 44
Fax: 0032-59-80 99 79
www.thermaepalace.be

Strand-Hotel
direkt am Fischmarkt
Visserskaai 1
B-8400 Ostende
Tel.: 0032-59-70 33 83
Fax: 0032-59-80 36 78
www.strandhotel.be

Jugendherberge De Ploate
Langestraat 82
B-8400 Ostende
Tel.: 0032-59-80 52 97
Fax: 0032-59-80 92 74
E-Mail: oostende@vjh.be

Restaurant 't Vistrapje
Fisch- und Meeresfrüchtespezialitäten
Visserskaai 37
B-8400 Ostende
Tel.: 0032-59-80 23 82
Fax: 0032-59-80 95 68
www.vistrapje.be

Route 6

Am Meer entlang von Ostende nach Knokke-Heist

Mit der Strassenbahn durch die Dünen

Als 1886 eine Bahnverbindung zwischen Ostende und Blankenberge gebaut wurde, war das keine normale Bahnlinie. Dass die Bahn als Dampfeisenbahn betrieben wurde, war zwar normal und entsprach dem damaligen neuesten Stand der Technik. Nicht normal aber war der Umstand, dass diese Bahn als Straßenbahn konzipiert wurde – als Dampfstraßenbahn also.

Aus dieser Dampfstraßenbahn, die auf einer Länge von 21 Kilometern die beiden damals wichtigsten Badeorte der flämischen Küste miteinander verband, ist heute ein Verkehrsmittel geworden, das ebenso originell wie unersetzlich ist. Die Kustbaan, die Küstenbahn, verbindet heute auf einer Strecke von knapp 70 Kilometern Knokke-Heist an der niederländischen mit De Panne an der französischen Grenze. Natürlich fährt sie heute längst nicht mehr mit einer vorgespannten schnaubenden

Knokke, die Küstentram „De Lijn"

De Haan, Küstenbahn am Bahnhof

Dampflok, sondern als eleganter Triebwagenzug – aber immer noch als Straßenbahn im Zehn-Minuten-Takt im Sommer und im Zwanzig-Minuten-Takt im Winter. Weil sie immer noch eine richtige Straßenbahn ist, die mitten durch die Badeorte oder manchmal auch durch die kleinen Dörfchen dahinter auf in der Straße verlegten Schienen fährt, hat sie natürlich auch jede Menge Haltestellen: 70 sind es insgesamt auf der Strecke.

Wenn die Kustbaan nicht gerade durch einen Ort fährt, bewegt sie sich durch die Dünenlandschaft an der Küste, und bei Westende-Middelkerke fährt sie sogar direkt am Meer entlang. Straßenbahn mit Meerblick also sozusagen. Wer die ganze Strecke von De Panne nach Knokke-Heist oder umgekehrt fährt, ist rund zwei Stunden unterwegs. Es sind zwei Stunden, in denen man einen intensiven Einblick in das Land der belgischen Küste aber auch ins Hinterland bekommt.

Einmal muss man unterm Paravang sitzen

Natürlich kann der Paravang von Blankenberge nicht mit den Kolonnaden von Ostende konkurrieren. Aber dieser aus der Belle Époque stammende entzückende Windschirm mit seiner verschnörkelten gusseisernen Dachkonstruktion am Rand des Jachthafens von Blankenberge ist eines der markantesten Wahrzeichen des alten Badeortes zwischen Knokke-Heist und De Haan. Die Belle Époque hat überhaupt ihre Spuren in Blankenberge stärker und unübersehbarer hinterlassen als in irgend-

Der Paravang in Blankenberge

Die Pier von Blankenberge

einem anderen Ort an der flämischen Küste. Kenner der Küste und ihrer Badeorte mögen angesichts solcher Aussagen auf De Haan mit seinem Villenensemble aus der Zeit der Jahrhundertwende verweisen. Doch Blankenberge und De Haan lassen sich nicht miteinander vergleichen. Ist es in De Haan vor allem die Gesamtarchitektur der Villen, die die Einmaligkeit des Ortsbildes ausmacht, so sind es in Blankenberge die oft verspielt wirkenden Details, mit denen man in der Zeit des Art nouveau so verschwenderisch umging. Ob das nun die nirgendwo sonst so prachtvoll gestalteten bunten Wandfliesenfriese an den Fassaden sind oder einfach nur eine spielerisch – vielleicht würde man heute auch ganz brutal sagen kitschig – verzierte Hausnummer oder die Jahreszahl der Erbauung ist, Blankenberge bietet eine solche Fülle von Art-nouveau-Kostbarkeiten, dass die Stadt einen sechs Kilometer langen „Art-nouveau-Spaziergang" eingerichtet hat und dazu im Fremdenverkehrsbüro eine Broschüre mit detaillierter Routenbeschreibung ausgibt.

Doch diese Art-nouveau-Beschaulichkeit darf nicht darüber hinwegtäuschen, dass Blankenberge alles andere als beschaulich ist. Blankenberge ist vor allem in der Hochsaison erfüllt vom pulsierenden Leben eines fast 150 Jahre alten Badeortes, der es verstanden hat, in erstaunlich hohem Maße auch junges Publikum anzusprechen. Blankenberge gilt heute als Belgiens geschäftigste Touristenhochburg und Familienbadeort Nummer eins. Wer sich da nicht wohl fühlt, weicht dann wenige Kilometer nach Bredene oder Wenduine aus.

So sehr etwa der fast an orientalische Bauwerke erinnernde Paravang, in dessen Schutz jeder Besucher der Stadt einmal sitzen und schauen möchte, auch zu einem unverwechselbaren Wahrzeichen Blankenberges geworden ist – draußen wird die Stadt ganz anders identifiziert, mit ihrer gewaltigen, 350 Meter langen ins Wasser reichenden Mole, mit der „Torte" am Ende der Mole, ein gewaltiger Rundbau, der bei Flut im Meer steht. Dort bei unruhigem, sagen wir ruhig stürmischem Wetter im Restaurant oder Café zu sitzen und einen Kaffe zu genießen oder einen dampfenden Topf Muscheln, während draußen die Gischt gegen die Fenster gepeitscht wird, gehört zu besonders nachhaltigen Eindrücken von Blankenberge.

Blankenberge — im lustigen Velodrom

Für andere ist Blankenberge der Badeort, der wie kein anderer von markanten Treppen geprägt ist, von Treppen, die auf den Deich hinaufführen, der sich hier wie überall an der Küste als plattenbelegte Promenade präsentiert, von Cafés und Bistros gesäumt. Hier will man sehen und gesehen werden. Stationen, in denen Bollerwagen, Fahrräder und jegliche andere Art von Fortbewegungsmitteln vermietet werden, reihen sich dazwischen. Drei berühmte Treppen sind es insgesamt, die neben elf Rampen den Aufstieg auf den Deich ermöglichen: die Kerkstraattreppe oder Löwentreppe, die Bakkersstraattreppe und die Weststraattreppe.

Die kleine Mühe lohnt sich. Hinter uns die gedrängte Front der Appartementhäuser und Hotels, in Blankenberge durchaus nicht so zurückhaltend in die Höhe gebaut wie in De Haan; vor uns der Strand, von dem das Wasser sich weitgehend zurückgezogen hat.

Bunt bemalte Strandkarren und Badehäuschen drängen sich, dazwischen Sonnenschirme und Menschen, die die Sonne, den Wind und das Rauschen der Wellen genießen, die von weitem zu hören sind.

Auf der einen Seite, nach Westen hin, begrenzt die markante Silhouette des nahen Zeebrügge mit Masten und Kränen die Deichpromenade, auf der anderen Seite endet er beim Leuchtturm.

Auf dem Zeedijk in Blankenberge

Das Feuer in ihm, das vorbeifahrenden Schiffen den Weg weisen sollte, ist längst erloschen. 1994 ließ der Arzt H. L. De Meere stattdessen das Blankenberger Zeemuseum einrichten.

Dieses Museum ist unbedingt sehenswert, nicht zuletzt wegen der Möglichkeit, im Inneren des Leuchtturms hochzusteigen, um von oben die wahrhaft atemberaubende Aussicht über Stadt, Strand und Meer zu genießen. Doch was ist das im Vergleich mit dem „National Sea Life Marine Park“, der immer wieder die Besucher anlockt, auch wenn sie schon ein paar Mal dort gewesen sind? In einer Million Liter Meerwasser leben dort rund 100 Fischarten, Schalentiere, Korallen, aber auch Seehunde, Pinguine und Otter. Gläserne Tunnel führen durch Teile dieses Aquariums hindurch, und nur durch eine Glaswand von uns entfernt lecken Haie ihre messerscharfen Zähne, wedeln gewaltige Rochen an uns vorbei, und die Clownfische erinnern Kinder immer wieder an Nemo und Dory.

De Haan, Belle Epoque aus der Retorte

Dass Knokke das Maß aller Dinge an der belgischen Küste sei, gilt gemeinhin als ausgemachte Sache. Doch Kenner dieser Küste zwischen De Panne und Knokke sind da etwas vorsichtiger. Was ist mit De Haan?, fragen sie.

Tatsächlich ist De Haan oder De Haan an Zee, wie es mit vollem Namen heißt, etwas Besonderes. Man kann es nicht mit Knokke vergleichen. Knokke ist moderne Eleganz, ist Weltläufigkeit, wirkt manchmal wie eine Dependance von Brüssel. Das alles will De Haan nicht sein, obwohl es möglicherweise tatsächlich einmal so etwas wie eine Dependance von Brüssel war.

Highlight!

De Haan — auf dem Zeedijk

De Haan — Häuser aus der Belle Epoque

Das war Anfang des 20. Jahrhunderts, als De Haan noch beschaulicher war, als es erstaunlicherweise heute immer noch ist. Damals hatte Leopold II., der König der Belgier, die vornehme Zurückgezogenheit des kleinen Badeortes kennen und schätzen gelernt. Der König war mit seiner Geliebten nach De Haan gekommen, vielleicht von Ostende her, wo er bereits eine königliche Villa besaß. Die Dame in der königlichen Begleitung hat sich angeblich auf der Stelle in den kleinen Ort verliebt und soll den Bau gleich mehrerer Villen hier veranlasst und dafür gesorgt haben, dass nicht nur sie selbst, sondern auch der König sich häufiger in De Haan aufzuhalten pflegte, als es die Regierungsgeschäfte erforderten.

Was auch immer wahr an dieser Geschichte mit dem Liebesnest gewesen sein mag, Tatsache ist jedenfalls, dass um die damalige Zeit De Haan ganz bewusst und geplant ausgebaut wurde. Und das in einer Art und Weise, die dem Badeort mit dem krähenden Namenspatron heute noch das entzückende Ambiente einer „Belle-Époque-Stadt“ verleiht.

Das Ganze begann mit einem Abkommen, das am 27. Mai 1889 zwischen dem belgischen Staat und den beiden Architekten Colinet und Passenbronder geschlossen wurde. Darin erhielten die beiden die Erlaubnis, für die Zeit von 90 Jahren ein Gelände zu nutzen, das teils im De Haaner Gemeindeteil Klemskerke, teils in

Vlissegem lag. Diese Konzession war der Beginn des geplanten und durchaus kunstsinnigen Ausbaues von De Haan zum Seebad.

1895 wurde eine Aktiengesellschaft gegründet, die 1897 mit der Anlage von Straßen und Wegen begann, Bäume anpflanzen und Villen bauen ließ. Dass die Bauherren ihre Villen auf Grund und Boden errichteten, der ihnen gar nicht gehörte, scherte niemanden. Und auch die Behörden ließen die Unternehmer gewähren. In der gleichen Zeit ließ die öffentliche Hand die Dünen bepflanzen und sicherte so deren Existenz, nachdem man anderswo hatte erleben müssen, dass selbst mächtige Dünen durch den Sturm fortgetragen wurden.

Am Strand von De Haan

Die Baulustigen kamen aus Brügge, Gent, Antwerpen und Brüssel, ja sogar aus dem französischen Lille. Noch heute ist man in De Haan dankbar dafür, dass die Behörden damals zwar nichts gegen die Errichtung prächtiger Villen unternahmen, jedoch mit

De Haan — Bahnhof am Abend

akribischen Bauvorschriften sicherstellten, dass keine Hochhäuser oder Appartementblocks entstanden. Noch heute gehören die Bauvorschriften von De Haan, was die Höhe der Häuser angeht, zu den rigidesten an der belgischen Küste.

Als 1976 die Überlassungsfrist von 90 Jahren abgelaufen war, zeigte sich typisch belgischer Pragmatismus: Der Staat übertrug gegen entsprechende Aufzahlungen den bis dahin „wilden“ Besitzern schließlich das Eigentumsrecht.

Was damals gebaut wurde, steht heute weitgehend unter Denkmalschutz. Kein anderes Seebad an der Küste hat ein so geschlossenes Ensemble von Belle-Époque-Villen wie De Haan. Gebaut vielfach im englisch-normannischen Stil, mit Türmchen, Pagoden oder Kuppeln auf den Dächern. Mit Rasen, Parkanlagen und Blumenteppichen vor diesen Villen könnte dieses Viertel von De Haan allein schon Architekturfans und Städteplaner hierher locken. Selbst das kleine Stationshäuschen von „De Lijn“, der Küstenbahn, strahlt in De Haan reinste Art-déco-Atmosphäre aus.

LISSEWEGE IST BESCHAULICHKEIT

Auf der einen Seite ragen die Kräne, Masten und Hafenanlagen von Blankenberge und Zeebrügge in den Horizont, auf

HIGHLIGHT!

der anderen Seite sticht in der Ferne das charakteristische Dreigestirn der Türme von Brügge in den Himmel: Belfried, Salvatorkirche und Liebfrauenkirche. Und dazwischen und rundherum dehnt sich das weite, ebene Land Westflanderns. So weit das Auge von unserem hoch gelegenen Ausguck reicht, schauen wir auf grüne Wiesen und Felder, auf kleine Waldstücke, deren Bäume sich offensichtlich noch nicht einigen konnten, welches Grün sie wohl im Sommer tragen wollen. Jetzt, da die Bäume endlich alle ihre Blätter haben, versuchen sie mit den verschiedenen Grüntönen zu wetteifern, wie im Herbst mit der Farbenpracht des Laubes. Hier und da durchziehen bleistiftspitze Pappeln das Land. Sie sehen so aus, als ob sie die Wolken festhalten wollten, die vom nahen Meer landeinwärts segeln. Kanäle durchschneiden schnurgerade dieses Land, in dem hier und da, wie absichtslos hingestreut, sich ein kleines Dorf duckt.

Manchmal schimmert es weiß zwischen all dem Grün da unten. Nein, das ist kein übrig gebliebener Schnee vom letzten

Der Kirchturm von Lissewege

Lissewege gilt als das schönste Dorf an der Küste

Winter, der ist längst dahin. Da unten blühen die wilden Kirschen und der weiße Flieder in den Gärten der kleinen Bauernhäuser des Dorfes zu Füßen unseres Ausgucks, die Plattform auf dem rund 50 Meter hohen Kirchturm von Lissewege. Einen schöneren Aussichtspunkt können wir uns in diesem Land – jetzt zur Zeit des hohen Frühlings – nicht vorstellen als diesen wuchtigen, fast ein wenig plump wirkenden Turm der Liebfrauenkirche. Mit seinem Backsteinmauerwerk ist er gleichsam das Urbild aller dörflichen Kirchtürme Westflanderns.

Nach der Legende soll der Name Lissewege so viel bedeuten wie „Weg zum Schwertlilienbrunnen". An einer solchen Wasserstelle fanden einst Kinder, so will es die örtliche Überlieferung, ein Gnadenbild der Mutter Gottes. Noch heute steht die als wundertätig verehrte Madonnenstatue, noch immer das Ziel frommer Wallfahrer, in der mittelalterlichen Kirche des kleinen Dorfes, das oft als schönstes und typischstes Dorf Westflanderns gerühmt wird, so wie die Liebfrauenkirche mit ihrem Turmkoloss als die schönste Dorfkirche Flanderns gilt.

Im Mittelalter war Lissewege eine reiche, kleine Handelsstadt, an deren Rand die Zisterzienserabtei Ter Doest lag. Wie alle Zisterzienserklöster der damaligen Zeit bestand auch diese Abtei aus einer Vielzahl zusammengehörender und wohl aufeinander abgestimmter Bauten. Die Säkularisation mit der anschließenden Zerstörungswut hat von dieser „Civitas Dei", wie man solche Zisterzienserabteien gern nannte, nur noch ein Gebäude stehen lassen – die Zehentscheuer. Das prachtvolle gotische Gebäude mit seinen fein gearbeiteten Blendarkaden ist so groß, dass man darin die Ernte von 40 Hektar Land lagern konnte.

Aber Ter Doest ist heute nur noch Erinnerung, beschauliche Erinnerung, so wie das Dorf Lissewege – heute in der großen Stadt Brügge eingemeindet – rundum Beschaulichkeit ausstrahlt. Weiß getüncht sind die kleinen Häuser, die sich enger als in anderen flandrischen Orten um die Kirche scharen. Die schmalen roten Satteldächer sitzen knapp auf, und jede Giebelwand läuft oben in einem hohen Schornstein aus, der so hoch gezogen ist, dass der ständig vom Meer herkommende Wind den Rauch nicht in den Ofen, in die Stube zurückdrängen kann.

Ein paar kleine Kneipen liegen bei der Kirche, wie zum Beispiel der „Prinsenhof". Da kann man jetzt am Sonntagmorgen so schön einkehren zu einem Bier, einem dunklen, starken Trappistenbier, wie es in Flandern so viel getrunken wird. Und wir können zuschauen, wie die Männer von Lissewege, vor allem die Älteren, schon vor dem Gottesdienst auf ein Kartenspiel hereinkommen. Doch dann hallen die Glockenschläge vom mächtigen Kirchturm herunter, dumpf, dröhnend, fast ein wenig drohend klingend. Sie dünken uns fast zu schwer für dieses kleine Dorf, doch dann verhallen sie über den niedrigen Dächern und über den Kanälen, und jetzt hören wir auch die Tauben wieder gurren, draußen in den blühenden Bäumen, und das Rufen des Kuckucks, der sich hinter eine Hecke versteckt hat.

An diesen Kanälen bummeln wir einen ganzen Sonntag entlang und können uns nicht satt sehen, wie sich die weißen Häuser mit ihren roten Dächern und den hohen Schornsteinen, der mächtige Kirchturm und die spitzen Pappeln darin spiegeln. Und dann kehren wir am Nachmittag im „ter Doest" ein, zu frischen Waffeln mit Butter und einer Tasse Kaffee, und schauen zu, wie draußen der Frühlingstag allmählich zu Ende geht, als

Am Strand von Knokke

ob ein großer Geist daherkäme und ein dunkles Tuch über das Land und das kleine Lissewege ausbreiten würde.

Boutiquen in den Dünen

Manchmal jagt der Sturm das Wasser der Nordsee über den Strand von Knokke zwischen den kleinen Strandhäuschen hin gegen den Zeedijk, den Deich, auf dessen Krone normalerweise das Badepublikum flaniert. Dann sitzen die Gäste in den kleinen Cafés, Bistros oder Restaurants, trinken schwarzen Kaffee oder rotes Kriekbier und schauen hinaus aufs Meer, wo sich die großen weißen Fährschiffe von England her den Weg nach Ostende durch die aufgewühlten Wellen suchen. Doch wenn der Sturm nachlässt, die Sonne durch die Wolken bricht, fahren die Kinder alsbald wieder mit ihrem Bollerwagen über den Deich. Der ist in Knokke zwölf Kilometer lang. So weit zieht sich Belgiens bekanntestes und – wie man manchmal sagt – elegantestes Seebad, Knokke-Heist, hin. Duinbergen, Albertstrand, Knokke, Heist und Het Zoute sind die Ortsteile, aus denen es zusammenwuchs.

Längst weiß man, dass man in ein Seebad wie Knokke nicht nur des Badens wegen fährt. Das ist bei Nordseetemperaturen ohnehin mitunter problematisch. Man weiß um die gesundheitlichen Werte der Seeluft, um die wohltuende Wirkung von Strandwanderungen bei jedem Wetter. Vom Vergnügen einmal abgesehen, das es Kindern bereitet, Sandburgen zu bauen,

Knokke, Straßencafés am Albertplein

Drachen steigen zu lassen, Muscheln und Krebse zu suchen, die die letzte Flut zurückgelassen hat, oder mit den Füßen in die weiße Gischt zu gehen, die unablässig gegen den breiten, feinen Sandstrand läuft.

Wie alle belgischen Seebäder ist auch Knokke ein Familienbad. Familien mit Kindern beherrschen daher in den Sommer- und Ferienmonaten das Bild am Strand wie auf dem Deich. Gemeinhin gilt Knokke als Belgiens mondänster Badeort. Das ist ein Klischee, das nur zum Teil richtig ist. Knokke-Heist ist ein zwölf Kilometer langes Konglomerat der fünf Kernorte, die einmal selbstständig waren und sich ihren Charakter durchaus bewahrt haben. Während Heist und Knokke selber bodenständige belgische Küstenorte geblieben sind, in denen die „Frituur", der Schnellimbiss mit Pommes frites und die kleinen Stella-Bierkneipen die Straßen prägen, wenn auch nicht unbedingt den Zeedijk, waren Albertstrand und erst recht Het Zoute schon

In Knokke-Heist

immer ein Refugium wohlhabender Brüsseler. Die Unterschiede zwischen den einzelnen Stadtteilen fallen in der unterschiedlichen Art des Publikums auf, mehr noch in der Art der Geschäfte, der Bistros, der Cafés.

Den ganzen Tag über drängen sich die Besucher, die Dauergäste, die Urlauber oder die Wochenendbesucher aus Brüssel ebenso wie aus Deutschland oder den nahen Niederlanden. Viele haben hier in den Villenvierteln von Albertstrand und Het Zoute ihre Wochenendhäuser, ihre Zweitwohnungen. In manchen stillen Straßen parken vor allem am Wochenende mehr Fahrzeuge mit deutschen als mit belgischen Kennzeichen. Vor allem in Knokkes Nobelquartier Het Zoute reihen sich gleich hinter den Dünen, am Deich ebenso wie unten in der Kustlaan die exklusivsten Galerien, die elegantesten Boutiquen und die erlesensten Geschäfte Belgiens aneinander. Sie lassen erkennen, welcher Art das Publikum ist, das sich in Knokke trifft. Die Namen der Galerien, Modehäuser und Boutiquen, der Confi-

Das Casino in Knokke

Knokke, Kinder auf dem Zeedijk

serien und Juweliere sind die gleichen, die die besten Geschäftsstraßen in Paris und Zürich, in Mailand, Düsseldorf oder natürlich Brüssel säumen.

Sehen und gesehen werden ist die Devise vor allem in Het Zoute. Ob in den kleinen Boutiquen oder den intimen Galerien in der Kustlaan oder in den Bistros am Albertplein spielt dabei keine Rolle. Man nimmt seinen Kaffee oder Aperitif im „Charly's" oder „Pierrot's" auf der Terrasse, wo man den Albertplein, den wichtigsten Platz der Stadt, ebenso überblicken kann wie das Promenieren auf dem Deich.

Knokke — Boutique

Doch die Eleganz und Exklusivität der noblen Geschäfte spiegelt sich im bekanntesten und wichtigsten Etablissement Knokkes nicht wider, im Spielcasino nämlich. Nicht als ob man in Jeans oder Parka Zutritt zu den heiligen Hallen des Glücksspiels hätte. Das zu versuchen, wäre aussichtslos.

Doch im Spielsaal an den Spieltischen will es scheinen, als ob der Hang der Belgier zur Lässigkeit auch vor solch exklusivem Raum nicht Halt machen würde. Vergeblich sucht man hier bei den Damen die ausgefallene Abendgarderobe, den kostbaren Schmuck oder bei den Herren den eleganten Abendanzug. Bei Roulette und Black Jack herrscht eher eine gutbürgerliche Atmosphäre.

Das Casino wartet indessen mit ganz anderen Sehenswürdigkeiten auf. Vielleicht ist es typisch für Belgien, dass solch ein Casino ein Familienbetrieb ist. Gustave Nellens, der Sohn des Firmengründers, der 1930 das Casino baute, war befreundet mit dem Maler René Magritte. Von ihm ließ er den runden Spielsaal mit einem 72 Meter langen Freskenzyklus von sieben großen Gemälden schmücken. Gleichzeitig schaffte er für das Casino einen eigens in Murano gefertigten Leuchter an, der als größter der Welt längst seinen Platz im Guinness-Buch der Rekorde hat. Achteinhalb Meter misst er im Durchmesser, sieben Tonnen wiegt er und ist mit 2000 Glühbirnen bestückt. Dass man die nur selten alle brennen lässt, ist weniger eine Frage des Energieverbrauchs als der gewaltigen Wärmeentwicklung.

Solchermaßen verzierte Säle sind allerdings nicht nur abendlicher und nächtlicher Treffpunkt der Spieler. Das Spielcasino ist oft der wichtigste Ort gesellschaftlicher Ereignisse. Ausstellungen und Vernissagen,

Konzerte und Modenschauen großer Brüsseler und Pariser Häuser, die ihre kleinen Boutiquen in Knokkes Kustlaan haben, rücken das Casino immer wieder in den Mittelpunkt des Lebens hier an der Küste.

Anspruchsvolle Besucher finden ihre Abwechslung auf dem Golfplatz von Knokke, der sich in den Dünen am südlichen Rand von Het Zoute ausdehnt. Er gilt als einer der landschaftlich schönsten und dabei schwierigsten Plätze Mitteleuropas. Belgiens verstorbener König Baudouin hat ihn besonders geschätzt.

Knokkes exklusivstes Quartier liegt etwas abseits der übrigen Viertel. Es sind weder die komfortablen Villen, die dezent abseits der Straßen in parkähnlichen Gärten liegen, auch nicht die luxuriösen Appartementhäuser von Het Zoute, das man wegen der hier zu zahlenden Quadratmeterpreise beziehungsvoll „Millionenviertel" nennt. Es ist Het Zwin. Hierher kommen vor allem im Herbst die Gäste, die in der Regel die weiteste Anreise haben: Aus Spitzbergen, aus Sibirien oder wenigstens aus Nordschweden. Brandgänse sind es und Sichelschnäbler, Kraniche, Regenpfeifer und noch rund acht Dutzend andere Zugvogelarten aus dem hohen Norden. Sie verbringen in Belgiens interessantestem Vogelschutzgebiet Wochen oder Monate, manche sind schon ganz hier geblieben.

Het Zwin ist eine Landschaft von Dünen, Lagunen und Salzwiesen, die sich von Knokke über die niederländische Grenze ins Nachbarland hinzieht. Im Mittelalter war sie eine Bucht der Nordsee. Über ihr

Knokke, Wasser, Sandbänke und kleine Inseln prägen den Zwin

Knokke, oft sind die Sandbänke im Zwin weiß von Vögeln

Wasser war die reiche Hansestadt Brügge mit dem Meer verbunden. Im 15. Jahrhundert begann der Zwin zu versanden, Brügge wurde vom Meer abgeschnitten und starb. Der Zwin entwickelte sich zu einem einzigartigen Vogelschutzgebiet, in dem mehr als hundert verschiedene, zum Teil recht seltene Vogelarten leben.

DIE ROUTE „AM MEER ENTLANG VON OSTENDE NACH KNOKKE-HEIST“ IM ÜBERBLICK

Von Ostende am Meer entlang ist die Route vorgegeben, sie führt von einem Höhepunkt der Küste zum nächsten. In der direkten Linie sind es rund 35 Kilometer, doch lohnt in jedem Fall der Abstecher ins Hinterland zu romantischen Kanälen, alten Windmühlen, behäbigen Bauernhöfen oder ins malerische Lissewege.

Sehenswürdigkeiten an der Route:

Bredene mit dem vorgelagerten Badeort Bredene-aan-Zee gehört zu den ruhigsten Orten an der belgischen Küste. Da man hier sehr vorsichtig mit der Natur umgegangen ist, hat Bredene heute noch eine der schönsten Dünenstaffeln. Bewusst hat man hier darauf verzichtet, eine Strandpromenade anzulegen, sodass die Dünen, hinter denen das Dorf liegt, sich auf der anderen Seite ungehindert bis an den feinen Sandstrand erstrecken. Bredene, das als erster Ort an der Küste einen Nacktbadestrand ausgewiesen hatte, ist der Badeort der Naturliebhaber und daher Ziel Nummer eins der Campingtouristen.

Sehenswert:

- Heimatmuseum „Turkeyenhof“.
- Kirche St. Rikiers mit kostbarer Barockausstattung.
- Erholungsgebiet 't Paelsteenveld mit einzigartigen Dahliengärten; Wasserturm, 50 Meter hoch, 137 Stufen, die sich wegen der großartigen Aussicht lohnen.
- Fischerkapelle, etwas abseits des Dorfzentrums. Hierher pilgerten früher die Frauen und Mütter der Fischer, um für eine gute Heimkehr der Angehörigen zu beten. Die Kapelle ist voll gestopft mit Dankbezeugungen, teilweise in der Art alpenländischer Votivtafeln.

Für Kinder:

- Sassafras, ein Fantasiehaus, das an einen Märchenpark erinnert.
- Kids-day, in der Saison steht in jeder Woche der Freitag ganz im Zeichen der Animation und der Aktivitäten für Kinder, einmalig an der belgischen Küste.

Infos: Dienst voor Toerisme
Kapelstraat 76
B-8450 Bredene
Tel.: 0032-59-32 09 98
Fax: 0032-59-33 19 80
E-Mail: toerisme@bredene.be
www.bredene.be

De Haan. Für alle diejenigen, die es nicht laut und mondän und trotzdem vornehm und stimmungsvoll lieben, gilt De Haan als erste Adresse. Auf hochragende Appartementbauten wurde hier weitgehend verzichtet, was den besonderen Charme des durch prachtvolle alte Belle-Époque-Villen geprägten Ortes unterstreicht.

Sehenswert:

- Wahrzeichen De Haans ist das wundervolle Stationshäuschen der Dünenbahn im Jugendstil.
- Ganze Straßenzüge, die von Belle-Époque-Architektur geprägt sind. Dazu gibt es im Fremdenverkehrsamt

eine Broschüre „Wandern durch das architektonische Erbe von De Haan".

- Klemskerke, ein Polderdorf im Hinterland von De Haan mit prächtiger Windmühle.

Sport: De Haan hat einen von drei Golfplätzen an der Küste. Der 18-Loch-Platz des Königlichen Golfclubs von Ostende wurde bereits 1903 angelegt. Er gilt als typischer „Links Course", der ans Meer angrenzt und bei starkem, von der Nordsee kommenden Wind eine echte Herausforderung für jeden erfahrenen Golfer ist.

Veranstaltungen:

- Tramelant De Haan, Folklorefest im Stil der Belle Époque rund um das Stationshäuschen von De Haan am ersten Sonntag im August.
- Fest der Riesen im Ortsteil Wenduine, am dritten Wochenende im Juli; Meeresweihe und Prozession am Pfingstmontag in Wenduine.
- Märkte: Bunter Wochenmarkt am Montag im Ortsteil Vosseslag (nur im Sommer); am Mittwoch ganzjährig im Ortszentrum.

Infos: Dienst voor Toerisme
De Haan-Wenduine
Leopoldlaan 24
B-8420 De Haan
Tel.: 0032-59-24 21 34
Fax: 0032-59-24 21 36
E-Mail: toerisme@dehaan.be
www.dehaan.be

Blankenberge. Dieser Badeort bietet vor allem Familien mit Kindern jeden Alters beste Bedingungen für einen abwechslungsreichen Strandurlaub. Zudem verfügt Blankenberge über ein ausgeprägtes Unterhaltungsleben.

Sehenswert:

- Die Pier, 350 Meter lange Mole, ist einzigartig an der Küste. An ihrem Ende ein Restaurant mit Aquarium (Aquarama); Casino im Belle-Époque-Stil.
- Sea-Life-Center, Belgiens größtes Aquarium. Der spektakuläre Unterwassertunnel von 10 Metern Breite ermöglicht es sozusagen vom Meeresboden aus, etwa 70 verschiedene Fischarten zu beobachten und dem Haifisch „Guten Tag" zu sagen. Angeschlossen ist eine Station zur Pflege kranker oder verirrter Seehunde.
- Serpentarium, ein in Europa einzigartiger Reptilienzoo. **HIGHLIGHT!**
- Paravang, Windschutz im Jugendstil am Rande des Jachthafens, mit Sitzbänken.
- Altes Rathaus von 1680.

Für Kinder: Lustiges Velodrom – eine hölzerne Piste, auf der man mit „verrückten" Fahrrädern, unter anderem mit ovalen Rädern, seine Runden drehen kann.

Veranstaltungen: Bunter Wochenmarkt montags und freitags; großer Blumenkorso am letzten Augustsonntag.

Leckere Spezialitäten: Fischgerichte und Meeresfrüchte in vielen Spezialitätenrestaurants.

Infos: Dienst voor Toerisme (VVV)
Leopold III-plein
B-8370 Blankenberge
Tel.: 0032-50-41 22 27
Fax: 0032-50-41 61 39
E-Mail: toerisme@blankenberge.be
www.blankenberge.be

Zeebrügge, Stadtteil von Brügge, als Hafen für Brügge angelegt, nachdem die Zufahrt durch den Zwin nicht mehr möglich war. Mit Brügge durch den 12 Kilometer langen Boudewijnkanaal verbunden. Im Ersten Weltkrieg war Zeebrügge wichtiger deutscher U-Boot-Stützpunkt. Größter Fischereihafen Belgiens, wichtiger Fährhafen in Richtung Großbritannien. Seit 1977 wird der Handelshafen systematisch zum Welthafen erweitert.

Sehenswert:

- Seafront, ein maritimer Themenpark in den ehemaligen Fischauktionshallen. Hinter dem Namen verbirgt sich eine sehr sehenswerte Einrichtung, die mehr ist als ein Museum. Die Anlage vermittelt eine Übersicht über alles, was in und um Zeebrügge wichtig war und ist, naturgemäß mit dem Meer als Schwerpunktthema. Eine besondere Sehenswürdigkeit ist ein 92 Meter langes sowjetisches U-Boot.
- Hafenrundfahrten.

Veranstaltungen: Bunter Wochenmarkt am Freitag.

Leckere Spezialitäten: frischer Seefisch aus einer der zahlreichen Fischbuden oder auch in mehreren ausgezeichneten Fischrestaurants.

Infos: Toerisme Brügge
Postbus 744
B-8000 Brügge
Tel.: 0032-50-44 46 46
Fax: 0032-50-44 46 45
E-Mail: toerisme@brugge.be
www.brugge.be

In den Sommermonaten Juli und August sowie an den Oster- und Pfingstwochenenden: Tourisme Zeebrügge
Zeedijk
B-8380 Zeebrügge
Tel.: 0032-50-54 50 42
E-Mail: toerisme@brugge.be
www.brugge.be/zeebrugge

Knokke-Heist, Belgiens größter und elegantester Badeort an der Küste; zieht sich mit den Ortsteilen Heist, Duinbergen, Albertstrand, Knokke und Het Zoute 12 Kilometer am Strand hin, begleitet von einem durchgehenden Seedeich. Im mondänen Ortsteil Het Zoute erinnern zahlreiche Villen im fantasievollen Landhausstil an die frühe Zeit des exklusiven Seebades, das 1891 durch König Leopold II. mit viel Pomp eröffnet wurde und Knokke-Heist in eine Reihe brachte mit Deauville, Biarritz oder Nizza. Knokke selber ist das alte Stadtzentrum, in Albertstrand steht das berühmte Kasino, Duinbergen präsentiert sich als ruhiger Wohnort mit zahlreichen attraktiven Villen, und Heist schließlich gilt als das Familienbad.

Sehenswert:

- Seedeich, zieht sich 12 Kilometer an den fünf Ortsteilen entlang und ist streckenweise gesäumt von Restaurants, Bistros, Cafés, Boutiquen und Galerien.
- Kasino, der Mittelpunkt des gesellschaftlichen Lebens. Neben dem internationalen Spielbetrieb in diversen Spielsälen bietet das Kasino renommierte Nachtclubveranstaltungen, Ausstellungen, Show- und Theaterveranstaltungen. Wandgemälde von René Magritte sowie Gemälde von Delvaux und Lucrat sind im Inneren zu sehen. Ins Guinness-Buch der Rekorde fand der kolossale Kronleuchter aus venezianischem Kristall Eingang. Mit einem Gewicht von 7000 Kilogramm ist er der schwerste Kronleuchter Europas.
- Galerien: Knokke-Heist besitzt etwa 70 Galerien.
- Polder- und Fischereimuseum.
- Schmetterlingsgarten.
- Naturschutzgebiet Het Zwin, siehe Route 7, Seite 171.

Veranstaltungen: Internationales Cartoonfestival von Mitte Juni bis Anfang September.

Sport: Der Royal Zoute Golf Club besitzt in Knokke-Het Zoute einen der angeblich schönsten Golfplätze Europas, eine Anlage mit zweimal 18 Loch. 1992/93 wurde er als bester Platz Europas ausgezeichnet. Viele Profis halten den Platz für einzig in seiner Art. Er gilt allerdings als nicht leicht zu bespielen. Ein begeisterter Golfspieler auf diesem Platz war Belgiens verstorbener König Baudouin.

Leckere Spezialitäten: Fünfherzenwaffeln von Mutter Siska im Tea-Room, (Café) Marie Siska. Das bis heute beibehaltene Rezept für diese an der ganzen Küste berühmten Waffeln erfand Mutter Siska bereits 1882.

Infos: Dienst voor Toerisme
Knokke-Heist
Alfred Verweeplein 1
B-8300 Knokke-Heist
Tel.: 0032-50-63 03 80
Fax: 0032-050 63 03 90
E-Mail: toerisme@knokke-heist.be
www.knokke-heist.be

TIPP

GUTE ADRESSEN AM WEGESRAND

BREDENE:
Camping 't Massenhof,
ruhiger, kleiner Campingpark nahe
Strand und Ortszentrum
Zandstraat 101
B-8450 Bredene
Tel.: 0032-59-33 08 13
Fax: 0032-59-33 35 23
www.massenhof.be

DE HAAN:
Auberge des Rois Beach Hotel,
in einzigartiger, aussichtsreicher Lage
auf dem Seedeich gelegen
Zeedijk 1
B-8420 De Haan
Tel.: 0032-59-23 30 18
Fax: 0032-59-23 60 78
www.beachhotel.be

Hotel Manoir Carpe Diem,
auf einer Düne nahe dem Strand gelegen
Prins Karellaan 12
B-8420 De Haan
Tel.: 0032-59-23 32 20
Fax: 0032-59-23 33 96
www.manoircarpediem.be

BLANKENBERGE:
Hotel Azaert, nahe Strand und Kasino
Hoogstraat 25
B-8370 Blankenberge
Tel.: 0032-50-41 15 99
Fax: 0032-50-42 91 46
www.azaert.be

Restaurant Oesterput,
gilt als das Haus für Fisch- und
Meeresfrüchtespezialitäten
Oude Wenduinsesteenweg 16
B-8370 Blankenberge
Tel.: 0032-50-41 10 35

KNOKKE-HEIST:
Romantik-Hotel Manoir du Dragon,
am Rand des Golfplatzes gelegen
Albertlaan 73
B-8300 Knokke-Heist
Tel.: 0032-50-63 05 80
Fax: 0032-50-63 05 90
E-Mail: manoirdudragon@pandora.be
www.manoirdudragon.be

Golfhotel Zoute,
in Golfplatznähe gelegen
Zoutelaan 175
B-8300 Knokke-Heist
Tel.: 0032-50-61 16 14
Fax: 0032-50-62 15 90
E-Mail: golfhotelzoute@skynet.be
www.golfhotelzoute.be

Restaurant Panier d'Or,
sehr aussichtsreich auf dem Seedeich
Zeedijk 659
B-8300 Knokke-Heist
Tel.: 0032-50-60 31 89
Fax: 0032-50-60 31 90
www.panierdor.com

TIPP

Gute Adressen am Wegesrand

Hotel-Restaurant und Tea-Room Marie Siska, Zimmer in Laura-Ashley-Stil eingerichtet; Tea-Room berühmt durch Moeder Siskas Waffeln, großes Kinderspielgelände

Zoutelaan 177
B-8300 Knokke-Heist
Tel.: 0032-50-60 17 64
Fax: 0032-50-62 32 00
www.siska-marie.com

Knokke, moderne Plastik auf dem Albertplein

GOLF: DAS SPIEL MIT DEN KLEINEN WEISSEN BÄLLEN

Wer da glaubt, das Golfspiel müsse kinderleicht sein in einem so ebenen Gelände wie es an der belgischen Küste und in ihrem Hinterland das Landschaftsbild prägt, der irrt. Irrt gewaltig. Erfahrene Golfer, die die Plätze von De Haan oder Knokke-Heist kennen und bespielt haben, wissen ein Lied von den Schwierigkeiten zu singen. Gilt der Platz in den Dünen von **Knokke-Heist**, angeblich der bevorzugte Platz des verstorbenen belgischen Königs Baudouin, als extrem schwer zu bespielen, hat der Platz in **De Haan** den Ruf, dass hier der mitunter von der Nordsee zum Land wehende Wind schon so manchen klug berechneten Schlag ins Leere hat gehen lassen, weil der Wind stärker sein kann als ein mit Wucht über den Platz geschlagener Ball.

Der Star unter den Golfplätzen an der Küste ist zweifellos der Royal Zoute Golf Club in **Knokke-Heist**. Einmal ist er der älteste – hier wurde bereits 1899 der weiße Ball geschlagen –, zum anderen ist er heute eine 36-Loch-Anlage.

Der Royal Ostende Golf Club in **De Haan** ist nur zehn Jahre jünger. Auch er gehört zu den renommiertesten Anlagen Belgiens.

Knokke — Dünengolf

Knokke, auf dem Dünengolfplatz

Der dritte Golfclub an der Küste, der einzige im westlichen Küstenabschnitt, ist der Westgolf in **Middelkerke**. Allerdings handelt es sich dabei um eine Schulungsanlage. Die eigentliche Golfbahn ist nur eine 6-Loch-Anlage, doch stellt sie dank strategisch platzierter Bunker und Wasserhindernissen eine echte Herausforderung dar. Hier kann jeder Interessierte sich mit dem Golfsport vertraut machen oder seine Fähigkeiten trainieren und verbessern.

Ein weiterer Golfclub liegt nicht weit von der Küste entfernt: Es ist der Ieper Golf- und Countryclub De Palingbeek cv. in Hollebeke bei **Ypern**, eine 18-Loch-Anlage.

Gleich jenseits der Grenze wartet **Dünkirchen** mit einer 3 mal 9-Loch-Anlage auf. Der Platz liegt im Stadtteil Coudekerque-Village.

Auf belgischer Seite ist schließlich noch der Royal Golf Club Antwerpen in **Kapellen** bei Antwerpen zu nennen.

Mehrere Golfclubs liegen in Seeländisch Flandern. Sowohl in **Axel** als auch in **Oostburg** sind in den letzten Jahren 18-Loch-Golfplätze entstanden. In das in diesem Buch vorgestellte Reisegebiet gehören letztlich noch die Golfplätze von **Domburg**, **Westkapelle** und **Goes**. Der Golfclub Domburg hat eine 18-Loch-Anlage, während es sich in Westkapelle um eine Driving Range mit zehn Abschlägen handelt und sechs Übungsloch.

In Goes findet der passionierte Golfer eine 18-Loch-Anlage im Villapark „Goese Meer“ und beim „Reymerswaal“ eine 9-Loch-Anlage mit Driving Range.

Route 7

Zu Fuss und mit dem Fahrrad durch den Zwin

Die Gäste kommen aus Spitzbergen und Sibirien

Besucher ziehen unwillkürlich die Köpfe ein, wenn ihnen große Vögel so dicht über die Köpfe fliegen, dass sie den Luftzug der Schwingen spüren. Störche, die im Winter frei in der Landschaft umherfliegen und so zutraulich sind? Tatsächlich, im Naturschutzgebiet Zwin, wie die Landschaft aus Salzwiesen und Brackwasserlagunen an der belgischen und angrenzenden niederländischen Küste genannt wird, haben sich viele der hier lebenden Störche längst abgewöhnt, im Spätsommer die berühmte Reise nach Afrika anzutreten. Sie bleiben einfach hier.

Knokke-Zwin, Störche überwintern hier sogar

Langweilig wird es ihnen sicher nicht, kommen doch zwischen Herbst und Frühjahr Dutzende, wenn nicht sogar Hunderte verschiedener Vogelarten mit Abertausenden Vögeln zum Teil von weit her – hier an die belgische Küste in den Zwin. Manche machen hier nur ein paar Tage oder Wochen Rast und reisen dann weiter. Anderen ist der Zwin am Rande von Knokke südlich genug, um hier den Winter zu verbringen. Erfährt der Besucher von den Ornithologen, die das Naturreservat betreuen, woher die Vögel kommen, versteht er das. Manche Arten kommen aus Sibirien oder von der nahe dem Nordpol gelegenen Inselgruppe Spitzbergen und verbringen den Winter an der belgischen Küste.

Zwin

Auf belgischer Seite ist der Zwin das größte und interessanteste Vogelschutzgebiet des Landes. Im Gegensatz zu anderen Naturschutzgebieten ist es im Winter wesentlich interessanter, den Zwin zu besuchen als im Sommer. Das liegt ganz einfach daran, dass die im Frühjahr und Frühsommer hier brütenden Vögel – es sind mehr als 110 verschiedene, zum Teil sehr seltene Arten – im Zuge des Brutgeschäfts scheuer und nicht so gut zu beobachten sind wie die Wintergäste. Zum anderen ist die Artenvielfalt an Enten und

Highlight!

Knokke, im Zwin gibt es viel zu sehen

Gänsen, an Tauchern, Schnäblern, Löfflern oder Regenpfeifern, Austernfischern, Strandläufern und was sich sonst noch in diesen Monaten im Zwin tummelt, so groß, dass jeder Vogelfreund bei einer Wanderung durch dieses größte Salzwiesen- und Lagunengebiet Belgiens seine Freude hat.

Dass der Zwin in seiner heute einmaligen Art überhaupt noch besteht, dass er allen Eindeichungsversuchen und -plänen zum Trotz noch existiert und als eines der aufregendsten Naturschutzgebiete durchwandert werden kann, ist letztlich der Familie Lippens aus Knokke zu verdanken. Seit 1924 waren Raymond und Philippe Lippens als Vorsitzende der „Compagnie Het Zoute" emsig darum bemüht, auf der einen Seite Knokkes westlichen Stadtteil Het Zoute zum eleganten Seebad auszubauen, andererseits aber die Naturlandschaft des angrenzenden Zwin zu erhalten. Sie konnten verhindern, dass eine Auto-

Knokke-Zwin — Orientierungstafeln

Zu Fuss in den Zwin

Vom Stadtteil Het Zoute in Knokke-Heist den Wegweisern „Het Zwin“ folgen bis zum großen Parkplatz. Der Eintritt in das Schutzgelände ist kostenpflichtig.

Man kann zunächst ein großes Areal mit Volieren, aber auch Freifluganlagen zahlreicher Wasservogelarten besichtigen, anschließend kann man den Deich erreichen, von wo aus sich großartige Ausblicke über die Landschaft aus Lagunen, Salzwiesen und Groden mit ihrer jederzeit reichhaltig vertretenen Vogelwelt ergeben. Im Sommer überziehen dichte Teppiche von Salzastern und Strandflieder die Böden. Hier und da kann (und darf) der Besucher kleine Wasserlachen durchwaten, irgendwann aber wird das Wasser so tief, dass ein Weiterkommen nicht mehr möglich ist.

Gummistiefel und ein Fernglas sollte man unbedingt dabeihaben, Fotografen seien Kameras mit Objektiven sehr langer Brennweite empfohlen und ein Stativ dazu.

Wegweiser im niederländischen Zwin

straße und eine Straßenbahn, die Verlängerung der „Dünenbahn“ von De Panne nach Knokke, durch das Gebiet gebaut wurden. Probleme ergaben sich daraus, dass der Zwin zu einem Teil bereits zu den angrenzenden Niederlanden gehört. Hier hatte man bereits im Mittelalter damit begonnen, durch Eindeichungsmaßnahmen Land zu gewinnen oder zu sichern. 1394 und 1398 zerstörten verheerende Sturmfluten Teile der Deiche; ganze Inseln, wie die Insel Wulpen, gingen in den Fluten unter. Der Zwin blieb jedoch eine Herausforderung. Die Niederländer versuchten in neuerer Zeit mehrfach über den Kopf der Belgier hinweg, den Zwin einzudeichen. Erst 1959 konnten alle derartigen Differenzen zwischen den Nachbarländern beigelegt werden. Auch der niederländische Teil ist inzwischen als Naturschutzgebiet ausgewiesen. Nun dürfte der Zwin nach menschlichem Ermessen Ruhe haben.

Ruhe vor der Natur und ihren Gewalten soll und darf er aber nicht haben. Denn nur durch die Sturmfluten, die im Winter das Nordseewasser in die Lagunen treiben und hier zur Brackwasserbildung beitragen, kann die Lebensgrundlage für die Vögel erhalten bleiben, die auf Brackwasser angewiesen sind. Brackwasser entsteht durch die Vermischung von Süß- und Salzwasser. Dass in diesem Biotop auf den immer wieder vom salzigen Meerwasser über-

Westerschelde bei Cadzand Bad (NL)

schwemmten Böden auch zahlreiche besondere Pflanzen wachsen, fällt naturgemäß in der winterlichen Ruheperiode der Vegetation nicht auf.

Beringungsversuche haben gezeigt, dass Brandseeschwalben aus dem belgischen Zwin ohne Ruhepause bis zur Karibikinsel Barbados geflogen sind.

Wer den Zwin besucht, kommt zunächst in eine große Anlage, in der zum Teil frei lebend, zum Teil in Volieren, all jene Vögel zu sehen sind, die in Belgien – sei es an der Küste, sei es im Binnenland – heimisch sind. Diese Anlage dient nicht nur den Besuchern dazu, einen ersten Überblick zu bekommen, sondern auch wissenschaftlichen Zwecken. So wurden hier die überall fast ausgestorbenen Uhus, die größten Eulen, systematisch herangezogen und mit Erfolg (!) in den Schluchtwäldern der Ardennen oder auch der deutschen Eifel ausgesetzt und so wieder eingebürgert.

Im Cadzand Bad (NL)

Die kleinen Teiche und anderen Gewässer sind im Winter oft mit unzähligen bunten Wasservögeln bedeckt, die von den Küsten des Eismeeres hierher gekommen sind. Anschließend lohnt die Wanderung über den Deich, von wo aus sich ein großartiger Überblick über die einmalige Landschaft ergibt. Bis zum niederländischen Sluis und zur Scheldemündung geht der Blick. Auf schmalen Pfaden wandert man dann durch die Salzwiesen, an Sandbänken vorbei, die oft von Tausenden weißer Möwen bedeckt sind, sodass es aussieht, als habe es geschneit. Irgendwann macht dann das Wasser dem Weiterkommen ein Ende. Hier beginnt die Landschaft der so genannten Groden, kleine Inseln, die durch Anschwemmung entstanden sind. Sie sind unzugänglich für den Besucher

In den Dünen von Cadzand Bad (NL)

und sollen es auch sein; hier ist das Brutgebiet besonders seltener Wasservögel wie Lachmöwen, Rotschenkel, Austernfischer und Säbelschnäbler.

TIPP

Gute Adressen am Wegesrand

KNOKKE-HEIST:
Chalet 't Zwin, Restaurant und Tea-Room in der ehemaligen königlichen Villa von König Leopold III. und Königin Astrid. Heute ein stimmungsvolles Einkehrlokal mit Gartenterrasse
Ooievaarlaan 8
B-8300 Knokke-Heist
Tel.: 0032-50-60 31 70

SLUIS:
Restaurant Oud Sluis
Fischrestaurant
Beestenmarkt 2
NL-4524 JB Sluis
Tel.: 0031-117-46 12 69

FAHRRADWANDERUNGEN DURCH DEN ZWIN

Dieser 42 Kilometer lange Rundkurs durch den Zwin beginnt und endet im niederländischen Cadzand-Bad beim VVV, dem Fremdenverkehrsverein am Boulevard de Wielingen. Hier können Fahrräder gemietet werden. Die Tour geht überwiegend über niederländisches Gebiet von Seeländisch Flandern, schwenkt aber vom malerischen Festungsdorf Retranchement auf belgisches Gebiet ab zum Weiler de Vrede, der zu Knokke-Heist gehört. Wieder auf niederländischem Gebiet geht es nach St. Anna ter Muiden, Sluis, Zuidzande, Nieuwvliet, Neuwvliet-Bad, dann an der Küste entlang nach Cadzand und zurück zum Ausgangspunkt Cadzand-Bad.

Historisch bedeutsame kleine Festungsstädte wie Sluis und Retranchement liegen am Weg. Mal geht es an der Küste entlang, mal durch die Polderlandschaft, die im Laufe der Jahrhunderte durch Eindeichung der alten Meeresbucht Zwin entstanden ist. Sie gibt Einblick in das faszinierende Biotop, in dem mehr als 110 verschiedene Wasservogelarten leben.

Der Weg ist als Zwin-Radweg ausgeschildert.

Sehenswert: **Cadzand-Bad,** hübscher Badeort im Schutz mächtiger Dünen; am Strand können eifrige Sucher zahlreiche Fossilien, darunter schwarze Haifischzähne, finden, die Millionen Jahre alt sind.
Vlamingpolderweg, Fahrradwanderweg über die Dünen; zur Linken geht der Blick auf die hier kurz vor ihrer Mündung kilometerbreite Westerschelde mit ihrem starken Schiffsverkehr. Auf beiden Seiten sind Radartürme zu sehen, von denen aus die Schifffahrt elektronisch und über UKW-Schiffsfunk gesteuert wird. Bei klarer Sicht ist in nordöstlicher Richtung die Südküste der Insel Walcheren, Provinz Seeland, zu sehen.
Verdronken Zwarte Polder; eine Infotafel am Rand des Radwegs macht auf dieses Naturschutzgebiet aufmerksam. Das 55 Hektar große Biotop, ursprünglich eine Fahrrinne, die mit dem Zwin in Verbindung stand, gilt als das botanisch interessanteste und wertvollste Biotop der Niederlande.

Nieuwvliet, im 16. Jahrhundert entstandenes Dorf, das auf angeschwemmtem Land (Groden) gegründet und eingedeicht wurde. Die niederländisch-reformierte Kirche, eine kleine Hallenkirche, stammt aus dem 17. Jahrhundert.
Polderlandschaft mit Wiesen, Äckern, Entwässerungskanälen, Deichen und Schleusen und hier und da einem einzelnen Bauerngehöft. Von Zuidzande lohnender Abstecher nach Oostburg.

Oostburg, hervorgegangen aus einer Klostergründung des heiligen Amandus, des Gründers von Gent. Als einziger Ort der Niederlande hat Oostburg ein Einhorn in seinem Wappen.

Sluis, ein malerisches Festungsstädtchen. Die Siedlung am Zwin war ein wichtiger Vorhafen von Brügge. Im Hundertjährigen Krieg zwischen England und Frankreich wurden die heute noch erhaltenen Festungsanlagen gebaut. Lohnend ist ein Gang über die Wälle.

Sehenswert außer den Festungen:

- die alten Stadttore – Südtor und Osttor.
- Kaimauer, Kornmühle, Sozialwohnungen
- „Gotteshäuschen".
- Rathaus mit sehenswertem Rathaussaal und Glockenturm. Dieser Turm ist der einzige, heute in den Niederlanden noch erhaltene Belfried. In Sluis war J. H. van Dale, der hier auch geboren wurde, als Hauptlehrer tätig. Wegen des von ihm geschaffenen „Großen Niederländischen Wörterbuches" gilt er als der „Duden" der niederländischen Sprache:

Infos: VVV Sluis
St. Annastraat 15
NL-4524 JB Sluis
Tel.: 0031-117-46 17 00
Fax: 0031-117-46 26 84
E-Mail: vvv@sluisonline.nl

Sint Anna ter Muiden, das malerischste Dörfchen des westlichen Seeländisch Flanderns; der Ortskern steht unter Denkmalschutz. Die intime Atmosphäre des Dörfchens ist unvergleichlich; im Mittelalter war das Dorf ein wichtiger Hafen- und Handelsplatz am Zwin; der mächtige, aus Ziegelsteinen errichtete Turm der nicht mehr vorhandenen Kreuzkirche erinnert noch an die glanzvollen Zeiten.

De Vrede, ursprünglich eine von vielen im Zwingebiet gegründeten Festungen, die den Seeweg nach Brügge sichern sollten. Hier befindet man sich wieder auf belgischem Gebiet.

Retranchement. Wie Sluis ein prachtvolles altes, von Festungsanlagen geprägtes Dörfchen.

Sehenswert:

- Auf den Befestigungsanlagen kann man einen aussichtsreichen Spaziergang machen. Besonders eindrucksvoll sind die Reste der Forts Nassau und Oranje, von Prinz Maurits der Niederlande errichtet.
- Hölzerne Bockmühle.
- Kirche aus dem 16. Jahrhundert.
- Lohnend ein Abstecher (1,5 Kilometer) nach Cadzand, ein kleines Runddorf aus dem Mittelalter mit eindrucksvoller Bockmühle.

Besuchenswert: Besucherzentrum Het Zwin mit Museum.

Infos: VVV Cadzand
Boulevard de Wielingen, 44 d
NL-4506 JK Cadzand-Bad
Tel.: 0031-117-39 12 98
Fax: 0031-117-39 25 60
E-Mail: cadzand@vvvzvl.nl

Route 8

Über die Schelde ins Beveland

Der Deltaplan – Gott schuf das Meer, die Niederländer schufen das Land

Der 1. Februar 1953 war an den niederländischen Küsten, vor allem für die Inseln Walcheren, Süd- und Nordbeveland, ein düsterer Tag. Als es hell wurde, soweit das an diesem Tag überhaupt möglich war, kamen vor allem von diesen Inseln Nachrichten, die niemand für möglich gehalten hatte und die zunächst ungläubiges Staunen hervorriefen. Der Orkan, der in der ganzen Nacht zusammen mit einer Springflut die Küste heimgesucht hatte, war zu einer Katastrophe nationalen Ausmaßes geworden.

Betroffen waren damals vor allem die Inseln im Mündungslabyrinth der Schelde. 1835 Menschen waren ertrunken, 500 Kilometer Deiche waren zum Teil vollkommen zerstört, etwa 200.000 Hektar Land standen unter Wasser. Rund 20.000 Kühe, 12.000 Schweine, 1750 Pferde, 2750 Schafe und fast 200.000 Stück Federvieh waren in den Fluten ertrunken. Rund 50.000 Häuser, Schulen, Kirchen und Bauernhöfe wurden beschädigt, 10.000 vollkommen zerstört. Es war eine der größten Flutkatastrophen, die die niederländische Küste je heimgesucht hatten.

Domburg (NL) — das alte Rathaus

Schon aus dem Jahr 333 wird in einer Klosterchronik von einer Flutkatastrophe an der Küste Nordhollands berichtet, bei der mehr als 20 Dörfer vom Meer verschlungen wurden.

Bei der St. Elisabethflut 1421, der schlimmsten Katastrophe, die die Niederlande im Mittelalter heimgesucht hat, sollen 100.000 Menschen ertrunken sein. Dabei riss das Meer 70 Dörfer, Klöster, Burgen und Bauernhöfe ins Verderben.

Immer wieder, so auch 1953, waren die Verwüstungen durch das aufgepeitschte Wasser im Süden der Niederlande – bei den Inseln im Mündungsgebiet der großen Ströme – besonders verheerend. Und nirgends sonst haben die Niederländer durch ihr Verhalten nach solchen Katastrophen so deutlich ihren Durchhaltewillen, ihre unbeugsame Haltung dem Meer gegenüber dokumentiert wie hier unten im Süden in der Provinz Zeeland. Walcheren, Süd- und Nordbeveland wären heute nicht das, als was sie der Besucher erlebt, hätten die Niederländer damals angesichts der Schäden aufgegeben.

Am Deich auf Beveland

Jener Spruch, nach dem Gott das Meer schuf, die Niederländer aber ihr Land selber schaffen mussten, mag ein wenig hochfahrend, ja arrogant klingen. Er hat aber einen Kern Wahrheit in sich. In keinem anderen Land der Welt haben seine Bewohner über weit mehr als tausend Jahre einen so hartnäckigen Kampf gegen das Meer geführt, haben ihm so mühsam Stück für Stück Land abgerungen. Immer wieder waren die Naturgewalten Sturm und Wasser erfolgreicher.

Die Menschen haben nicht aufgegeben. Die Katastrophe vom 1. Februar 1953 war Anlass, nun ein Projekt mit Hochdruck zu verwirklichen, das wenige Tage vorher am Reißbrett fertig gestellt worden war, das die Sicherheit vor allem der seeländischen Inseln erheblich verbessern und das Bild von Walcheren, Süd- und Nordbeveland entscheidend verändern sollte: der Deltaplan. Zwischen dem Neuen Wasserweg bei Rotterdam und der Westerschelde sollten vier Hauptdämme in der ersten Küstenlinie zwischen den Inseln errichtet werden, dahinter – in zweiter Linie – drei weitere Dämme. Auch die Oosterschelde sollte abgesperrt und damit zu einem gewaltigen Süßwasserreservoir werden. Veranschlagt war die Realisierung dieses Plans mit einem Kostenaufwand von drei Milliarden Gulden und einer Bauzeit von 20 bis 25 Jahren.

Inzwischen ist das Deltaprojekt beendet, die Gesamtküstenlinie der Niederlande wurde auf nur noch 700 Kilometer reduziert. Geändert wurde der Plan nur im Bereich der Oosterschelde. Die Bedenken der Naturschützer, der Muschelfischer und Austernzüchter waren so schwer und überzeugend, dass zwar der Oosterscheldedamm in die Strommündung aufgeschüttet wurde, man aber den Damm nicht durchzog, sondern ein Flutwehr einbaute. Das bedeutet, dass die Gezeiten nach wie vor ungehindert in die Oosterschelde hinein- und wieder herausfließen können und die Schifffahrt nicht beeinträchtigt wird.

Bei Gefahr kann das Flutwehr aber geschlossen werden, wodurch die Oosterschelde mit dem Küstenland vor Überflutungen und Zerstörungen sicher ist. Der Deltaplan war das gigantischste Wasserbauprojekt, das die Niederländer in ihrer an großartigen Wasserschutzbauten reichen Geschichte geschaffen haben.

Oosterscheldesperrwerk

Insbesondere die Oosterschelde erfuhr eine gewaltige Veränderung, ungeachtet der Tatsache, dass sie für die Schiffe eine freie Verbindung zur und von der Nordsee her blieb. Aber der Oosterscheldedamm ist neben dem Abschlussdeich, der die einstige Zuidersee abriegelt, die gewaltigste Damm- und Schleusenanlage an der niederländischen Küste – ein technisches Wunderwerk, das auch als touristische Sehenswürdigkeit durchaus eine solche ist, der man zwei Sterne beimessen kann. Da die Gezeiten allerdings durch das Sturmflutwehr das Wasser mit enormer Geschwindigkeit pressen, ist es für jede Schifffahrt – ganz gleich ob großer Last-

Museumskarren in Ijzendijk/NL

kahn oder kleines Sportboot – gesperrt. Jeglicher Fahrzeugverkehr muss die Rompootschleuse am südlichen Ende des Damms benutzen. Zwar immer noch von den Gezeiten beeinflusst, ist die Oosterschelde zu einem Wasserreservoir, einem Naturschutzgebiet ganz eigener Art geworden. Für die Wassersportler ist die Oosterschelde eines der schönsten Reviere an der Küste. Die wichtigsten Muschelgründe der Niederlande liegen hier, von dort kommen die bekannten Zeeuwse Mosselen, die Seeländischen Muscheln. Auch Austernbänke befinden sich dort.

Die im Rahmen des Deltawerks gebaute Seelandbrücke von Nordbeveland nach Schouwen-Duiveland war mit einer Länge von mehr als fünf Kilometern lange Zeit Europas längste Brücke. Auf 50 eleganten Bögen überspannt sie das Wasser der Oosterschelde.

Durch Dammbauten entstand das Veerse Meer, heute eine der beliebtesten Wassersportflächen der Niederlande. Zwischen Walcheren und Nordbeveland zog sich auch als ein Teil der Oosterschelde das Veerse Gat hin, ein Gewässer, das die beiden Inseln trennte. Bei Vrouwenpolder sperrt heute ein Damm das Wasser gegen das Meer ab, macht es zu einem Süßwassersee, der auch im Osten bei Wolphaartsdijk das Wasser der Oosterschelde fern hält.

TIPP

GUTE ADRESSEN AM WEGESRAND

DOMBURG:
Hotel Duinvliet
Domburgseweg 44
NL-4357 NH Domburg
Tel.: 0031-118- 39 21
Fax: 0031-118-39 22

GOES:
Eethuis De Vierlinden.
Gasthaus, in dem vor allem Pfannkuchen, Waffeln und Poffertjes serviert werden.
Kattendijksedijk 19
NL-4463 AL Goes
Tel.: 0031-113-21 18 65
www.eethuisdevierlinden.nl

ZOUTELANDE:
Hotel Restaurant De Distel,
am Fuße der Dünen gelegenes Komforthotel
Westkapelseweg 1
NL-4374 BA Zoutelande
Tel.: 0031-118-56 20 40
Fax: 0031-118-56 12 22

DIE ROUTE „ÜBER DIE SCHELDE INS BEVELAND" IM ÜBERBLICK

Eigentlich müsste es heißen: „unter der Schelde durch", denn diese Route nutzt nicht die Fähre, sondern den – relativ neuen – Tunnel unter der Westerschelde von Terneuzen nach Ellewoutsdijk.
Und so verläuft die etwa 160 Kilometer lange Route:
Knokke-Heist – Westkapelle – Sluis – Breskens – Ijsendijk – Tunnel – Vlissingen – Middelburg – Zoutelande – Meliskerke – Westkapelle – Domburg – Oostkapelle – Vrouwenpolder – Veerse Meer – Goes.

Diese Route führt von Knokke-Heist über die nahe Grenze in die Niederlande und durchquert dann – die wichtigsten Orte berührend – den Westen von Zeeuwsch Vlaanderen, also von Seeländisch Flandern (siehe dazu Näheres im Kapitel „Dreimal Flandern", siehe Seite 17). Dieses Zeeuwsche Vlaanderen deckt sich mit dem südlichen Ufergebiet der Westerschelde. Es ist eine Landschaft, die strategisch jahrhundertelang eine große Bedeutung hatte. Mal ging es darum, die Zufahrten zu den Häfen Brügge mit seinen Vorhäfen Damme, Sluis und Ardenburg sowie Antwerpen zu sichern, mal diese Zufahrt blockieren zu können. Aus diesen Überlegungen heraus wurden in Seeländisch Flandern zahlreiche Festungen, Forts und befestigte Städtchen angelegt, die heute teilweise noch recht gut erhalten und deshalb lohnende Touristenziele sind.

Jenseits der Schelde erreicht die Route dann die ursprünglich selbstständigen, heute durch Dammbauten und Eindeichungsmaßnahmen zusammenhängenden Inseln Süd Beveland, Walcheren und Nordbeveland – und damit einige der großartigsten Bauten, die im Zuge des so genannten Deltaplans oder Deltawerks entstanden sind, vom Veerse Meer angefangen bis zur Seelandbrücke und dem Oosterscheldedamm. Badetouristisch hat vor allem die Insel Walcheren mit ihren schönen, zum Teil nach Süden ausgerichteten Stränden schon lange, teilweise seit dem 18. Jahrhundert, große Bedeutung. Zoutelande, West- und Oostkapelle gehören zu den wichtigsten Badeorten der Niederlande.

Sehenswürdigkeiten:
Knokke-Heist, siehe Route 6, Seite 147.

Sluis, siehe Route 7, Seite 175. Von Sluis aus lohnender Abstecher nach Aardenburg mit der sehr sehenswerten frühgotischen St. Bavokirche, ein schönes Beispiel der Scheldegotik; im Inneren der Kirche sind einige mit Wandmalereien ausgeschmückte mittelalterliche Grabkeller zu sehen. Als der Zwin noch eine befahrbare Wasserstraße war, war Aardenburg eine mächtige Hafenstadt, wichtig als Vorhafen für Gent.

Infos: VVV Aardenburg
Markt
NL-4527 CM Ardenburg
Tel.: 0031-117-49 35 54
E-Mail: aardenburg@vvvzvl.nl

Breskens, an der engsten Stelle der äußeren Westerschelde gelegen – dort, wo sich der Strom zum Mündungstrichter, einem so genannten Ästuar weitet –, hat touristische Bedeutung, weil von hier aus eine Fähre für Radfahrer und Fußgänger

über die Westerschelde nach Vlissingen pendelt.
Von Breskens lohnt ein Abstecher ins bilderbuchreife Dorf Groede.

Sehenswert: Het Vlaemsch Erfgoed, eine historisch-kulturelle Museumsanlage mit verschiedenen Werkstätten, Geschäften im historischen Stil, Kleinkunsttheater, Ausstellungen und einem Dorfgasthaus mit Bewirtung und Übernachtungsmöglichkeiten.

Infos: Het Vlaemsche Erfgoed
Slijkstraat 1
NL-4503 BC Groede
Tel.: 0031-117-37 66 00

Ijzendijke, nach dem Städtchen Isendike benannt, das 1421 bei der berüchtigten Elisabethflut unterging; im 16. Jahrhundert ließ der spanische Feldherr Parma hier ein Fort anlegen, das als uneinnehmbar galt. Trotzdem wurde es 1604 von Prinz Maurits erobert, der es zu einer starken Festung ausbauen ließ. Ijzendijke hat immer noch den Charakter einer Festung, auch wenn von den Befestigungsanlagen nicht mehr viel erhalten ist.

Sehenswert:

- Marktplatz mit schönen Giebelhäusern; Haus Nr. 28 war nacheinander Kapelle, Amtswohnung und Rathaus, heute ist das Heimatmuseum darin untergebracht.
- Auf einem Rest der Wallanlagen steht eine schöne alte Mühle von 1841, die 1964 restauriert wurde.

Ausflug: Von Ijzendijke kann man einen kurzen Ausflug in die Türkei machen – das westliche Nachbardorf heißt „Turkeye“.

Infos: VVV Ijzendijke
Markt 8
NL-4515 BA Ijzendijke
Tel.: 0031-117-30 12 87

Vlissingen, wichtige Hafenstadt an der hier etwa vier Kilometer breiten Westerschelde in der Südspitze der Insel Walcheren; bedeutsam für den Fährverkehr nach Breskens und nach England. Vlissingen ist neben Ijmuiden der einzige größere Hafen der Niederlande unmittelbar an der Nordsee; zahlreiche moderne Industriebetriebe haben sich in Vlissingen angesiedelt, vor allem chemische und petrochemische Werke.

Sehenswert:

- Oude Markt mit Grote Kerk oder St. Jacobskerk aus dem 14. Jahrhundert; Rathaus von 1733; städtisches

Vlissingen - Silhouette der Stadt mit dem Stadtrand

Museum mit Erinnerungsstücken an den in den Niederlanden sehr berühmten Seehelden Admiral de Ruyter.
- Oude Beurs von 1672 am Beursplein.
- Maritimes Attraktionszentrum „Het Arsenaal" – Fort Rammekens in Rithem, das älteste Seefort Europas, 1547 gebaut.

Für Kinder: Reptilienzoo Iguana; Familienerlebnispavillon Carrousel.

Infos: Regional-VVV Vlissingen
Nieuwendijk 15
NL-4381 BV Vlissingen
Tel.: 0031-118-41 33 78
Fax: 0031-118-41 74 26

Middelburg, in der Mitte Walcherens gelegene ehemalige Burganlage, entstanden als Verteidigungsanlage gegen die Wikinger, Hauptort von Walcheren und Hauptstadt der Provinz Seeland. Seit dem Mittelalter war Middelburg ein wichtiger Lagerplatz französischer Weine und Mittelpunkt des englischen Tuch- und Wollhandels. Im 17. Jahrhundert siedelten sich viele Kaufleute aus Antwerpen in Middelburg an und machten die Stadt zu einer Konkurrentin Amsterdams. Im Zweiten Weltkrieg wurde Middelburg durch Bombenangriffe stark zerstört, doch hat man das historische Zentrum so gelungen wieder aufgebaut, dass Middelburg 1975 sogar den Titel einer europäischen Denkmalstadt bekam.

Sehenswertes:
- Grote Markt mit Rathaus, Mitte des 15. Jahrhunderts, einer der schönsten gotischen Profanbauten der Niederlande; Spanjaardstraat mit vielen mittelalterlichen Giebelhäusern.
- Onze Lieve Vrouwe Abdij, ehemalige Prämonstratenserabtei, um 1150 aus der Burg hervorgegangen, heute Sitz der Provinzialverwaltung.

Für Kinder: Miniatuur Walcheren.

Infos: Tourist Shop Middelburg
Markt 65
NL-4331 LK Middelburg
Tel.: 0031-118-67 43 00
Fax: 0031-118-67 43 33
E-mail: middelburg@touristshop.nl

Meliskerke, einer der viel besuchten Badeorte an der seeländischen Südküste, der „Riviera Seelands", des „Blonden" Walcherens, wie man diesen Küstenabschnitt zwischen Vlissingen und Westkapelle im Hinblick auf den Strand und den goldgelben Dünengürtel nennt.

Sehenswert: Schiefer Kirchturm, der bogenförmig aufgemauert ist, weil während der Bauarbeiten der Turm einseitig auf dem weichen Sandgrund immer mehr nachgab; Seidenmuseum, wo Seidenraupen beobachtet werden können, die ihre Kokons spinnen und der gesamte Werdegang der Seide demonstriert wird.

Westkapelle, westlichster Ort Walcherens, benannt nach einer Kapelle von 1067, die bei der so genannten Elisabethflut 1421 in den Fluten unterging, einer der meistbesuchten Badeorte von Walcheren; 1944 haben britische Bomber die Deiche von

Westkapelle bombardiert und den Ort damit durch Überfluten zerstört. Nach dem Krieg Wiederaufbau.

Sehenswert:

- Der Leuchtturm, 65 Meter hoch, war Kirchturm der im 15. Jahrhundert erbauten Inselkirche. Sein Feuer ist 40 Kilometer weit zu sehen, großartige Aussicht von oben.
- Herrliche Badestrände.

Infos: VVV Westkapelle
Zuidstraat 134
NL-4361 AK Westkapelle

Domburg, Badeort seit dem 18. Jahrhundert, einst Prominentenbadeort und Künstlerkolonie. König Gustav V. von Schweden, Zarin Maria Federovna von Russland und ihre Tochter Olga, Kaiserin Elisabeth von Österreich, die Königin Elisabeth von Rumänien (unter dem Pseudonym Carmen Silva) haben sich mehrfach in Domburg aufgehalten; der Maler Piet Mondrian hat zeitweise hier gelebt.

Sehenswert:

- Großartige Villen in den Dünen aus der „goldenen Epoche" Domburgs.
- Schloss Westhove, heute Jugendherberge, mit Orangerie, die als Museum eingerichtet ist.

Sport: 9-Loch-Golfplatz.

Für Kinder: Freizeitzentrum De Parel.

Infos: VVV Domburg-Oostkapelle
Duinweg 2 a
NL-4356 ZG Oostkapelle
Tel.: 0031-118-58 29 10
Fax: 0031-118-58 29 20

Vrouwenpolder, ältestes Dorf auf Walcheren, im Mittelalter Marienwallfahrtsort.

Sehenswert:

- Veerse Meer, im Rahmen des Deltaplans entstandenes Binnengewässer, ehemals Veerse Gatt genannter Meeresarm, heute eines der beliebtesten Freizeitgewässer der Niederlande.
- Zandkreekdam, östliche Absperrung des Veerse Meeres. Über den Damm geht es zur Insel Nord Beveland und zum Oosterscheldedamm, einem der Glanzstücke des Deltawerks, der auf einer Länge von fast 10 Kilometern die Oosterschelde überspannt. Herzstück ist das Sturmflutwehr, das bei Gefahr geschlossen werden kann.
- Waterland Delta Expo auf Neeltje Jans. Am Nordende des Oosterscheldedammes entstand auf einer künstlich geschaffenen Arbeitsinsel der wohl tollste Wasserpark der Niederlande, eine großartige Dokumentation des Kampfes gegen das Meer und seine Sturmfluten, die neben mancherlei Unterhaltungsangeboten auch handfeste Informationen über den Damm vermittelt.

HIGHLIGHT!

Infos: VVV Veere-Vrouwenpolder
Dorpsdijk 19
NL-4354 AA Vrouwenpolder
Tel.: 0031-118-59 15 77
Fax: 0031-118-59 28 01

Goes: Marktzentrum von Süd-Beveland. Früher wurden vor allem Fisch und Salz, heute werden überwiegend Gartenbauprodukte gehandelt.

Sehenswert:

- Grote Kerk oder Magdalenakerk mit besonders schönem Orgelprospekt.
- Rathaus, gotisch, im Rokokostil umgebaut.
- Städtische Waage und Fleischhalle neben dem Rathaus.
- Muschel- und Austernzuchtanlagen in Yerseke.

Für Kinder:

- Museumsdampfeisenbahn Goes-Borsele;
- Schmetterlingsgarten Berkenhof in Kwadendamme;
- Kinderbauernhof „De Hollandsche Hoeve".

Infos: VVV Goes-Borsele
Stationsplein 3
NL-4491 HP Goes
Tel.: 0031-113-22 05 77
Fax: 0031-113-25 13 50

Rathaus von Goes (NL)

HOPPE
CRISTAL
Heineken
T' BIERWINKELTJE

Route 9

Von Goes nach Gent – In Seeländisch Flandern

Der Fliegende Holländer kam aus Terneuzen

Wer kennt sie nicht, die unsterbliche Geschichte vom Fliegenden Holländer. Heinrich Heine hat sie bearbeitet, Richard Wagner hat ihr eine Oper gewidmet. Doch so sagenhaft diese Geschichte auch ist, sie hat einen realen Hintergrund: Im seeländischen Terneuzen weist eine Gedenktafel ein altes Haus als das Wohnhaus des Kapitäns Willem van der Decken aus. Und dieser Mann, der im 17. Jahrhundert lebte und Kapitän der niederländisch-ostindischen Kompanie war, gilt der lokalen Überlieferung hier in Seeländisch Flandern nach als der Fliegende Holländer.

Er war ein Seemann, der immer unter vollen Segeln fuhr, egal wie Wind und Wetter waren; er war ein echter Draufgänger. Auf den Masten seines Schiffes hatte er schwere eiserne Stangen befestigt, damit diese bei starkem Winde nicht über Bord gehen konnten. 1678 benötigte er nur 90 Tage für die Reise von Batavia (jetzt

Hulst (NL) — auf der Festungsmauer

Das Genter Tor in Hulst (NL)

Djakarta) nach Holland. Das war für die damalige Zeit eine großartige Leistung, denn damals kannten die Seeleute die Winde und Strömungen noch nicht so genau. So ungewöhnlich schnelle Reisen wurden übernatürlichen Ursachen oder dem Bösen zugeschrieben, zumal van der Decken auch von ganz ungewöhnlicher Größe und Körperkraft war, dabei ein höchst abschreckendes Äußeres besaß und

Terneuzen — die Westerschelde

Het Arzenaal in Terneuzen (NL)

sich sehr roh und abstoßend benahm. Er konnte fürchterlich fluchen, schon wenn ihn eine Kleinigkeit störte.

An einem Ostersonntagmorgen um 1680 wollte er wieder zu einer Fahrt nach Ostindien, dem heutigen Indonesien, aufbrechen. Seine Frau beschwor ihn, beim herrschenden schlechten Wetter nicht auszulaufen. Sie flehte ihn an, klagte über schlechte Träume, die sie gehabt habe. Es nutzte nichts. Willem van der Decken blieb stur und segelte los. Er ist nie in Ostindien angekommen und nie mehr nach Terneuzen zurückgekehrt.

Da schon lange über ihn gemunkelt worden war, er stünde mit dem Teufel im Bunde, kam bald die Geschichte auf, die ihm den Namen „Fliegender Holländer“

eingebracht hat. Am Kap der Guten Hoffnung habe wochenlang ein heftiger Sturm getobt, alle Schiffe hatten den sicheren Hafen von Kapstadt angelaufen und warteten auf besseres Wetter. Willem van der Decken aber wollte sich nicht beirren lassen.

Briefkasten in Terneuzen (NL)

Nachdem er Proviant und frisches Wasser für die Mannschaft an Bord genommen hatte, befahl er, die Segel zu setzen und auszulaufen, Richtung Batavia. Als sie aufs offene Meer kamen und alle Segelkunst des Steuermannes es nicht schaffte, das gefährliche Kap zu umschiffen, habe der Kapitän den Steuermann über Bord geworfen und gotteslästerlich geflucht. Eher werde er seine Seele dem Teufel versprechen als aufzugeben.

Seit diesem Tag war das Schiff des Kapitän Willem van der Decken verschollen, aber immer wieder berichteten Seeleute, dass ihnen im Sturm das Schiff mit vollen Segeln entgegengekommen sei. Kein lebender Mensch sei an Bord, so wurde immer erzählt, nur der Kapitän stünde am Ruder, aber ihm sei kein Wort zu entlocken gewesen. Doch jedes Schiff, dem der Fliegende Holländer begegnete, habe Schaden genommen.

Dem Kapitän habe Gott eine Chance eingeräumt, so wurde weiter berichtet. Alle sieben Jahre dürfe er einmal einen Hafen anlaufen auf seiner Irrfahrt zwischen dem Kap der Guten Hoffnung und dem Kap Hoorn. Und wenn er dabei eine Frau träfe, die ihm die Treue hielte, obwohl sie seinen Fluch kenne, würde er erlöst. Sonst müsse er für immer des Teufels Beute bleiben.

Möglicherweise hat Willem van der Decken inzwischen die Frau gefunden, die ihm treu blieb, so wie Senta in Richard Wagners Oper. Denn lange schon hat kein Schiffer mehr den Fliegenden Holländer zu Gesicht bekommen.

Sas von Gent (NL) — Treidlerdenkmal

DIE ROUTE „VON GOES NACH GENT - IN SEELÄNDISCH FLANDERN" IM ÜBERBLICK

Diese Route verlässt die Insel Walcheren mit der Fähre von Kruiningen nach Perkpolder, wobei man angesichts der Breite des Stromes schon die Nähe des offenen Meeres ahnt. Von Perkpolder ist dann wieder Seeländisch Flandern zu erleben, mit seinen Poldern und Kanälen, den Windmühlen und vor allem nochmals einigen sehr attraktiven Festungsstädten. Dazu gehören Hulst und Axel, aber auch Terneuzen, die Stadt des Fliegenden Holländers. Von Terneuzen an begleitet die Route im Wesentlichen den Kanal Gent-Terneuzen mit seinem regen Schiffsverkehr über Sas van Gent schließlich nach Gent.

Die rund 75 Kilometer lange Route hat folgenden Verlauf: Goes – Kruiningen – Fähre über die Westerschelde – Kloosterzande – Hulst – Axel – Terneuzen – Kanal Gent–Terneuzen – Sas van Gent – Evergem – Gent

Sehenswürdigkeiten: Kloosterzande, um 1200 als Klostergründung durch Mönche der Abtei Ter Duinen entstanden.

Sehenswert:

- Kirche des einstigen Klosters, um 1250 gebaut, einzige noch erhaltene Kirche im Stil der Backsteingotik in der Provinz Seeland.
- Polderschleusen, die bereits durch die Mönche im 13. Jahrhundert angelegt wurden (am Deich Mariadijk).

Für Kinder: Flämische Spielhalle mit der größten Sammlung altflämischer Originalspiele.

Infos: VVV Zeeuws-Vlaanderen
Markt 11-13
NL-4530 GD Terneuzen
Tel.: 0031-115-62 10 22
Fax: 0031-115-62 11 11
E-Mail: info@vvvzvl.nl

Hulst, eine der am besten erhaltenen Festungsstädte der ganzen Niederlande, unbedingt sehenswert. Die heutige Festung stammt von 1618–1621. Drei Stadttore gewähren immer noch Einlass in die Stadt.

Sehenswert:

- Stadtbefestigung und Möglichkeit eines Rundgangs über die Wälle (3,5 Kilometer lang); drei Stadttore, Gentse Poort, Dubbele Poort und Bollewerckpoort.
- Denkmal für Reineke Fuchs (siehe Route 11, Seite 213) am Gentse Poort.
- Rathaus von 1528.
- Willibrorduskirche aus dem 15. Jahrhundert im Stil der Brabanter Gotik.
- Alte Stadtresidenz der Abtei Ter Duinen, heute Heimatmuseum De 4 Ambachten.

Veranstaltungen: Glockenspiel mit 38 Glocken, Turm der St. Willibrorduskirche. Märkte: Montags und donnerstags bunter Obst-, Gemüse- und Fischmarkt.

Infos: VVV Hulst
Steenstraat 37
NL-4561 AR Hulst
Tel.: 0031-114-31 52 21
Fax: 0031-114-31 62 08
E-Mail: hulst@vvvzvl.nl

Terneuzen, drittgrößte Hafenstadt der Niederlande, Festungsstadt, die von Wilhelm von Oraniens Sohn, dem Prinzen Maurits, ausgebaut wurde. Die Stadt liegt an der Einmündung des Gent-Terneuzen-Kanals, durch den Seeschiffe bis 70.000 Tonnen den Hafen Gent anlaufen können. Terneuzen wird wegen der enormen Bedeutung für die Schifffahrt das „Portal von Flandern" genannt; bekannt ist die Stadt als Heimatstadt des Kapitäns Willem van der Decken, des „Fliegenden Holländers".

Sehenswert:

- Hafeneinfahrt, Portal von Flandern, mit Führung; Panoramablick vom 40 Meter hohen Aussichtsturm.
- Grote Markt mit Wohnhaus des „Fliegenden Holländers", nur von außen; Denkmal für den „Fliegenden Holländer".
- Markierter Rundweg durch die Stadt, „Fliegende-Holländer-Route".

Veranstaltungen: Möglichkeit, mit Kutter auf Krabbenfang mitzufahren; bunter Wochenmarkt mittwochs.

Für Kinder: Kinderbauernhof.

Hulst - Denkmal für Reineke Fuchs, der den Gänsen predigt

Infos VVV Terneuzen
Markt 11-13
NL-4531 EP Terneuzen
Tel.: 0031-115-61 79 60
Fax: 0031-115-64 87 70
E-Mail: terneuzen@vvvzvl.nl

Sas van Gent, eng mit der Geschichte Gents verbunden. Im 16. Jahrhundert ließ Gent einen Kanal als bessere Anbindung an die Westerschelde bauen, den Vorläufer des heutigen Gent-Terneuzen-Kanals. An einer Schleuse, „Sas" genannt, entstand die Stadt.

1644 wurde Sas van Gent von den Spaniern erobert, die sie zu einer starken Militärfestung ausbauten, von der jedoch nur noch die Bastion „Generaliteit" erhalten ist.

Sehenswert:

- Kanal Gent–Terneuzen, 1827 durch Wilhelm I. in der heutigen Form gebaut, um die Textilindustrie Gents besser an den Seeverkehr anzuschließen.
- Drehbrücke über den Kanal, die längste Drehbrücke Europas.
- Bastion „Generaliteit" mit Stumpf einer Getreidemühle von 1830; im Inneren der Bastion – mit Führung zu besichtigen – Munitionslager aus der Spanierzeit.

Aktivitäten: Stadtrundgang auf dem Schepentrekkerspad, dem Treidlerpfad.

Veranstaltungen:

- Großer Jahrmarkt am 1. Mai;
- Internationales Folklorefestival, zweite Julihälfte.

Sport: Golf, Golfplatz De Woeste Kop, 18-Loch-Platz, in Axel.

Infos: VVV Zeeuws Vlaanderen
Markt 11-13
NL-4530 GD Terneuzen
Tel.: 0031-115-62 10 22
Fax: 0031-115-62 11 11
E-Mail: info@vvvzvl.nl

TIPP

Gute Adressen am Wegesrand

TERNEUZEN:
„Paviljoen Westkant", auf dem Deich gelegenes Panoramarestaurant mit großartigem Blick auf die Westerschelde und den Schiffsverkehr.

Scheldeboulevard 1
NL-4531 EJ Terneuzen
Tel.: 0031-115-61 60 00

GENT
BENELUX
GENT
BENELUX

Route 10

In Gent, der kaiserlichen Stadt

Nackt sein durften Adam und Eva nicht

Schaut man im Herzen der ostflandrischen Metropole Gent auf das Wasser zwischen Korenlei und Graslei mit ihren gotischen Giebeln und Fassaden der Renaissancezeit bis hin zu dem wie eine Burg der Metzger wirkenden Vleeshuis aus dem 15. Jahrhundert, scheint die Idylle perfekt. Boote liegen am Kai, kommen an, fahren ab. Touristen steigen ein; es geht los zu Stadtrundfahrten auf dem Wasser. Andere, die gerade ankommen, entlassen ihre Passagiere, die die Cafés und Restaurants ansteuern und sich an den Tischen vor den Lokalen niederlassen.

Gent — an der Korenlei

Unvorstellbar, dass hier im Herzen der Stadt im Mittelalter große Handelsschiffe festgemacht haben. Aber hier wurden die kostbaren Güter angelandet, die sich die wohlhabenden Genter Tuchmacher und Handelsherren aus allen Teilen der damals bekannten Welt kommen lassen konnten. Nicht von ungefähr überragt die St. Niklaaskirche den alten Hafen. Sankt Nikolaus war der Patron der Schiffer.

Die alten Giebelhäuser an Korenlei und Graslei, vor denen im Sommer die Touristen vor den Cafés und die Maler vor ihren Staffeleien sitzen, sind mit ihren entzückend gestalteten und vielfältig verzierten Fassaden eigentlich das einzig Heitere an Gent. Diese Stadt Gent, ca. 226 000 Einwohner, in Flandern, auf 27 Inseln im Zusammenfluss von Schelde und Leie angelegt, ist keine fröhliche Stadt, keine Stadt, die den Besucher mit freundlichen Bauten, mit einer Vielzahl lieblicher, verspielter Giebel und malerischer Gassen empfinge wie Brügge. In Brügge herrschte das ausschweifende, heitere Leben der Burgunder, Gent dage-

Gent — Schloß s'Gravensteen

Das Rathaus in Gent

gen war die Stadt der Grafen von Flandern, die Stadt der Ämter, der Gerichte, der Folter, Strafexpeditionen und Hinrichtungen.

Vor allem das Schloß s'Gravensteen (Grafenschoß) erscheint als eine in der Welt einzigartige Zwingburg gegen bürgerlichen Ungehorsam. Das Grauen, das mittelalterliche Folterknechte in seinem Gemäuer verbreiteten, mag heute noch in den düsteren Mauern stecken.

Dennoch ist das Genter Schloß, seit wenigen Jahren nach langer beispielhafter Restaurierung wieder in vollem Umfang zugänglich, eines der großartigsten Beispiele mittelalterlicher Festungsbaukunst. Kein anders Bauwerk verkörpert so sehr den totalen fürstlichen Machtanspruch gegenüber Untertanen wie diese auf drei Seiten vom Wasser der Leie umspülte fast 800 Jahre alte Schloß. Schön ist dieses Schloß nicht wirklich, aber ungemein eindrucksvoll, Furcht erregend. Das müssen selbst die Grafen von Flandern empfunden haben, denn schon im 14. Jahrhundert war ihnen das düstere Bauwerk zu düster. Sie ließen sich ganz in der Nähe eine neue Residenz bauen, den Prinsenhof. Fortan diente das Schloß, das nach dem Vorbild der Kreuzritterburgen in Syrien gebaut worden sein mag, nur noch als Folterstätte, als Gerichtshof.

Vom Prinsenhof, mit seinen 300 Räumen eine der prunkvollsten Anlagen der damaligen Zeit, blieb nichts als ein Torbogen und eine kleine Tafel an einer Haus-

Gent — Bekleideter Adam vom Genter Altar

So schön kann man draußen sitzen und genießen

wand in der Mirabellostraat. Sie erinnert daran, dass vor mehr als 500 Jahren, am 24. Februar 1500, hier im Prinsenhof Karl V. geboren wurde, der zum mächtigsten Kaiser der Welt aufstieg. In seinem Reich ging die Sonne nie unter, war er doch auch König von Spanien und als solcher Herr über weite Teile Südamerikas. Er soll seine Heimatstadt Gent nicht sehr geliebt haben und ging auch nicht zimperlich um mit den stets aufsässigen Gentern.

Rund 250 Jahre später machte sich ein anderer Habsburger in Gent erst unbeliebt, dann lächerlich. Ausgerechnet Joseph II., der Aufklärer auf dem Habsburger Thron, nahm Anstoß an der biblischen Nacktheit von Adam und Eva auf Jan van Eycks berühmtem Genter Altar. Der Kaiser erzwang den Austausch der Bildtafeln gegen solche, die die Stammeltern paradiesischer Mode entsprechend in Fellkleidung zeigten. Erst fast 200 Jahre später konnten die Originale dem Altar wieder angefügt werden. Die bekleideten Duplikate hängen heute im Dämmerlicht als Anlass des

Schmunzelns über solche kaiserliche Prüderie nahe dem Ausgang in der St. Baafskathedrale (Sint-Bavo-Kathedrale).

Diese mächtigste unter den Genter Kirchen, eine gotische Festung Gottes, birgt in einer Seitenkapelle jenen Genter Altar, den Anfang des 15. Jahrhunderts Jan van Eyck geschaffen hat und der als die größte Kostbarkeit der altflämischen Malerei gilt. Als Albrecht Dürer seinerzeit Gent besuchte, diese „große und wunderliche Stadt", wie er sie nannte, machte er sich schnurstracks auf, um sich ihre größte Sehenswürdigkeit anzuschauen, eben jenes gemalte Wunder des Genter Altars. Dürer war im Genter Stadtteil „Kleine Turkije" nahe der Kathedrale abgestiegen, in einem Gasthof „Zum Roten Hut". Den Gasthof gibt es noch immer unter dem gleichen

Mittelstück des Genter Altars in der St. Baafskathedrale in Gent

Namen und auch die Straße heißt heute noch „Kleine Türkei". Der Name erinnert an die mittelalterliche Zunft der Gewürzhändler, eine der 53 Zünfte, deren Fleiß und Geschicklichkeit Gents Macht und Reichtum begründeten.

Gent, Turmlandschaft von der St. Michielsbrücke gesehen

Gasthöfe scheinen in Gent überhaupt ein langes Leben zu haben. Gegenüber dem in mehreren Jahrhunderten entstandenen Rathaus steht der Jorishof, seit 1228 bis heute Gasthaus, nach Genter Darstellung das älteste Europas. 1477 verlobten sich hier Maximilian von Österreich, der spätere Kaiser Maximilian I. und Maria von Burgund, die Tochter Karls des Kühnen. Sie wurden die Großeltern Karls V.

Zwischen der Kathedrale und der St. Niklaaskerk (St.-Nikolaus-Kirche) liegen Lakenhalle und Belfried. Dieser mächtige Turm, um 1300 erbaut, galt den Gentern damals als Symbol bürgerlicher Freiheiten. Die Landesherren, die Grafen von Flandern und deren Nachfolger bis hin zu Philipp II., für den die Niederländer nichts anderes als rohe Barbaren waren, haben das allerdings anders gesehen. Für sie war der Belfried die Demonstration bürgerlicher Unbotmäßigkeiten, die sie immer wieder blutig unterdrückten, wie Karl V. noch 1539. Im 17. Jahrhundert galt Gent neben Paris und Lüttich als revolutionsfreudigste Stadt in Europa. Mit St. Nikolaus und der Kathedrale gehört der Belfried zu einem in Europa einzigartigen Ensemble von Türmen. Geht man über die St. Michielsbrücke auf diese Gebäude zu, schreitet man geradewegs in ein mittelalterliches Gebirge von Türmen und Mauern hinein.

Irgendwann kehrt man bei einem Stadtbummel einmal ein zu Speis und Trank. Da ist es gut zu wissen, dass Gent eine besondere kulinarische Spezialität hat, die Waterzooi. Dieser Eintopf, mal mit Geflügelfleisch,

Gent, alte Hausgiebel

mal mit Fisch zubereitet, war früher das deftige Essen der ostflandrischen Bauern. Inzwischen ist es bis in die berühmte feine Küche Belgiens vorgedrungen.

Im Übrigen lebt in den vielen kleinen Lokalen der Stadt unter dem Balkenwerk niedriger Räume auf Speisekarten und in Weinkellern die Erinnerung an die Zeit der spanischen Habsburger oder der französischen Burgunder weiter. Bei Kerzenlicht und flackerndem Kaminfeuer folgen auf den Tischen die Kostbarkeiten aus dem Meer, von den saftigen Weiden, aus Gärten und Treibhäusern Flanderns.

Und das Trappistenbier, ein geheimnisvoll gefährliches Gebräu nach alter Ordensart entstanden, ist schon manch einem Unmäßigen zum Verhängnis geworden. Er sah dann schon den goldenen Drachen auf dem 91 Meter hohen Belfried Feuer speien. So wie es früher war, wenn einer der Mächtigen in Gent ein Fest zu feiern hatte und einfach Eimer mit brennendem Pech an dem Drachen aufgehängt wurden.

Gent strahlt viel Lebensfreude aus

Gent, der goldene Drache auf dem Belfried

WER WAR'S?

Kaum zu glauben, aber wahr! Bis heute steht für die Fachleute in aller Welt nicht einwandfrei fest, wer das berühmteste Gemälde des Mittelalters gemalt hat, von dem der Kardinal Luis von Aragon 1571 geschrieben hat, es sei „das schönste Werk der Christenheit".

Die Rede ist vom so genannten Genter Altar, einem gewaltigen, aus 20 bemalten und zueinander gehörenden Holztafeln bestehenden Werk. Mit seinem vollen oder offiziellen Namen heißt es „Die mystische Anbetung des Lammes". Es ist ganz im Stil der Gotik des späten Mittelalters eine Art umfassende Hymne auf die Heilsgeschichte.

HIGHLIGHT!

Bis 1823 stand es außer Zweifel, dass Jan van Eyck dieses Meisterwerk spätgotischer Malerei geschaffen hatte. Es war für Betrachter der damaligen Zeit einfach „das edelste Bild, das von Johannes (van Eyck) gemalt worden ist" und das einem Brauch der damaligen Zeit entsprechend einfach nur als der „Altar des Josse Vijd" bezeichnet wurde. Josse Vijd war der Stifter, der Auftraggeber.

Aber bei einer Restaurierung im Jahre 1823 fand man eine kleine, in lateinischer Sprache abgefasste Inschrift, die besagte, im Auftrag des Jodocus Vijd habe Hubert van Eyck, der „größte unter den Malern", die Mühe der Herstellung auf sich genommen und ihm sein Bruder Johannes, „arte secundus", in der Kunst der zweite also, dabei geholfen und es schließlich fertig gestellt.

Die Fachwelt war zunächst verwirrt. Wer war Hubertus van Eyck? Und was hat er sonst noch gemalt? Warum wusste man nichts von einem Mann, der ein solch gewaltiges Bildwerk geschaffen hatte?

Alsbald begann man aber tatsächlich, Hubertus van Eyck als den eigentlichen Urheber des gigantischen Gemäldes zu betrachten. Plötzlich erkannte man – oder glaubte zu erkennen –, dass zwischen einzelnen Tafeln Stilbrüche in der Maltechnik sowie in der Konzeption zu finden waren. Sollte Jan van Eyck, der berühm-

Gent — Jan van Eycks Genter Altar von 1432

teste unter den so genannten Flämischen Primitiven, der wegen seiner Kunst hoch angesehene, ja verehrte Künstler nur der zweite neben einem Unbekannten sein?

Man fand nach und nach heraus, dass der im limburgischen Maaseik geborene Jan tatsächlich einen Bruder Hubertus gehabt hatte. Man erfuhr schließlich auch, dass dieser Hubertus in Gent gelebt hatte und nach seinem Tod 1426 wohl in einer Seitenkapelle der St.-Baafs-Kathedrale begraben worden war. Sonst wusste man nichts über diesen Mann, der angeblich das berühmteste Gemälde des ausgehenden Mittelalters geschaffen hatte. Man wusste weder, wann er geboren war, ob er also älter oder jünger als sein Bruder war, man konnte trotz intensiver Nachforschungen nirgendwo ein anderes von ihm gemaltes Bild finden, auch hatte man keinen Hinweis darauf, für welche Auftraggeber er gearbeitet haben könnte. So schälte sich allmählich ein Verdacht heraus, der für manche Kunsthistoriker heute Gewissheit ist und der dem ganzen Streit eine humoreske Note gibt. Könnte dieses Täfelchen mit der lateinischen Inschrift nicht möglicherweise eine Fälschung, eine bewusste Irreführung sein?, fragten allmählich immer mehr Fachleute, für die die Einheitlichkeit der Konzeption und der Ausführung außer Zweifel standen.

Gent, Jodocus Vijd, Stifter des Genter Altars

Gent — der Altar im geschlossen Zustand

Was könnte hinter einer solchen Täuschung stecken? Eigentlich nur so etwas wie der Konkurrenzneid zwischen den beiden Städten Gent und Brügge. Gent war 1432, als der Altar fertig war und aufgestellt wurde, eine wirtschaftlich zwar bedeutende Stadt, die auch als Verwaltungszentrum der Grafschaft Flandern und als Gerichtsort politische Bedeutung hatte, doch war sie, obwohl größer, in keiner Weise mit Brügge zu vergleichen. Brügge stand damals als Residenzstadt der Großen Herzöge von Burgund auf dem Höhepunkt seiner wirtschaftlichen und politischen Macht und des kulturellen Glanzes.

Die Herzöge, vor allem der damals regierende Philipp der Gute, zogen die besten Künstler der damaligen Zeit an ihren Hof. Gent stand ganz einfach im Schatten von Brügge. Der bedeutendste Künstler am Hof Philipps war Jan van Eyck. Er war darüber hinaus nicht nur Maler, sondern auch Diplomat im Dienste seines Herren, so wie das später übrigens auch beim Antwerpener Peter Paul Rubens der Fall war.

Jan van Eyck war von seinem Herzog mit der delikaten Aufgabe betraut worden, für ihn nach Portugal zu reisen, um die Ehe mit der portugiesischen Prinzessin Isabella zu arrangieren. Dass er diesen Auftrag erfolgreich durchgeführt hat, steigerte noch seinen Ruhm.

So hätte es nahe liegen können, glaubten kritische Beobachter allmählich und vertreten auch heute noch diese Meinung, dass man ein wenig vom Glanz und vom Ruhm Brügges und seines bedeutendsten Künstlers Jan van Eyck auf seinen Bruder und damit auf dessen Stadt Gent lenkte. Der Name van Eyck blieb ja auf solche Weise in jedem Fall mit dem Werk verbunden.

Man wird wohl nie mit letzter Sicherheit herausfinden können, wer nun den Genter Altar zwischen 1420 und 1432 geschaffen hat: die beiden van Eyck-Brüder zusammen oder nacheinander oder – wie heute weitgehend angenommen wird – tatsächlich Jan allein.

Diese Diskussionen und letztlich Unsicherheiten über die Urheberschaft am Genter Altar reihten sich würdig ein in eine lange Reihe von Schicksalsschlägen,

Genter Altar — die gerechten Richter, die gestohlen wurden und vom Maler Vandervecke neu gemalt wurden

denen das berühmteste Gemälde Belgiens aus dem Spätmittelalter bis in die jüngste Zeit ausgesetzt war. Das begann mit der Forderung Philipps II. von Spanien, der die Herausgabe des Bildes verlangte mit der Begründung, sein Vater, Karl V. habe seinerzeit eine beträchtliche Summe für die Genter Kathedrale gespendet. Tüchtigen Domherren gelang es damals, den König mit einer eilends – innerhalb von zwei Jahren – angefertigten Kopie zufrieden zu stellen. 1566 kam es in Gent zu Unruhen durch die Bilderstürmer. In letzter Minute wurde der Altar mit einer Seilwinde in der höchsten Spitze des Kirchturms beim Schalloch versteckt. Die Glaubensrebellen haben ihn jedoch gefunden und gestohlen, um ihn Königin Elisabeth I. von England zu schenken. Erst 1586 kam der Altar an seinen ursprünglichen Platz zurück.

Gent, Elisabeth Vijd, die Ehefrau des Stifters

Dann betrat Josef II. die politische Bühne und alsbald auch die zu seinem Reich gehörende Stadt Gent. Empört über die paradiesische Nacktheit, mit der sich Adam und Eva auf den beiden obersten Bildtafeln in der Kirche zeigten, befahl er sofort deren Entfernung. Es wurden jedoch Kopien angefertigt, auf denen die Stammeltern züchtig in Fellkleidung dargestellt sind.

1794 beschlagnahmten französische Revolutionstruppen den Mittelteil des Altars und schafften ihn nach Paris ins Musée

Genter Altar — Päpste und Bischöfe

Genter Altar — triumphierender Christus

Napoleon. 1815, nach dem Sturz des Kaisers, sorgte der preußische Marschall Blücher persönlich dafür, dass der Altar nach Gent zurückkam.

Als sich 1816 der Bischof von Gent auf Reisen befand, verkaufte ein Kanonikus sechs Tafelbilder nach Berlin, wo sie in die Sammlungen des Königs von Preußen kamen. Ende des Ersten Weltkriegs wurde im Versailler Friedensvertrag bestimmt, dass die in Berlin befindlichen Tafeln des Altars an Belgien, nach Gent, zurückgegeben wurden.

Das war kaum geschehen, passierte dem Altar neues Ungemach. 1934 wurden zwei Bilder gestohlen: „Die Gerechten Richter" und „Johannes der Täufer". Das Johannesbild fand sich im Schließfach eines Brüsseler Bahnhofes wieder, die „Gerechten Richter" sind bis heute verschollen. An ihrer Stelle befindet sich jetzt eine Kopie im Altar.

Genter Altar — Johannes der Täufer

Anfang des Zweiten Weltkriegs wurde der Altar abermals aus Gent entfernt und in einem Schloss im südfranzösischen Pau versteckt. Von dort aus wurde er durch einen Beauftragten der Vichy-Regierung an die deutsche Besatzung ausgehändigt, die ihn erst nach Neuschwanstein, dann in einen Salzstollen nach Bad Aussee brachte.

Nach Kriegsende kam der Altar dann zunächst in die Werkstatt eines Restaurators und schließlich wieder an seinen ursprünglichen Platz. Damit ist der Genter Altar das einzige große Kunstwerk des Mittelalters, das heute noch an seinem ursprünglichen Platz steht.

GENT IM ÜBERBLICK

Gent, Hauptstadt der Provinz Ostflandern, alte Residenz- und Verwaltungsstadt der Grafen von Flandern. Nach Antwerpen und Zeebrügge Belgiens drittgrößte Hafenstadt.

Gent liegt am Zusammenfluss von Schelde und Leie und gehörte im Mittelalter mit Brügge und Ypern zu den drei wichtigsten Tuchmacher- und Tuchhandelsstädten Flanderns. Nach Paris war Gent im Mittelalter die mächtigste und größte Stadt Europas, das „Manhattan des Mittelalters", wie oft gesagt wird. Politisch ist die mittelalterliche Geschichte Gents geprägt durch den starken Freiheitssinn der Bürger, durch den sie immer wieder in Auseinandersetzungen mit den Grafen von Flandern als Landesherren gerieten. Matthäus Merian, berühmter Reisender im 17. Jahrhundert, hat Gent mit Paris und Lüttich zu den drei revolutionsfreudigsten Städten Europas gezählt. Vielleicht kommt es nicht von ungefähr, dass in einer solchen Stadt, deren Bürger als ausgesprochen rebellisch galten, s'Gravensteen entstand, das trutzigste und düsterste Schloß Flanderns, das vor allem als Verlies, Folter- und Gerichtsstätte jahrhundertelang einen traurigen Ruhm hatte. Ganz gleich, wer in Gent und über Gent das Sagen hatte – die Stadt hat sich immer gegen die Obrigkeit gestellt. Mal anglophil, mal frankophil spielte Gent die beiden Mächte immer geschickt gegeneinander aus. Auf dem Höhepunkt seiner Macht wurde der in Gent gebürtige Kaiser Karl V. ausgerechnet von den Bürgern seiner Heimatstadt 1539 herabgewürdigt. Natürlich hat sich der Kaiser gerächt. Zur Strafe für ihre Unbotmäßigkeit wurden alle männlichen Bewohner nur mit einem Hemd bekleidet und mit einem Strick um den Hals durch die Straßen der Stadt getrieben. Danach hat sich Karl nie mehr in seiner Geburtsstadt sehen lassen.

Im Zeitalter der triumphierenden katholischen Gegenreformation und der spanischen Monarchie war Gent eine republikanische und zeitweise calvinistische Stadt. Von Ludwig XIV. bis Napoleon war Gent antifranzösisch. Während der Belgischen Revolution hielt Gent zum Haus Oranien. So spiegelt Gent einen Querschnitt durch die europäische Geschichte.

Zwar gehört Gent unbedingt zu den so genannten Kunststädten Belgiens, doch die Stadt hat immer im Schatten von Brügge gelegen. Das mag zwei Gründe haben. Der Sturz Brügges von der strahlenden Residenz und Metropole, der wirtschaftlich mächtigsten Stadt Nordeuropas in die Jahrhunderte währende Bedeutungslosigkeit, war so jäh, dass man in Brügge nicht einmal daran denken konnte, am mittelalterlichen Stadtbild viel zu ändern. Dazu kommt, dass Brügge im Gegensatz zu Gent als kleinere der beiden Städte praktisch insgesamt aus einem wohl erhaltenen mittelalterlichen Bauensemble besteht. Demgegenüber sind die architektonischen Kostbarkeiten im großen Gent nicht so kompakt zusammenliegend, sondern mehr über die Stadt verstreut. Das ändert jedoch nichts daran, dass Gent eine der faszinierendsten und sehenswertesten Städte Mitteleuropas ist, in der es überreichlich großartige Sehenswürdigkeiten für die Besucher gibt.

Gent sei eine der schönsten historischen Städte Europas, hat der ehemalige französische Ministerpräsident François Mitterand 1983 anlässlich eines Besuches der ostflandrischen Metropole gesagt. Das gilt immer noch und sollte Grund genug sein, sich wenigstens einen ganzen Tag in dieser kaiserlichen Stadt aufzuhalten.

Sehenswert:

- Sint-Baafs-Kathedrale, meist mit dem französischen Namen St. Bavo genannt, im romanischen Stil um 1228 begonnen, von hochgotischem und spätgotischem Stil geprägt; im Inneren in der Vijd-Kapelle der Genter Altar des Jan van Eyck, 1432 fertig gestellt.
- Ein weiteres kostbares Kunstwerk im Inneren der Kirche ist Rubens' „Bekehrung der heiligen Bavo".
- Vom 82 Meter hohen Turm der Kathedrale großartige Aussicht über die Stadt.
- s'Gravensteen, das Grafenschloss, um 1180 nach dem Vorbild syrischer Kreuzfahrerburgen errichtet, eine der düstersten und wehrhaftesten Wasserburgen Europas, im Wasser der Leie stehend; in den letzten Jahren hervorragend restauriert, lohnende Besichtigung, prachtvoller Ausblick auf Gent von den Zinnen.
- St. Veerleplein, altertümlicher Platz vor dem Aufgang zum Schloß. Hier fanden vom 15. bis 18. Jahrhundert die öffentlichen Hinrichtungen durch Enthauptungen, Töten in siedendem Öl, Verbrennen auf dem Scheiterhaufen, vor allem durch die Inquisitionsgerichte, statt. Dies erfolgte im Beisein der weltlichen und kirchlichen Obrigkeit, mit Gottesdienst und feierlicher Prozession.
- Belfried, UNESCO-Welterbe, 95 Meter hoch, im 14. Jahrhundert gebaut, von einem goldenen Drachen gekrönt; klangschönes Glockenspiel mit 37 Glocken, die berühmteste davon ist die Klokke Roeland.
- Rathaus, teilweise gotischer Flamboyantstil, teils einfache Renaissance; die Nordfassade gilt als eine der schönsten gotischen Architekturwerke Belgiens.
- Tuchhalle, 1425 an den Belfried angebaut.
- St. Niklaaskerk, Musterbeispiel der Scheldegotik, seit Jahren im Inneren nur beschränkt zugänglich aufgrund umfassender Restaurierungsarbeiten.
- Turmblick von der Michielsbrücke: Von der größten Brücke Gents hat man einen unvergleichlichen Blick auf die drei wichtigsten Türme der Stadt: den Turm der Kathedrale, den Belfried und den Turm von St. Niklaas.
- Graslei und Korenlei, der alte Binnenhafen von Gent. Auf beiden Seiten der Leie zahlreiche kostbare mittelalterliche Häuser, heute beliebter Treffpunkt mit vielen Restaurants, Bistros und Cafés.
- Große Fleischhalle aus dem 16. Jahrhundert. Schon damals durfte aus hygienischen Gründen nur hier geschlachtet und Fleisch verkauft werden.
- Vrijdagsmarkt, wichtigster Platz in der Geschichte der Stadt, wo es immer wieder zu teilweise gewalttätigen Protesten und Demonstrationen kam.

- Patershol, renoviertes mittelalterliches Wohnviertel der „kleinen Leute", Stadtviertel mit zahlreichen reizvollen (und teuren) Kneipen und Restaurants.
- Drei Beginenhöfe: alter Beginenhof St. Elisabeth; kleiner Beginenhof O. L. Vrouw Ter Hooie; großer Beginenhof, etwas außerhalb der Stadt.

Veranstaltungen:

- Genter Festwoche, zehn Tage, Mitte Juli; Festival von Flandern im September/Oktober; Patersholfeesten, Altstadtfest im Patersholviertel im August; Internationales Filmfestival von Flandern-Gent im Oktober.
- Märkte: Flohmarkt, freitags, samstags und sonntags an der St. Jakobskirche; Blumenmarkt, täglich auf dem Kouter; Vögel und kleine Haustiere, sonntags auf dem Vrijdagsmarkt.
- Genter Floralien, große Blumenausstellung in der letzten Aprilwoche.
- Besonderes: Stadtrundfahrten mit Booten auf der Leie ab und bis Grasmarkt.

Leckere Spezialitäten:

- Waterzooi von Flussfischen;
- Junges Kaninchen mit Backpflaumen;
- Genter Schafsragout.

Infos: Genter Fremdenverkehrsamt
Verwaltung
Predikherelei 2
B-9000 Gent
Tel.: 0032-9-266 56 60
Fax: 0032-9-266 56 73
E-Mail: toerisme@gent.be

Information
Botermarkt 17a
B-9000 Gent
Tel.: 0032-9-266 52 32
Tel.: 0032-9-266 52 33
Tel.: 0032-9-266 52 34

Gent — Stadtbesichtigung vom Wasser aus

TIPP

Gute Adressen am Wegesrand

GENT

Hotel-Restaurant Sint Jorishof, neben dem Rathaus in einem historischen Gebäude; von 1228 ununterbrochen als Gasthaus/Hotel genutzt.
Botermarkt 2
B-9000 Gent
Tel.: 0032-9-224 24 24
Fax: 0032-9-224 26 40
E-Mail: info@courstgeorges.com
www.courstgeorges.com

Hotel Gravensteen
Jan Breydelstraat 35
B-9000 Gent
Tel.: 0032-9-225 11 50
Fax: 0032-9-225 18 50
E-Mail: hotel@gravensteen.be
www.gravensteen.be

Hotel Erasmus
in einem Komplex aus dem 17. Jahrhundert
Poel 25
B-9000 Gent
Tel.: 0032-9-224 21 95
Fax: 0032-9-223 42 41
E-mail: hotel.erasmus@proximedia.be
www.erasmushotel.be

Jugendherberge De Draecke
Sint-Widostraat 11
B-9000 Gent
Tel.: 0032-9-233 70 50
Fax: 0032-9-233 80 01
E-Mail: gent@vjh.be

Camping Blaarmeersen,
ein Vier-Sterne-Campingplatz im Grünen und am Wasser
Zuiderlaan 12
B-9000 Gent
Tel.: 0032-9-266 81 60
Fax: 0032-9-266 81 66
www.gent.be/blaarmeersen

Restaurant Georges,
eines der besten flämischen Fischlokale
Donkersteeg 23
B-9000 Gent
Tel.: 0032-9-225 19 18
Fax: 0032-9-225 68 78

Restaurant Jan Breydel,
Spitzenrestaurant in der Altstadt
Jan Breydelstraat 10
B-9000 Gent
Tel.: 0032-9-225 62 87
Fax: 0032-9-269 05 34
E-Mail: janbreydel@belgacom.net

Restaurant Valentijn,
Genter Spezialitäten, hervorragende Fischgerichte
Rode Koningstraat 1
B-9000 Gent
Telefon und Fax: 0032-9-225 04 29
www.restaurantvalentijn.tk

Galgenhuisje
Gents ältestes Café
Groentenmarkt 5
B-9000 Gent
Tel.: 0032-9-233 42 51

DAMEN

Route 11

MIT REINEKE FUCHS NACH ANTWERPEN

DIE GESCHICHTE VON REINEKE FUCHS ODER DEM FUCHS REYNAERT

Diese mittelalterliche Fabel ist in Deutschland spätestens durch Goethes 1794 verfasste Geschichte von Reineke Fuchs ein Begriff. Doch was Goethe seinerzeit aufgriff und in Prosaform verarbeitete, war die bereits im 13. Jahrhundert in den Niederlanden überaus populäre Fabel, die erstmals wohl durch einen aus Lübeck stammenden Dichter unter das Volk gebracht wurde.

Diese Geschichte spielt sich im Scheldeland zwischen Gent und Antwerpen ab, dem so genannten Waasland.

Als Fabel erzählt sie anhand der Gestalt des Bösewichtes, des Fuchses Reynaert, beispielhaft Ereignisse, die sich damals wie heute unter den Menschen abspielen. Doch damals war es lebensgefährlich, solche Dinge offen beim Namen zu nennen. Die Mächtigen sowie ihre Freunde und Verbündeten hätten Kritiker sofort mundtot gemacht.

Im Königreich der Tiere, das im Waasland zwischen Gent und Antwerpen angesiedelt war, herrschte große Aufregung. Immer wieder hatten sich die Tiere über Reineke oder Reynaert wegen seiner Übergriffe beim König der Tiere, dem Löwen Nobel, beschwert. Der Wolf Isegrim trug vor, dass Reynaert die Wölfin Hersind vergewaltigt hatte, der Hahn Canteclaer schleppte sein totes Huhn Coppe zum König und beschuldigte den Fuchs, es totgebissen zu haben. Nun musste gehandelt werden.

Nobel, der König, berief eine Versammlung ein und lud den Fuchs vor, damit er sich verantworten sollte. Doch Reynaert zog es wohl-

Hulst (NL) — die Tiere klagen den Fuchs an

St. Niklaas, das Reynartdenkmal

weislich vor, nicht zu erscheinen. Der König schickte nacheinander den Bären Bruun, den Kater Tibeert und den Dachs Grimbart los, um Reynaert zu holen. Der schlaue Fuchs lockte jedoch den Bären und den Kater in Fallen. Als schließlich der Dachs Grimbart als Bote bei Reynaert erschien, machte der Fuchs sich mit ihm auf zum König und beichtete unterwegs Grimbart seine Sünden. Am Hofe wurde der Fuchs zum Tode verurteilt, Bär, Wolf und Kater sollten den Galgen vorbereiten.

Währenddessen vermochte der Fuchs den König zu seinen Gunsten umzustimmen, indem er ihm vorgaukelte, Bär und Kater hätten einen Umsturz geplant.

Er, der Fuchs habe diesen Umsturz, der den Bären Bruun auf den Thron bringen sollte, vereitelt, indem er den für die Aktion notwendigen Schatz entwendet habe. Er bot dem König an, ihm diesen Schatz zu zeigen und auszuhändigen.

Der Rabe Tiecelijn hörte alles mit und flog los, um die drei „Verschwörer" zu warnen. Daraufhin gab Tibeert auf. Bär und Wolf, die zurückkamen um zu melden, dass der Galgen fertig wäre, wurden als Verschwörer in Ketten gelegt. Der Fuchs begab sich in Begleitung des Hasen Cuwaert und des Widders Belijn auf eine Pilgerreise nach Rom.

Unterwegs kehrten sie in der Fuchsburg Malepartus ein. Dort tötete Reynaert den Hasen Cuwaert und fraß ihn auf. Er legte den Hasenkopf in eine Tasche und schickte den Widder damit an den Königshof.
Als der König auf diese Weise von der Untat erfuhr, kam der Betrug des Fuchses ans Tageslicht. Bär und Wolf wurden frei gelassen und durften auf alle Zeiten andere Tiere jagen, der Fuchs wurde für vogelfrei erklärt. Dieser so genannte Königsfriede gilt bis heute.

DIE ROUTE „MIT REINEKE FUCHS NACH ANTWERPEN" IM ÜBERBLICK

Die etwa 60 Kilometer lange Route hat folgenden Verlauf:
Gent – Lochristi – Hijfte – Zaffelare – Wachtebeke – Klein-Sinaai – Daknam – Lijsdonk – Sinaai – Belsele – Sint-Niklaas – Temse – Steendorp – Rupelmonde – Bazel – Antwerpen.

Die Route ist weitgehend identisch mit der Reynaert-Route, einer touristischen Route, die am Stadtrand von Gent beginnt und am Stadtrand von Antwerpen endet. Sie führt durch jenes Scheldeland, in dem der Reisende zwischen Gent und Antwerpen auf Schritt und Tritt, oder bei jeder Radumdrehung, den Spuren der uralten Geschichte begegnet – der Geschichte vom Fuchs Reynaert. Die Reynaert-Route verbindet die interessantesten Orte, die in der Fabel bereits erwähnt werden und wo in den letzten Jahren durch verschiedene Künstler als Attraktion für den Tourismus Szenen und Gestalten aus dieser Fabel nachgebildet und aufgestellt wurden.

Sie ist als Autoroute ausgeschildert, doch kann sie anhand der oben genannten Eckpunkte ohne Weiteres auch mit dem Fahrrad befahren werden.

Nicht zuletzt wegen der vielen originellen Figuren aus der Fabel, die in den einzelnen Orten zu sehen sind, ist diese Route besonders für Eltern mit etwas älteren Kindern geeignet, die schon verstehen können, dass die Begebenheiten einer solchen Fabel nur Umschreibungen für wirkliches Geschehen im Leben der Menschen sind.

Ausgangspunkt für diese Route ist **Lochristi**, eine Kleinstadt, die vor allem als Blumenort bekannt ist. Da hier vor allem Begonien gezüchtet werden, wird Lochristi oft Begonienstadt genannt. Zahlreiche Blumengärtnereien mit ihren Blumenfeldern und Treibhäusern bestimmen das Ortsbild.

Sehenswert: Sint-Niklaas-Kirche von 1295. Vor der Kirche steht eine unübersehbare Fuchsplastik. Reynaert steht hoch aufgerichtet über den Köpfen der Verschwörer, die nach der Fabel geschworen haben sollen, den Bären an Stelle des Löwen Nobel zum König zu wählen.

Hijfte, gehört zu Lochristi und wird mit seinem heutigen Namen bereits in der Fabel erwähnt als der Ort, den die Verschwörer Bär, Wolf und Kater auf einer Wanderung erreichten und wo sie die zur Verschwörung führende Versammlung abhielten.

Klein-Sinaai, ein Denkmal und der Name „Klosterstraat" für eine Straße im Ort erinnern an die einst große und bedeutende Abtei von Boudelo, die hier gestanden hat. Es war eine Benediktinerabtei, die von Mönchen der Genter Sint Pietersabtei 1197 gegründet wurde.

Nach flämischer Überlieferung in diesem Herzstück des Reynaert-Landes soll möglicherweise der Laienbruder Willem van Boudelo der Verfasser der ersten Reynaert-Fabel gewesen sein, während andere

Historiker der niederländischen Sprache und Literatur der Meinung sind, der Verfasser sei aus Lübeck gekommen.

Daknam. Hier war nach der Fabel die Residenz des Königs der Tiere, Nobels des Löwen. Möglicherweise spielt da die historische Tatsache hinein, dass sich im Mittelalter in Daknam ein Jagdschloss der Grafen von Flandern befunden haben soll. Unter einer alten Linde lädt die „Huhn-Colle-Bank" Vorbeikommende ein, zu rasten und über Reynaert nachzudenken. Der Fuchs hatte sich als Pilger verkleidet und überredete den Hahn Canteclaer, den Hof, auf dem er und die Hühner geschützt waren, zu verlassen. Daraufhin richtete der Fuchs ein Blutbad an.

Infos für die zuvor erwähnten Orte:
Toerisme Waasland
Grote Markt 45
B-9100 Sint Niklaas
Tel.: 0032-3-760 92 62
Fax: 0032-3-760 92 61
E-Mail: info.waasland@oost-vlaanderen.be
www.toerismewaasland.be

Sint-Niklaas, Hauptort des Waaslandes. Obwohl der Ort sehr alt ist, erhielt er doch erst 1804 durch Napoleon Stadtrechte. Sint-Niklaas kann sich rühmen, Belgiens größten Marktplatz zu besitzen, auch wenn dieser Platz im 19. Jahrhundert durch den Bau des Rathauses und der Liebfrauenkirche etwas an Umfang verlor.

Sehenswert:

- Fremdenverkehrsamt im ehemaligen Gefängnis, der „Cipierage".
- Mehrere Art-déco-Gebäude wohlhabender Tuchfabrikanten; Mercator-Museum mit zahlreichen seltenen Karten sowie Erd- und Himmelsgloben.
- Internationales Ex-Libri-Museum mit 800 Exlibris über den Fuchs Reynaert.
- In der Parklaan eine große Reynaert-Figur, die den Fuchs im Pilgergewand zeigt, wie er reumütig vom Hof Abschied nimmt, um auf Bußwallfahrt nach Rom und ins Heilige Land zu gehen; Freizeitgelände „De Steer" mit Figurengruppe aus der Reynaert-Fabel: Der Fuchs Reynaert und der Hahn Cantecleer sowie der Dachs Grimbart vor Löwen und Löwin als Königspaar. Der verräterische Rabe Tiecelijn hängt am Galgen.

Infos: Toerisme Sint-Niklaas
Grote Markt 45
B-9100 Sint-Niklaas
Tel.: 0032-3-760 92 60
Fax: 0032-3-770 92 61
E-Mail: toerisme.@sint-niklaas.be
www.sint-niklaas.be

Rupelmonde, Geburtsort des berühmten Kartographen Gerard Mercator, der hier als Gerard De Cremer 1512 geboren wurde.

Sehenswert:

- Turm „Graventoren", Überrest der einstigen gräflichen Burg, die auch Archiv und Gefängnis für Flandern und das Waasland war.
- Einzigartige spanische Gezeitenmühle auf der Mercatorinsel in der Schelde.

Infos: Toerisme Waasland
Grote Markt 45
B-9100 Sint-Niklaas
Tel.: 0032-3-760 92 62
Fax: 0032-3-760 92 61
E-Mail: info.waasland@oost-vlaanderen.be

Aktivitäten:

- Radfahren auf der „Reynaert-Route";
- Schiffsausflüge auf der Schelde von Rupelmonde oder Temse aus.

Veranstaltungen:

- Sint-Niklaas, Ballonfestival am ersten Septemberwochenende.
- Rupelmonde, spanisches Viertel auf der Mercatorinsel während der Sommermonate.

Gent
Fahrradverleih (Fietsenverhuur)
Station (Bahnhof) Gent Sint-Pietersstation
Maria Hendrikaplein
B-9000 Gent
Tel.: 0032-9-241 22 24
die Räder können in Antwerpen beim Bahnhof wieder zurückgegeben werden.

TIPP

Gute Adressen am Wegesrand

SINT-NIKLAAS:
Hotel Serwir
Koningin Astridlaan 57
B-9100 Sint-Niklaas
Tel.: 0032-3-778 05 11
Fax: 0032-3-778 13 73

Schlosshotel Torenhof
Nieuwkerkenstraat 80
B-9100 Sint-Niklaas
Tel.: 0032-3-778 17 75
Fax: 0032-3-766 49 86

Restaurant Den Silveren Harynck
Grote Baan 51
B-9100 Sint-Niklaas
Tel.: 0032-3-777 50 62
www.densilverenharynck.be

Route 12

Ausklang in Antwerpen und dem Pallieterland

Antwerpen

Dieser Turm sei so schön, soll Napoleon einst gesagt haben, dass er in ein Futteral eingehüllt gehöre und nur zu besonderen Festtagen der Öffentlichkeit gezeigt werden dürfe.

Highlight!

Der als so kostbares Kunstwerk eingeschätzte Turm ist der Turm der Liebfrauenkathedrale zu Antwerpen. Der wie ein zartes Filigrangebilde aus Sandstein aufgemauerte 123 Meter hohe Turm ist das Wahrzeichen der Stadt an der Schelde schlechthin. Ganz gleich, von wo man sich Belgiens größter und Europas zweitgrößter Hafenstadt nähert, ganz gleich von wo man über Antwerpen schaut – der Turm überragt alles, der Turm beherrscht die Stadt.

Antwerpen, alte Zunfthäuser am Grote Markt

Antwerpen, was für ein Name! Wo soll man beginnen, diese Stadt kennen zu lernen? Beginnt man bei der Kathedrale, die damals bei ihrer Fertigstellung im 16. Jahrhundert das größte gotische Bauwerk der Niederlande war? Soll man als Erstes dem größten Sohn der Stadt seine Reverenz erweisen, dem Malerfürsten Peter Paul Rubens? Oder setzt man sich einfach in ein Ausflugsschiff der Reederei „Flandria" und schaut sich die Silhouette der Stadt vom Wasser aus an? Es gibt so viele Möglichkeiten.

Die Kathedrale zu Antwerpen. Gemälde von Domenico Quaglio, 1820.

Am besten steuert man das Herz der Stadt an, nicht die großartigen Prachtstraßen mit ihren Geschäften, die Keyserlei und den Meir, auch nicht die Partien um die Kathedrale. Nein, der Grote Markt vor dem Rathaus sollte das erste Ziel sein. Und zwar am Abend.

Jetzt ist der prachtvolle Renaissancebau des Rathauses vom Licht Dutzender Scheinwerfer angestrahlt, sodass der Riese Antigonus auf seinem Brunnen durch den Schatten ins Unermessliche wächst. Und die taghell angestrahlten alten Zunfthäuser rund um den Grote Markt, die gute Stube der Stadt, wirken jetzt wie alte Damen, deren einziger Lebensinhalt darin besteht, von der guten alten Zeit zu schwärmen.

Antwerpen — kostbare Ziergiebel am Grote Markt

Antwerpen, 461 000 Einwohner, ist schwer zu fassen. Allzu viel ist hier geschehen, hat sich durcheinander entwickelt. Burgunder und Österreicher, Spanier, Engländer, Franzosen und Deutsche haben hier geherrscht, gebaut, zerstört, manchmal auch gewütet, jedenfalls ihre Spuren hinterlassen. Wie die Spanier, denen die Antwerpener bis heute ihren Spitznamen „Sinjoren" verdanken, auf den sie übrigens recht stolz sind. Er stammt aus dem 16. Jahrhundert, dem goldenen Zeitalter der Scheldestadt, als die unter spanischer Herrschaft stehende Metropole eines der kulturellen und wirtschaftlichen Zentren der damaligen Welt war. Die Antwerpener galten als stolz, elegant und selbstbewusst, so, wie spanische „señores" eben.

Antwerpen — Brabobrunnen vor dem Rathaus

Wenn Steine reden könnten, würde ganz Antwerpen wohl widerhallen von den Klagen, die etwa in die Mauern des Steen geschrien wurden. Der Steen ist das älteste Bauwerk der Stadt, das an der Schelde steht, unübersehbar, gleich an der Abfahrtsstelle der Ausflugsschiffe für die große Hafenrundfahrt. Schon im 9. Jahrhundert gebaut, war der düstere Bau nacheinander Burg der Grafen von Flandern, Gefängnis, Folterkeller, Richtstätte. Die düstersten Erinnerungen verbinden sich mit dem Bauwerk, seiner Kapelle, den berüchtigten Verliesen in der Zeit, da der Steen in Antwerpen Sitz der spanischen Inquisition für die gesamten Niederlande war.

Heute befindet sich das belgische Schifffahrtsmuseum im Steen, es soll das meistbesuchte Museum Belgiens sein. Vielleicht

Antwerpen, alte Festung Steen

verständlich in einer Stadt, die ohne Schifffahrt, ohne ihren Hafen nicht denkbar wäre. Dabei fing das alles eigentlich ganz bescheiden an. Im 8. Jahrhundert gab es eine erste Siedlung an der Schelde, die übrigens von hier aus noch fast 100 Kilometer braucht, um die offene Nordsee zu erreichen. Sie wurde zerstört und wieder aufgebaut.
Die große Zeit begann Ende des 15. Jahrhunderts, als der spätere Kaiser Maximilian I., damals noch österreichischer Kronprinz, sich mit der stolzen Stadt Brügge überwarf und wichtige Handelsprivilegien auf Antwerpen übertrug.

Als dann sein Enkel, Karl V., den Thron Habsburgs und Spaniens bestieg, den seine Mutter Johanna von Kastilien, genannt die Wahnsinnige, den Österreichern eingebracht hatte, wuchs Antwerpen zum wichtigsten Verbindungshafen zwischen der Alten Welt und Südamerika. Die Folge war unermesslicher Reichtum der Stadt und ihrer Kaufleute.

Allerdings hat die spanische Inquisition mit den Bluttruppen des spanischen Herzogs Alba nirgends schrecklicher gewütet als in Antwerpen. Zu Tausenden flüchteten die Antwerpener. Unter ihnen war auch der Advokat Jan Rubens mit seiner Frau.

In Siegen in Westfalen wurde ihr Sohn Peter Paul geboren, der als Zehnjähriger nach Antwerpen kam. Sein Haus, das

Antwerpen — Rubenshaus

Antwerpen, im Rubenshaus

Rubenshaus im Zentrum der Stadt, gehört zu den großen Sehenswürdigkeiten der Scheldestadt. Seine Architektur, die harmonische Verbindung eines flämischen Bürgerhauses und eines italienischen Herrenhauses, ist einmalig, ebenso wie der berühmte Patio und der Garten, aber natürlich auch das Innere mit seiner zum Teil noch erhaltenen Originaleinrichtung.

Antwerpen, Kreu nahme von P. P. Rubens, Detail de Altargemäldes in Liebfrauenkathea

Wohl niemals vorher und nachher hat sich ein seriöser Künstler ein solches Haus leisten können wie der Malerfürst Rubens, der ja nicht nur Maler war, sondern auch Kunstsammler und -sachverständiger, Diplomat und eben – Millionär.

Längst hat man in Antwerpen einen Rubenspfad ausgeschildert, der die Besucher zu den wichtigsten Stätten aus dem Leben des Meisters führt, vor allem zum Rubenshaus und dem Plantin-Moretus-Museum. Vor allem aber führt dieser Weg zu den verschiedensten Kirchen der Stadt. Denn Rubens' Werke, heute in allen namhaften Museen der Welt zu finden, gibt es in Antwerpen natürlich auch in verschiedenen Museen zu sehen, vor allem aber in Antwerpens Kirchen. Und da steht die Kathedrale an erster Stelle. Vier große Rubensgemälde sind hier zu sehen, die beiden bedeutendsten davon sicherlich die Kreuzaufrichtung und die Kreuzabnahme, eines der ausdrucksstärksten, weil einfühlsamsten Werke, die der Maler

Antwerpen, Rubens' Atelier im Rubenshaus

geschaffen hat. St. Pauluskirche, Andreaskirche und St. Jakobskirche, in der sich Rubens' Grab befindet, sind wichtige Anlaufstationen, will man bei einem Stadtrundgang Rubens' Werke erleben.

Im Bahnhofsviertel setzt der kostbare Jugendstilbau des Hauptbahnhofes einen besonderen optischen Akzent. Er hat aber auch Verkehrsgeschichte gemacht. Die erste grenzüberschreitende Eisenbahnverbindung Europas war der „Eiserne Rhein", der zwischen Köln und Antwerpen verkehrte.

Mit ein paar Schritten ist man rasch in jenen Straßen, in denen die an ihrer Kleidung, Kopfbedeckung und Barttracht sofort zu erkennenden orthodoxen Juden das Straßenbild prägen. Hier ist die Pelikaanstraat das Herz des Diamantenviertels, das Antwerpen zur Welthauptstadt des Diamantenhandels und der Diamantenschleifer macht.

Antwerpenen — Diamanten, teure Träume und profane Handelsware zugleich

Antwerpen, Korrekturstube im Plantin-Moretus-Museum

Antwerpens Ruhm stehe auf drei Säulen, wird oft gesagt: dem Hafen, Rubens und den Diamanten. Seit etwa 20 Jahren muss eine vierte Säule dazugerechnet werden: die Mode. Antwerpen ist heute eine der wichtigsten europäischen Modestädte. Die meisten international bekannten belgischen Designer haben ihre Wurzeln in Antwerpen, wurden durch die heute weltberühmte Antwerpener Modeschule geprägt, einer Abteilung der Kunsthochschule der Stadt

Antwerpen ist eine bedeutende Modestadt

KÖNIG ALLER DRUCKER

Nur wenige Schritte vom lauten Treiben auf dem Groenmarkt und von der Kathedrale entfernt hat sich der Vrijdagsmarkt im Herzen von Antwerpen sein Gesicht aus alter Zeit bewahrt. Es ist ein trüber Herbsttag, als wir ihn erreichen, genau das richtige Wetter für einen

Museumsbesuch. Nebel tropft aus den Bäumen, die um den Platz stehen. Fast ehrfürchtig stehen wir vor der Renaissancefassade eines einzigen Gebäudes, das die ganze Westseite des alten Platzes einnimmt. Fast ehrfürchtig, weil wir wissen, was uns da drinnen erwartet – oder es doch zu wissen glauben. Um dieses Museums willen allein, das sich im Inneren des mächtiges Komplexes befindet und das so ganz anders ist als alle anderen Museen Antwerpens, lohnt sich schon ein Besuch in der Scheldestadt.

Es ist das Plantin-Moretus-Museum, das wir durch die große, alte Tür betreten. Nach wenigen Schritten schon sind wir unendlich weit weg vom Betrieb der zweitgrößten Stadt Belgiens, sind eingetaucht in jene Zeit des 16. und 17. Jahrhunderts, da die Namen Plantin und Moretus für das größte Druck- und Verlagshaus der damaligen Welt standen. Klappern da nicht noch die großen Druckerpressen? Ach nein, es sind nur die Stöckelabsätze einiger Damen, die gerade aus dem großen Druckersaal herauskommen. Doch fast ehrfürchtig betreten wir den Raum der Korrektoren. Haben wir Angst, wir könnten sie beim Korrekturlesen stören? Wie viel hing doch von ihrer Sorgfalt ab, nur sie konnten verhindern, dass der Druckfehlerteufel im fertigen Buch hässliche Spuren hinterließ.

Antwerpen, Christoph Plantin

Ein paar Besucher stehen in der Schreibstube, dem Kontor des ersten Chefs des Hauses Plantin, dem 1520 in Frankreich geborenen Drucker und Verleger Christoffel Plantin, der sich 1549 in Antwerpen niederließ und eine Buchdruckerei gründete.

Die Fenster sind vergittert, das hatte der Chef damals schon veranlasst. Immerhin zeigen die eiserne Geldkiste hier im Raum und eine Goldwaage, dass hier wohl Werte aufbewahrt wurden, die unerwünschte Besucher auch schon vor mehr als 400 Jahren hätten anlocken können.

Plantins Liebe und Interesse galten vor allem wissenschaftlichen Werken, wie das dem Geist der damaligen Zeit des Humanismus entsprach. Diese Bücher fanden einen reißenden Absatz und machten den Drucker und Verleger alsbald zum weithin berühmten Mann.

Sein unvergleichliches Meisterwerk war die 1568 bis 1572 entstandene gigantische Ausgabe der Bibel – ein Werk, das aus acht Bänden bestand, die nicht nur den Bibeltext in fünf alten Sprachen, nämlich Lateinisch, Griechisch, Hebräisch, Altsyrisch und Chaldäisch (Aramäisch) enthielt, sondern auch einen umfangreichen Anhang. Diese „Biblia Polyglotta", wie sie genannt wurde, enthielt Sprachlehren der genannten Sprachen und Wörterverzeichnisse, Studien über die Maße, Kleidertrachten, Gebräuche der alten Hebräer und vieles andere mehr. Es war das wichtigste Werk, das je von einem Drucker in den Niederlanden geschaffen wurde.

Antwerpen, das Plantin-Moretus-Museum am Vrijdagmarkt

Möglich wurde die Herausgabe dieses Werkes nur, weil Plantin sich der tatkräftigen Unterstützung König Philipps II. von Spanien versichern konnte.

Als Philipp II., der als spanischer König auch Herr über das zu den spanischen Niederlanden gehörende Antwerpen war, Plantin zu seinem „Erzdrucker“ machte, war Christoffel Plantin ein gemachter Mann. Er hatte eine unerhörte Monopolstellung, denn fortan mussten alle liturgischen Werke für Spanien und die spanischen Kolonien, also Südamerika, bei Plantin in Antwerpen gedruckt werden, durften nur noch hier erscheinen. Bibeln, Messbücher, Gebets- und Psalmenbücher durften nur noch aus den Plantin'schen Druckpressen kommen.

Mit 22 Druckerpressen war das Haus Plantin das mit Abstand größte Druckhaus Europas der damaligen Zeit. Das größte Druckhaus in Paris hatte lediglich vier Pressen während seiner Blütezeit. In 34 Jahren druckte Plantin mehr als 1000 Werke, das war für die Zeit des 16. Jahrhunderts eine geradezu unvorstellbare Menge. Dazu gehörte auch das erste Wörterbuch der niederländischen Sprache.

Dieser „König aller Drucker“, wie er nach seinem Tod genannt wurde, fand einen würdigen Nachfolger in seinem Enkel Balthasar I. Moretus. Ihm ging es vor allem um das möglichst schöne Buch. Dass wir überall in diesem Museum auf Rubenswerke stoßen und dem König der Antwerpener Maler sogar ein eigener Saal, der Rubenssaal, gewidmet ist, hängt mit diesem Balthasar I. Moretus zusammen. Er und Rubens waren von Kind auf enge Freunde. Und da Moretus besonderen Wert auf attraktive Titelbilder und

Antwerpen, Druckerpresse im Plantin-Moretus-Museum

Textillustrationen seiner Bücher legte, lag es nahe, die Dienste des Freundes in Anspruch zu nehmen. Doch Rubens war nicht nur Freund, er war auch Geschäftspartner und deshalb an der Druckerei Moretus beteiligt. Soll und Haben des Malerfürsten aus seiner Beteiligung können wir in einem schweren Kontobuch im Museum ablesen. Durch die Mitwirkung von Rubens wurde der internationale Ruf sowie die (für die damalige Zeit) weltweite Bedeutung der „Officina Plantiniana" als Geburtsstätte der schönsten und zierlichsten Bücher der Renaissancezeit gefestigt.

Treppauf und treppab geht es durch den weitläufigen Komplex von einem Saal in den anderen, bis hin zur Schriftgießerei und der dazu gehörenden Werkstatt, in der die Gussformen angefertigt wurden.

Kostbare Goldledertapeten an den Wänden, zahlreiche Originalgemälde von Rubens und anderen damals berühmten niederländischen Malern, Globen und Atlanten und übrigens die erste uns heute bekannte Darstellung einer Kartoffelpflanze, die im 16. Jahrhundert nach Europa kam, und natürlich eine Bibliothek, in der alle jemals im Hause Plantin-Moretus erschienenen Bücher zu sehen sind, machen uns bewusst, wie wenig wir doch vom Phänomen dieser großen Drukker- und Verlegerdynastie in Antwerpen gewusst hatten, als wir das Haus am Vrijdagsmarkt betraten.

Moretus hat das von Plantin gebaute „Haus zum Goldenen Zirkel" weiter ausgebaut. Er gab den Räumen die Form und das Aussehen, die wir Besucher heute noch bewundern können. Vor allem hat er dem Innenhof seine inzwischen weltberühmte Gestalt gegeben. Als in der zweiten Hälfte des 18. Jahrhunderts das spanische Monopolrecht außer Gebrauch kam, ging es abwärts mit der größten Druckerei Europas.

1876 verließ das letzte Buch eine Presse im Haus Plantin-Moretus. Dann erwarb die Stadt Antwerpen den Gebäudekomplex und führt ihn seither als Museum. Die im großen Drucksaal stehenden Druckerpressen indessen könnten heute noch jederzeit wieder eingesetzt werden.

Mit den Hirtensängern von Krippe zu Krippe

Es sind kräftige Stimmen, die da im Halbdunkel der kleinen Kellerkneipe tönen, Männerstimmen und Frauenstimmen.
In blaue Leinenkittel sind die Sänger gekleidet oder in dicke Lodenmäntel; rote Halstücher tragen sie umgebunden, dunkle Filzhüte auf dem Kopf und lange Stöcke in den Händen. Die Gesichter glühen in der Wärme des Raumes nach der Kälte draußen, und die großen Laternen mit ihren Kerzen, die die Männer und Frauen in den Händen halten, scheinen noch zusätzliche Wärme abzugeben.

Zweimal am Tag, nachmittags und abends, singen die„Antwerpse Herders", die Antwerpener Hirten, in den Tagen vor und nach Weihnachten von der Geburt Christi und von den Hirten auf dem Feld, vom Engel, der sie nach Bethlehem gehen heißt und vom Kind, das sie in der Krippe fin-

Antwerpen, die Antwerpse Herders treten auf

den. Im harten Niederländisch Antwerpens klingen die Geschichten noch einfacher, noch eindringlicher, als sie ohnehin schon sind.

Seit Weihnachten 1982 zieht die Sängergruppe „De Antwerpse Herders“ durch die Straßen der großen Hafenstadt, ihre Mitglieder gehen in die Cafés und Kneipen, singen ihre Weihnachtslieder und sammeln Geld für die Behinderten im „Centrum Kauwenberg“ in Antwerpen.

Inzwischen sind die Sänger weit über die Stadt hinaus bekannt geworden, locken Jahr für Jahr mehr Touristen in der Weihnachtszeit nach Antwerpen. Längst hat man in Antwerpen die Auftritte der Hirtensänger in kleine touristische Programme, in betreute Krippenfahrten durch die Stadt eingebunden. Die Nachfrage nach diesen Krippenfahrten ist so groß, dass die Hirtensänger jedes Jahr häufiger auftreten müssen, weil immer mehr Krippenfahrten veranstaltet werden. Dabei steht in jedem Jahr eine andere Route durch die Stadt auf dem Programm, das längst zu einem touristischen Höhepunkt des weihnachtlichen Antwerpen geworden ist. Längst gibt es ein jährlich wechselndes Besichtigungsprogramm zu Antwerpener Weihnachtskrippen, großen und kleinen und anderen weihnachtlichen Sehenswürdigkeiten, zu denen die Teilnehmer mit einer kleinen Touristentram gefahren werden. Am Ende der Tour gibt es eine Einkehr in einem originellen Altstadtlokal, in dem dann die „Antwerpse Herders“ ihre Hirtenlieder vortragen.

Bislang sind diese Krippenfahrten bei aller Bekanntheit und allem Publikumsinteresse doch noch eine rein Antwerpener Sache geblieben. Das bedeutet natürlich, dass die Führerinnen, die die Gruppen begleiten, ihre Erklärungen nur in Niederländisch geben. Doch die Herzlichkeit und Hilfsbereitschaft der Einheimischen in den Gruppen hilft über erste Verständigungsschwierigkeiten hinweg. Von allen Seiten werden den Ausländern bereitwillig Übersetzungen oder eigene Erklärungen angeboten.

War Rubens ein Spanier?

Es wäre eine Frage für Günther Jauchs Millionenquiz: Welche Staatsangehörigkeit hatte der große Antwerpener Maler Peter Paul Rubens? War er Belgier, weil Antwerpen in Belgien liegt? War er Niederländer, weil es zu Rubens’ Zeiten Belgien als Staat noch nicht gab, sondern es Teil der Niederlande war? War er Spanier, weil die Niederlande damals zu Spanien gehörten? Oder war er Deutscher, weil er im westfälischen Siegen zur Welt gekommen ist?

Die Frage lässt sich so nicht beantworten, weil es das Staatsbürgerschaftsrecht heutiger Art damals noch nicht gab. Aber es bleibt die interessante Frage, warum der berühmteste Bürger Antwerpens, der größte Maler Flanderns, ausgerechnet in Westfalen geboren wurde.

Wilhelm von Oranien

Der Grund dafür, dass Rubens in Siegen geboren wurde, war die pikanteste Episode im Leben seines Vaters, des Rechtsanwalts Jan Rubens. 1567 herrschten in Antwerpen Furcht und Schrecken. Der Herzog von Alba, König Philipps II., blutbeladener Kämpfer der Gegenreformation, rückte mit seiner Streitmacht auf Antwerpen zu. Und jeder, der im Verdacht stand, auch nur im Entferntesten mit den Protestanten zu sympathisieren, musste befürchten, auf dem Scheiterhaufen zu landen. Auch Vater Rubens, einerseits ein treuer Katholik, der sich aber von Berufs wegen für Protestanten einsetzen musste, fürchtete um sein Leben und floh mit seiner Ehefrau Maria Pipelincks und den damals schon lebenden Kindern nach Köln, einer gut katholischen Stadt, in der Flüchtlinge wie Jan Rubens jedoch tolerant aufgenommen wurden. Dank seiner Tüchtigkeit schuf er sich alsbald eine neue Klientel.

Eines Tages bekam er sogar ein Mandat von einer fürstlichen Persönlichkeit, der Prinzessin Anna von Sachsen, Ehefrau des Prinzen Wilhelm von Oranien, der in den Niederlanden den Freiheitskampf gegen die Spanier anführte. Die Dame war schön, lebenshungrig und hielt nichts davon, sich bei ihrem Mann in den Niederlanden aufzuhalten. In Köln ließ es sich besser leben. Doch dafür fehlte der Prinzessin das Geld, weil Alba ihr Vermögen beschlagnahmt hatte. Das wollte sie nun mit Rubens' Hilfe frei bekommen. Ob das gelungen ist, wurde nicht überliefert, denn die Dinge überschlugen sich. Advokat und Mandantin fanden Gefallen aneinander – so sehr, dass Rubens immer häufiger zu „geschäftlichen" Besprechungen die Prinzessin in der Oranierresidenz Siegen aufsuchte. Dort wurden die beiden in flagranti ertappt. Rubens war geständig, die Prinzessin stritt alles ab – erfolglos, denn die Umstände waren nicht zu übersehen. Der Advokat aus Antwerpen kam ins Gefängnis, erwartete dort den Tod, denn auf Ehebruch mit einer Adligen stand die Todesstrafe.

Peter Paul Rubens mit seiner ersten Ehefrau Isabella Brant

Doch die betrogene Ehefrau Rubens nahm den Kampf um das Leben des Ehemannes auf. Sie schickte ihm bewegende Briefe ins Gefängnis, beschwörte die beiderseitige Liebe, vergab ihm. Diese Briefe kamen Wilhelm von Oranien in die Hände. Ob sie es waren, die ihn zu seinem Handeln bewogen oder ob es die Tatsache war, dass der als sehr gerecht geltende Prinz sehr wohl wusste, wessen Geistes Kind seine Frau war, die kurz nach der Geburt des Kindes, einer Tochter, wegen Geisteskrankheit in eine Irrenanstalt eingesperrt wurde – der Prinz jedenfalls begnadigte Rubens gegen eine Kaution, mit der Auflage, in Siegen ansässig zu werden. Dort wurden dann als Unterpfand der Versöhnung der Eheleute Rubens zwei Söhne geboren, Philipp und Peter Paul.

Später gestand der Prinz von Oranien der Familie Rubens das Recht zu, wieder nach Köln zu ziehen. Nach dem Tod des Ehemannes kehrte die Witwe Rubens mit den Kindern nach Antwerpen zurück. Peter Paul war damals zehn Jahre alt.

HIER SIND ALLE PALLIETER

Spät am Abend beginnen in den Büschen hinter dem Nethedeich die Nachtigallen zu schlagen. An Schlafen ist nicht zu denken. Es ist, als ob alle Dichtervögel des ganzen Kempenlandes sich gerade bei unserem kleinen Hotel am Stadtrand von Lier zum Wettstreit versammelt hätten. Was bleibt uns übrig, als die Nacht am Fenster zu verbringen, den Vögeln zu lauschen und zuzuschauen, wie das Mondlicht eine silberne Bahn durch die dünnen Nebelschleier zieht, die draußen in den von dunklen Pappelreihen durchzogenen Wiesen über dem Fluss hängen.

Die Nebelfetzen hängen auch am nächsten Morgen noch wie ein Negligee über den Wiesen, durch die ein einzelner Storch mit langen roten Beinen zwischen buttergelben Löwenzahnblüten und zartlila Wiesenschaumkraut dahinstolziert. Die Nachtigallen sind längst verstummt, statt dessen kommt nun der dumpfe Ruf der Wildtauben aus den blühenden Kirschen, während die Wolken, die als geschlossene Wand von Westen von der Schelde her-

Antwerpener Kempenland — hier sind alle Pallieter

Lier, der Nethekanal

überziehen, sich über dem Land langsam in einzelne Fetzen auflösen und unter dem blauen Himmel über das weite flandrische Land segeln. Es ist ein Morgen, der einem Pallieter das Herz im Leibe lachen lassen würde.

Keine andere Gestalt eines Dichters verkörpert so sehr die erdverbundene flandrische Lebensfreude – das Glück, in dieser weiten, grünen Landschaft des Kempenlandes bei Antwerpen leben zu können, zwischen Wiesen und Feldern, weißen Häuschen, die mit roten Dächern unter blühenden Obstbäumen im Schutz der Deiche liegen, wie der Bauer Pallieter des flämischen Schriftstellers Felix Timmermans (1886-1947). Und ein Maimorgen an der Nethe, hinter der der mächtige Turm von St. Gummarus in Lier aufragt, lässt diesen vor Lebenslust strotzenden jungen Bauern allgegenwärtig sein. Auch wenn die Nethe längst als kanalisierter Fluss durch das Land auf die Schelde zu zieht. Ist es nicht sein Haus da drüben unter den Pappeln, aus dessen Schornstein jetzt der Rauch aufsteigt? Der Wegweiser auf dem Beginenwall lässt das Pallieterland genau dort liegen.

Aber sind sie nicht alle Pallieter, die Menschen, die in dieser „Kempenland“ genannten Landschaft in der salzigen, von der Küste heranziehenden Luft leben? Diese Landschaft ist wie kaum eine andere eine Landschaft der Lebensfreude. Wird hier nicht jeder Besucher, der auch nur für einen Tag ins Kempenland kommt, alsbald ein Pallieter? Wird man nicht ein Genießer, wenn man sich wie wir am Nachmittag nach einer Wanderung über den Nethedeich im Gastgarten unter blühenden Bäumen heiße Pfannekuchen servieren lässt, die fingerdick mit Honig bestrichen sind? Oder wenn wir am Abend in „t'Hoekje“ einkehren und beim Schlürfen des dunklen Trappistenbiers rundum in vor Fröhlichkeit und Lebensfreude strahlende Gesichter schauen?

Wo könnte Aal besser schmecken als hier, wo er aus dem braunen, glänzenden Schlick der Nethe gefangen wird, wenn

Lier, Wegweiser ins Pallieterland

deren Wasser tief fällt, weil es mit den Gezeiten, die über die Schelde bis hierher reichen, zur Nordsee wegläuft?

Auf dem Nethedeich kommen ein paar Kinder daher. Gehen sie zur Schule? Ach nein, heute ist doch Sonntag, sie werden zur Kirche gehen. Nicht drüben in der Stadt Lier, in die große Sankt Gummaruskirche, Belgiens schönste spätgotische Kirche, sondern in die barocke Kirche des Beginenhofes. Von dort ruft jetzt die Glocke über das Land mit so schweren Schlägen, dass wir meinen möchten, die Fliederbüsche, die allenthalben ihre duftenden Blütendolden aus den kleinen Gärten der Beginenhäuschen über die Mauern ragen lassen, würden vor Schreck zusammenfahren.

Und da eilen sie auch schon aus ihren Häuschen heraus, die Frauen und Männer, die heute in den kleinen Häusern des Beginenhofes von Lier leben, einem der größten und schönsten, die es in Belgien gibt. Nein, es sind heute keine Beginen mehr, die nun hier wohnen in den Häusern, auf deren Türschildern allesamt fromme Hausnamen stehen. In Sankt Ursula wohnen die einen, bei den Vier Evangelisten die anderen oder auch bei Sankt Antonius in der Wildnis.

Und auch wenn die Jungfer Symphorosa, das tugendhafte Beginchen des Felix Timmermans nur noch als bronzene Statue im Beginenhof steht und nicht mehr leibhaftig zur Kirche trippelt, der Geist, den der Dichter beschworen hat mit seinen Geschichten aus Lier und dem Kempenland, lebt noch immer hier.

Er lebt nicht nur im Beginenhof, dieser verwunschen wirkenden kleinen Stadt in der Stadt, in der ganz eigenen Welt. Er lebt überall in der kleinen Stadt Lier, die so sehr im Schatten der großen Nachbarin Antwerpen liegt, dass 1914 bei der Beschießung Antwerpens der Marktplatz von Lier teilweise zerstört wurde. Im Bann des mächtigen Turmes von Sankt Gummarus fand 1496 die prunkvolle Hochzeit von Philipp dem Schönen, dem Sohn Maximilians von Österreich und Marias von Burgund und Johanna von Kastilien statt. Diese Ehe, hier in Lier geschlossen, der Kaiser Karl V. entspross, war der Anfang der spanischen Herrschaft über die Niederlande, zu der damals ganz Flandern gehörte.

Es sind lauter Pallieter, die Bauern und Händler, denen die flandrische Lebensfreude ins Gesicht geschrieben steht, wenn sie samstags ihre Stände und Buden auf

Lier, an der Nethe

dem Markt aufbauen und das Rokokorathaus und den gotischen Belfried nebenan mit ihren Blumen und Früchten mit duftenden Brathähnchen und bunten Unterröcken einrahmen, die auf lange Leinen aufgehängt lustig im Wind flattern. Sie bauen die Fülle all dessen auf, was sie an Reichtum von ihren Höfen und Treibhäusern, aus ihren Gärten, Ställen und Feldern da draußen hinter den Deichen mitgebracht haben.

Lier, Bauernmarkt vor dem Rathaus

Da gibt es Geschiebe und Gedränge zwischen den Marktständen, aber keine Hektik. Die ist diesem Kempenland, diesem ganzen Land Flandern fremd, dem Land und seinen Menschen. Und der Besucher wird alsbald in den Bann dieser Geruhsamkeit gezogen, die ihn denken lässt, der Name „Het beloofde land", das gelobte Land, für eine Herberge und Gastschenke in Lier könnte der Name für dieses ganze Land sein.

Was war die Spielerei des Astronomen und Uhrmachers Louis Zimmer anderes als überschäumende Lebensfreude, als er 1930 zum hundertsten Geburtstag des Königreiches Belgien seine berühmte Jubeluhr in dem nach ihm benannten Zimmerturm in Lier schuf?

Sie ist ein Meisterwerk, das Tage und Wochen, Monate und Jahre ebenso angibt wie die Bahnen des Mondes und die Gezeiten, die sich über Schelde und Nethe bis Lier auswirken. Alle Viertelstunden lässt diese Uhr ein Lebensalter und alle Mittage die belgischen Könige mit den Bürgermeistern dieser Stadt Lier am Fenster vorbeidefilieren.

Das Kempenland, das rund zwei Drittel der Provinz Antwerpen einnimmt, dehnt sich von Lier aus nach Norden bis an die Grenze zu den Niederlanden. Als wir von Lier aus immer am Stadtrand von Antwerpen entlang nach Brasschaart fahren, geht es kilometerweit durch jahrhundertealte Wälder, durch Buchen- und Eichenwälder, die sicherlich schon alt und stattlich waren, als man vor 200 Jahren daranging, die öden Sandflächen und Heiden des nördlichen Kempenlandes mit Nadelhölzern aufzuforsten.

Es ist eine Augenweide, bei dieser Fahrt zu sehen, was architektonisches Geschick und landschaftsplanerisches Können in diesen Wäldern an Wohnkultur geschaffen haben. Wohlhabende Menschen, die in der großen Stadt Antwerpen Arbeit und Erwerb finden, haben hier draußen in den Wäldern ihre Lebensfreude unter Reetdächern und hinter weißen Mauern, umgeben von im Frühjahr blühenden Rhododendronhecken und eingebettet, Haus für Haus, in geradezu künstlerisch gestaltete Rasenlandschaften. Diese Villensiedlungen gehören sicherlich schon rein optisch zu den ansprechendsten weit und breit.

Und selbst ganz oben im Norden hört das Land der Lebensfreude nicht auf, obwohl in früheren Zeiten die Armut hier daheim war, in kleinen Bauernkaten und auf mageren Heideböden. Wenn im Spätsommer die Calluna zu blühen beginnt, nein, ihre Blütenpracht explodieren lässt, und das ganze Land so weit das Auge reicht von blühendem Heidekraut bedeckt ist, lockt dieses Blütenwunder Tausende von Besuchern an.

Lier, Zimmerturm mit der astronomischen Uhr

Mit Kind und Kegel, mit Großmüttern und Kinderwagen wandern sie hier über sandige Heidewege. Die Belgier, und erst recht die Flamen, haben noch viel Familiensinn. Sie schämen sich dessen nicht.

Denn genau wie im weitläufigen Baumpark, dem Arboretum von Kalmthout, kommen diese Besucherscharen nicht von weit her. Sie kommen nicht einmal aus der nahen Großstadt, sondern aus den Dörfern und kleinen Städten. Diese Pallieter hier haben sich ihren Sinn für die Natur und dafür, wie man sie genießen kann, bis heute bewahrt. Ihre Freude und ihre Kunst, die Schönheiten dieses draußen wenig bekannten Landes zu genießen, stecken an.

Obwohl es von den Autobahnen durchzogen ist, die Antwerpen mit Brüssel und mit dem Rheinland und in die andere Richtung mit den Niederlanden verbinden, blieb das Land der Pallieter ein Land der Stille. Wo man nicht nur durch blühende Wiesen am Nethedeich wandert, sondern ebenso auf gut ausgeschilderten Routen mit dem Fahrrad durch Heide- und Dünenlandschaften, durch Moore und weitläufige Kiefernwälder, in denen plötzlich kleine Seen den Himmel und die weißen Wolken spiegeln.

Im Pallieterland bei Lier

Wie kleine Festungen Gottes liegen hier und da am Ende unscheinbarer Straßen oder Radwanderwege Abteien in der Einsamkeit und Stille der Landschaft. Westmalle etwa oder Postel. Sie sind beliebte Ausflugsziele für die Pallieter rundum. Und sei es nur des immer noch von den Mönchen gebrauten Trappistenbieres und des Abteikäses wegen, der hier hergestellt wird. Auf dass diese Mönche selber, Pallieter im geistlichen Gewand, neben aller geistigen Lebensfreude, die die von ihnen gewählte Lebensform gewährt, auch noch ein wenig von jener handfesten kempischen Lebensfreude genießen können, die diesem ganzen Land zu Eigen ist.

ANTWERPEN IM ÜBERBLICK

Antwerpen ist neben Brügge und Gent eine der drei großen, weltberühmten Kunststädte im Hinterland der belgischen Küste. Auf drei Beinen stehe der Ruhm dieser Stadt, sagt man und meint dabei Antwerpen als Stadt der Diamanten, des barocken Malerfürsten Peter Paul Rubens und des Welthafens.

Der Schelde verdankt die Stadt ihren Hafen und dem Hafen ihren Wohlstand durch die Jahrhunderte hindurch. Rund 430 Kilometer lang ist die Schelde, die als „Escaut“ in Nordfrankreich in der Nähe von St. Quentin entspringt und dann als längster Fluss Belgiens Tournai, Gent und eben Antwerpen berührt.

Obwohl Antwerpen rund 90 Kilometer von der offenen Nordsee entfernt liegt, machen sich einerseits die Gezeiten bis hier bemerkbar, andererseits ist die Schelde dank moderner Baggermethoden für Schiffe bis zu einem Tiefgang von 15 Metern befahrbar. Im Stadtgebiet ist der Strom, der jahrhundertelang die Grenze zwischen dem Königreich Frankreich und dem Heiligen Römischen Reich Deutscher Nation bildete, rund 500 Meter breit. Inzwischen wird er von insgesamt fünf Tunneln unterquert, da die Stadt sich immer mehr mit ihren Hafen-, Industrie- und modernen Wohnvierteln auch auf dem linken Scheldeufer ausdehnt.

Wahrscheinlich verdankt die Stadt der Tatsache, dass die Gezeiten mit Hoch- und Niedrigwasser über die Schelde so weit landeinwärts reichen, ihren Namen: Antwerpen. Der hat nichts mit Handwerfen zu tun, wie es die Volksethymologie wissen will, sondern bezieht sich wohl auf die erste Ansiedlung auf dem rechten Ufer des Stromes auf einer angeschwemmten Landzunge, wie der Name wissenschaftlich erklärt wird. Dort war die Siedlung sicher vor dem Hochwasser, das etwa ein Sturm scheldeaufwärts drücken konnte.

In die Geschichte tritt Antwerpen, das bis ins 17. Jahrhundert von den Deutschen „Antorf“ genannt wurde, erst im 7. Jahrhundert. 1031 wird Antwerpen erstmals als Hafen genannt, 1313 entstand die erste Niederlassung der Hanse.

Der Reichtum der Stadt wuchs seit Ende des 15. Jahrhunderts infolge des Niedergangs von Brügge. Antwerpen wurde zum wichtigsten Hafen der südlichen Niederlande; unter Karl V. war Antwerpen der Hafen, über den der gesamte Handel mit den spanischen Kolonien Mittel- und Südamerikas abgewickelt wurde. Antwerpen entwickelte sich zu dieser Zeit zum größten und lebhaftesten Hafen der Christenheit.

Das Wüten der spanischen Inquisition und eine Plünderung der Stadt durch die Spanier unter Herzog Alexander Farnese, bei der 7000 Bürger ums Leben kamen, vollendeten den Niedergang. Von da an waren Rotterdam und Amsterdam die wichtigsten Häfen. Erst als 1836 das inzwischen souveräne Königreich Belgien den Niederländern den Scheldezoll abkaufte und damit die Zufahrt zum Hafen wieder unbehindert möglich war, konnte sich Antwerpen erneut zu einer blühenden Hafen- und Handelsstadt, mehr und mehr auch

zur Industriestadt entwickelt – und in den letzten Jahrzehnten zu einer der führenden Modestädte Europas.
Mit 461000 Einwohnern ist Antwerpen, die Hauptstadt der gleichnamigen Provinz, die zweitgrößte Stadt Belgiens. Sie hat den größten Seehafen des Landes, der europaweit nach Rotterdam an zweiter Stelle steht. Seit mehr als 500 Jahren ist Antwerpen eine Diamantenstadt, die heute die größte Talmudgemeinde Europas beherbergt.

Das überreiche Kunst- und Kulturerbe der Stadt manifestiert sich in 30 zum Teil international berühmten Museen. Einige von ihnen zu besuchen ist ein unbedingtes Muss, wenn man sich aufmacht, die Sehenswürdigkeiten der Stadt zu erleben. Dabei ist es übrigens gut zu wissen, dass Antwerpens historisches und sehenswertes Zentrum, gemessen an der heutigen Größe der Stadt, durchaus überschaubar ist und gut zu Fuß erwandert werden kann.

Sehenswürdigkeiten: Das städtische Fremdenverkehrsamt hat drei touristische Routen durch die Stadt ausgeschildert und in kleinen Broschüren beschrieben, die man beim Verkehrsamt bekommt.

- Kathedrale Onze Lieve Vrouwe (Liebfrauenkathedrale), größte gotische Kirche mit dem höchsten Kirchturm des gesamten niederländischen Sprach- und Kulturraumes. Unübersehbares **HIGHLIGHT!** Wahrzeichen der Stadt. Baubeginn 1352, Fertigstellung im 16. Jahrhundert. Die Kirche, Bischofskirche des Bistums Antwerpen, birgt unter zahlreichen Kunstschätzen vor allem vier Gemälde von Peter Paul Rubens: Die Kreuzaufrichtung, die Kreuzabnahme, als eines der eindrucksvollsten Werke des Künstlers, die Himmelfahrt Mariens auf dem Hauptaltar und die Auferstehung Christi, die Rubens für das Grab seines Freundes Balthasar Moretus (siehe „König aller Drucker“, Seite 224 ff) gemalt hat.
- Grote Markt, sozusagen die gute Stube der Stadt, gerahmt von Zunfthäusern im gotischen und Renaissancestil. Im Mittelpunkt das Rathaus, ein kostbarer Renaissancebau, 1561–65 von Cornelis de Vriendt gebaut.
  Vor dem Rathaus der Brabobrunnen mit der Darstellung der Stadtsage vom Riesen Antigonus, dem der römische Statthalter Brabo eine Hand abgeschlagen hat, die er in die Schelde werfen will.
- Alte Fleischhalle von 1503, einst Zunfthaus der Metzger und Schlachthaus sowie Fleischverkaufsstelle, heute Museum für angewandte Kunst und Stadtgeschichte.
- Dominikanerkirche St. Paul, Mitte des 16. Jahrhunderts erbaut, 1968 durch einen Brand weitgehend zerstört, inzwischen wieder aufgebaut. Im Inneren Gemälde von Rubens, Van Dijk, Jordaens und anderen.
- Jesuitenkirche Sankt Karl-Borromaeus, prachtvolle Barockkirche, an deren Plänen Rubens mitgewirkt hat. Bei einem durch Blitzeinschlag verursachten Brand 1718 wurden 39 Deckengemälde von Rubens vernichtet, drei Rubenssche Altarbilder blieben erhalten.

- Plantin-Moretus-Museum, das Haus des berühmten Druckers Christoph Plantin und seiner Nachkommen, das die seinerzeit größte Buchdruckerei der Welt beherbergte; als Museum vollkommen im Zustand des 17. bis 19. Jahrhunderts erhalten, als Welterbe der UNESCO geschützt.
- Rubenshaus, von Peter Paul Rubens erbautes Haus, teilweise rekonstruiert, das er bis zu seinem Tod bewohnte und in dem er seine Ateliers hatte. Der Garten des Hauses ist heute so gestaltet wie ihn Rubens auf einem seiner Gemälde festgehalten hat.
- St. Jakobskirche, nach der Kathedrale die bedeutendste Kirche der Stadt, Grabkapelle des Malers mit dem Rubensgrab und einem von Rubens gemalten Altarbild, das die heilige Jungfrau mit dem Kind und andere Heilige zeigt. Modelle für die hier dargestellten Heiligen waren Rubens selber (St. Georg) und andere Familienmitglieder.
- Vlaeykensgang, besterhaltene Altstadtgasse am Oude Kornmarkt.
- Hauptbahnhof, Antwerpen Centraal, eine „Kathedrale der Eisenbahn", wie man ihn oft nennt.
  Großartiges Jugendstilgebäude; in seiner nächsten Nähe liegt die Pelikaanstraat als Zentrum des Judenviertels und der Diamantenverarbeitung. Antwerpen ist mit einem Diamantenhandelsvolumen von 60 Prozent das wichtigste Diamantenzentrum der Welt. Es gibt eine Diamantenschleiferei, bei der zugeschaut werden kann.
- Gleich hinter dem Bahnhof liegt der Zoologische Garten, einer der ältesten Zoos der Welt.
- Steen, Überrest der alten Burg von Antwerpen am Scheldeufer, heute Nationales Schifffahrtsmuseum.
- Boerentoren, Hochhaus an der Meir genannten Hauptgeschäftsstraße der Stadt. 1932 als erster Wolkenkratzer (97 Meter hoch) Europas gebaut.

DER HAFEN SCHLÄFT NIE

Die Zahlen können schwindelig machen. Wie soll man sich auch so abstrakt eine Fläche von 13.500 Hektar vorstellen? Ein Straßennetz von 350 Kilometern kann man anhand eines Vergleichs plausibel machen, das ist etwa die Entfernung von Köln nach Stuttgart. Und 1100 Kilometer Eisenbahngleise entsprechen der Strecke von Hamburg über Köln nach München. Was diese Zahlen hier zu bedeuten haben? Es sind Daten, die zum Hafen von Antwerpen gehören, dem größten Hafen Belgiens, dem nach Rotterdam zweitgrößten Europas. Weltweit sind außer Rotterdam nur noch die Häfen von Singapur und Hongkong größer.

Wo vor mehr als 1000 Jahren bereits die Schiffe der Wikinger in höchst unfreundlicher Absicht festgemacht wurden, nämlich knapp 100 Kilometer scheldeaufwärts von der Nordsee entfernt, machen heute in jedem Jahr rund 16.000 Hochseeschiffe und 65.000 Binnenschiffe fest. Das heißt, durchschnittlich kommen jeden Tag 44 Seeschiffe von irgendwo auf der Welt in Antwerpen an und 178 Binnenschiffe.

Da bekommen abstrakte Zahlen über die Fläche, die ein Hafengelände bedeckt, über die Straßen und die Bahngleise, die es durchziehen, sofort ein Gesicht.

Es sind nicht nur Fachleute, die sich bei einem Besuch Antwerpens für seinen Hafen interessieren. In einem Welthafen wie Antwerpen weht die Luft der weiten Welt. Es riecht nicht nur nach Fischen, nach Tang und Teer, sondern ebenso nach exotischen Ländern. Kein Wunder also, dass ein Ausflug in diesen Hafen zu den beliebtesten Unternehmungen von Antwerpen-Besuchern gehören, zumal es keine speziellen Besuchszeiten gibt. Ein Hafen wie Antwerpen schläft nicht. Zwei Möglichkeiten gibt es für den Besucher, den zweitgrößten Hafen Europas kennen zu lernen: Entweder man entscheidet sich für eine Schiffstour mit einem Ausflugsschiff der Reederei „Flandria", das am Steen ablegt, oder man befährt eine speziell ausgeschilderte Hafenroute mit dem eigenen Auto. Zu dieser Route gibt es im Fremdenverkehrsbüro der Stadt eine eigene Informationsbroschüre, die alle sehenswerten Punkte beschreibt. Wenn man sich für die Autovariante entscheidet, startet man auch am Steen und hat die Wahl zwischen einer 40 und einer 65 km langen Route, die man aber jederzeit selbst abkürzen kann.

Doch Vorsicht: Die für Besucherfahrzeuge benutzbaren Straßen darf man innerhalb des Hafengebiets auf keinen Fall eigenmächtig verlassen, weil es irgendwo im Hintergrund vielleicht noch interessanter aussieht. Ein Welthafen ist ein Arbeitsplatz, auf dem extrem intensiv und für Außenstehende mit großen Gefahren verbunden gearbeitet wird. Wenn man bei einer geführten Hafenrundfahrt erfährt, dass zum Beispiel jeder Container, der im Hafen zum Weitertransport gelagert ist, einen Strichcode hat, der ihn identifiziert, sagt das allein noch nicht allzu viel aus. Doch über diesen Strichcode kann jeder Container automatisch von einer zentralen Steuerungsanlage weggeschafft werden. Wehe dem unvorsichtig-ahnungslosen Autofahrer, der dann einem solchen Container, der wie von Geisterhand bewegt zu werden scheint, in die Quere kommt!

Heute dehnt sich Antwerpens Hafen auf beiden Ufern der Schelde aus bis unmittelbar an die niederländische Grenze, und er wächst gleichsam täglich weiter. Angesichts fortschreitender europäischer Einigung lässt sich leicht ausmalen, dass der Hafen eines Tages über die Grenze hin expandiert und dann von beiden Staaten betrieben wird. Das wirtschaftlich und verkehrsmäßig Besondere an diesem Hafen ist seine fast einzigartig zentrale Lage in Nordwesteuropa im Schelde-Rhein-Maas-Delta. Dadurch hat der Hafen über die zahlreichen Kanäle, die heute von den drei Strömen ausgehend Europa durchziehen, Anschluss an das gesamte europäische Wasserstraßennetz. Andererseits sind es nur gut 90 Kilometer bis zur Nordsee und damit ungehindert zu allen Weltmeeren. So wird die Zahl der jährlich den Hafen anlaufenden Schiffe verständlich. Täglich verbinden mehr als 250 Güterzüge aus ganz Europa und über 1000 Lastwagen den Hafen mit Endabnehmern der angekommenen Güter oder umgekehrt Produzenten mit dem Hafen und seinen Schiffen, die von mehr als 100 Reedereien und 300 Liniendiensten weltweit zwischen den Häfen der sieben Weltmeere und dem Antwerpener Hafen verkehren.

Hauptfracht sind Stückgut, Erdöl und Erdölprodukte, aber auch Container nehmen eine immer wichtigere Rolle ein. Antwerpen zählt zu den wichtigsten Stahlumschlagshäfen auf der Welt, und als Fruchtlöschhafen belegt er weltweit den ersten Platz. Drei Viertel aller Bananen, die deutsche Verbraucher essen, sind per Schiff über Antwerpen angekommen.

Im Hafenbereich hat sich eine umfassende chemische Industrie angesiedelt, die von der Qualität und der besonders guten Infrastruktur des Hafens zeugt. Nach Houston/USA ist Antwerpen der weltweit größte Standort der chemischen und petrochemischen Industrie. Immer wichtiger wird der Antwerpener Hafen als Transithafen im Überseeverkehr, das heißt, immer mehr überseeische Verlader schaffen ihre Güter vom Kaffee angefangen bis hin zu japanischen Autos zunächst nach Antwerpen. Von hier aus wird die Fracht dann in alle Welt weiterverschifft. Das bedeutendste Anschlusstransportmittel ist mit 32 Prozent allerdings das Binnenschiff.

Inzwischen ist Antwerpen auch als Hafen für Kreuzfahrtschiffe wichtig, die sonst nirgends so nah am Stadtzentrum anlegen können wie hier. Vom Anleger bis zur Kathedrale sind es nur 300 Meter.

Wichtige Museen:
- Rubens Haus
- Plantin-Moretus-Museum
- Königliches Museum der Schönen Künste (Gemäldegalerie)
- Rockox's Huis (Gemäldegalerie, viele Rubensgemälde)
- Sammlung Mayer van den Bergh (Gemäldesammlung, insbesondere Breughel)
- Diamantenmuseum mit Demonstrationen der Diamantenschleiferei
- Fleischhaus, Anfang des 16. Jahrhunderts gebaut
- Nationales Schifffahrtsmuseum im Steen
- Modemuseum MoMU

Stadterkundungen zu Fuß mit Führer; mit dem Fahrrad in Begleitung eines Führers; mit dem Schiff; mit Rikscha; mit Droschke; mit touristischer Tram.

Märkte:
- Vogelmarkt sonntags am Stadttheater
- Trödelmarkt, Vrijdagmarkt, freitags
- Antiquitätenmarkt, samstags St. Jansvliet und Lijnwaardmarkt
- Rubens-Markt, am 15. August Festmarkt auf dem Grote Markt mit Händlern in historischen Kostümen aus der Rubenszeit

Leckere Spezialitäten: Aal grün (Paling in 't groen); Gerichte mit Bier.

Veranstaltungen: Zwischen dem 20. Dezember und 6. Januar eines jeden Jahres Krippentour mit den Antwerpse Herders und einer touristischen Tram.

Ausflüge: **Lier**, die Pallieterstadt. Der flämische Autor Felix Timmermans hat mit seinem 1916 erschienen Roman „Pallieter" die berühmteste und gleichzeitig sympathischste Figur der niederländischen Literatur geschaffen. Der junge Bauer aus dem Land an der Nethe in der Nachbarschaft von Lier, den Timmermans einen „Tagmelker" nennt, strotzt vor Lebensfreude und Lebensglück.

Durch den Autor und seine Romanfigur ist das beschauliche Städtchen Lier an der Kleinen Nethe zu einem beliebten Ausflugsziel von Antwerpen aus geworden. Ein vom Fremdenverkehrsamt ausgeschilderter Stadtwanderweg, der „Timmermansweg" führt zu den wichtigsten Sehenswürdigkeiten der kleinen Stadt, eine der schönsten flämischen Provinzstädte.

Sehenswert:

- Beginenhof, wohl die schönste Sehenswürdigkeit von Lier. Eine weitläufige, gut erhaltene Anlage, eine der malerischsten Belgiens, deren 162 kleine Häuschen noch alle bewohnt sind.
- Neben der barocken Kirche steht die Figur des Beginchens Symforosa, einer Romangestalt Timmermans'.
- Grote Markt mit Rathaus aus dem 18. Jahrhundert, im Inneren schönes Rokokotreppenhaus; angebaut der zierliche gotische Glockenturm; links vom Rathaus die gotische Fleischhalle.
- Gummaruskirche, ein Hauptwerk der belgischen Spätgotik mit schönen alten Glasfenstern, einem bedeutenden Lettner und einem schönen Flügelaltar aus dem 16. Jahrhundert.
- Zimmerturm mit Jubiläums- oder Zimmeruhr, vom Lierer Uhrmacher und Astronom Zimmer anlässlich der Einhundertjahrfeier des Königreichs Belgien geschaffene astronomische Uhr mit 13 Zifferblättern.

Infos: Stedelijke Dienst voor Toerisme
Grote Markt 57
B-2500 Lier
Tel.: 0032-3-800 05 55
E-Mail: info@toerismelier.be
www.lier.be

KEMPENLAND

Die immer noch sehr stark bäuerlich geprägte Landschaft der so genannten Kempen mit ihren Wäldern und weiten Heideflächen, Schlössern und Abteien ist ein überaus lohnendes Gebiet für Ausflüge von Antwerpen aus. Verschiedene Rundtouren durch diese Landschaft sind ausgeschildert, so die Pallieterlandroute, die Abteienroute, die Groentestreekroute und die Vorder- und Nordkempenroute.

Vom Tourismusbüro der Provinz Antwerpen werden verschiedene Pauschaltouren für Radwanderer durch das Kempenland angeboten, bei denen das Gepäck vorausgeschickt wird.

Infos: Toerisme Provincie Antwerpen
Koningin Elisabethlei 16
B-2018 Antwerpen
Tel.: 0032-3-240 63 73
Fax: 0032-3-240 63 83
E-Mail: info@tpa.be

Arboretum Kalmthout, ca. 30 Kilometer nordöstlich von Antwerpen liegt das Arboretum von Kalmthout, eine der großartigsten Parkanlagen Mitteleuropas, das ganze Jahr hindurch eine Attraktion. Besonders im Frühjahr, wenn hier allein 600 (!) verschiedene Rhododendron- und Azaleenarten blühen.

Infos: Arboretum Kalmthout
Heuvel 2
B-2920 Kalmthout
Tel.: 0032-3-666 67 41
Fax: 0032-3-666 33 96
E-Mail: info@arboretumkalmthout.be
www.arboretumkalmthout.be

Stilvolle Höfe prägen das Hinterland

TIPP

Gute Adressen am Wegesrand

ANTWERPEN:
Hilton-Hotel
ganz im Zentrum, in einem Kaufhaus vom Anfang des 20. Jahrhunderts, die Fassade blieb erhalten.
Groenplaats
B-2000 Antwerpen
Tel.: 0032-3-204 12 12
Fax: 0032-3-204 12 13

Hotel Prinse
in einem Malerhaus aus dem 16. Jahrhundert im historischen Stadtkern.
Keizerstraat 63
B-2000 Antwerpen
Tel.: 0032-3-226 40 50
Fax: 0032-3-225 11 48
E-Mail: hotel_prinse@skynet.be
www.hotelprinse.be

Hotel Scheldezicht
romantisches und sehr preiswertes Hotel unmittelbar an der Schelde.
Sint-Jansvliet 10-12
B-2000 Antwerpen
Tel.: 0032-3-231 66 02
Fax: 0032-3-231 90 02
E-Mail: info@hotelscheldezicht.be
www.hotelscheldezicht.be

Jugendherberge Op Sinjoorke
Eric Sasselaan 2
B-2020 Antwerpen
Tel.: 0032-3-238 02 73
Fax: 0032-3-248 19 32
E-Mail: antwerpen@vjh.be

Restaurant Sir Anthony van Dijk
ein Spitzenrestaurant
Oude Koornmarkt 16
B-2000 Antwerpen
Tel.: 0032-3-231 61 70

In de Schaduw van de Kathedraal
traditionsreiches bürgerliches Haus mit großer Terrasse.
Handschoenmarkt 17-21
B-2000 Antwerpen
Tel.: 0032-3-232 40 14

Rooden Hoed
Altstadtlokal mit hervorragender Küche
Oude Koornmarkt 25
B-2000 Antwerpen
Tel.: 0032-3-233 28 44

Infos: Toerisme Antwerpen
Grote Markt 13
B-2000 Antwerpen
Tel.: 0032-3-232 01 03
Fax: 0032-3-231 19 37
E-Mail: toerisme@stad.antwerpen.be
www.visitantwerpen.be

Zehn goldene Regeln für Strandurlauber

1 BADEN. Natürlich darf man an einem so verlockenden Strand, wie ihn die belgische Küste bietet, baden. Aber ganz ohne Regeln geht es nicht, denn die Gezeiten, Strömungen oder Strudel können lebensgefährlich sein, auch wenn es nicht so aussieht. Deshalb ist Baden nur im Bereich markierter Strandabschnitte erlaubt. Streng verboten ist es, ins Wasser zu gehen, wenn die rote Flagge gehisst ist, außerdem sind Hafenbereiche tabu für Badende ebenso wie Pfahlanlagen am Strand oder die Nähe von Wellenbrechern.

2 BOOTE AM STRAND. Entlang der Strände dürfen keine Fahrzeuge zu Wasser gelassen werden, es sei denn, es handelt sich um speziell gekennzeichnete Bereiche. In Badebereichen ist es grundsätzlich verboten, Surfbretter oder andere Fahrzeuge ins Wasser zu lassen. Zwischen Sonnenuntergang und Sonnenaufgang ist Surfen generell verboten.

3 CAMPEN auf dem Strand ist nur bei entsprechender Kennzeichnung gestattet. Übernachten auf dem Strand ist ausnahmslos verboten.

Reiter am Strand in Knokke

Am Strand von Knokke

4 DRACHEN STEIGEN LASSEN ist grundsätzlich am Strand erlaubt. Es gibt jedoch Einschränkungen: In Bredene und De Haan ist es in und über bewachten Badezonen verboten, solange Rettungsdienste tätig sind. In Knokke-Heist ist es während bestimmter Zeiten verboten, Drachen mit harten Spitzen steigen zu lassen.

5 EBBE UND FLUT sind Naturphänomene, die innerhalb von 24 Stunden zweimal in jeder Richtung auftreten. Dabei variiert das Hochwasser, allgemein als Flut bezeichnet, jeden Tag um einige Minuten, die sogar zwischen De Panne und Knokke-Heist eine halbe Stunde ausmachen können. Das Hochwasser kann zwischen 1,50 und 4,50 Meter hoch auflaufen. Die Gewalt des auf- und ablaufenden Wassers darf man nie unterschätzen, auch wenn an der belgischen Küste die Gezeiten anders als in der Normandie und Bretagne

nicht mit der Geschwindigkeit eines galoppierenden Pferdes auftreten. Niemals bei ablaufendem Wasser ins Meer hinausschwimmen!

6 FAHRZEUGE, AUTOS, MOTORRÄDER ODER FAHRRÄDER dürfen nirgendwo an der belgischen Küste auf dem Strand verkehren, mit Ausnahme von Dienstfahrzeugen.

7 FÜTTERN VON VÖGELN auf dem Strand ist im Gemeindegebiet von Brügge (Zeebrügge) verboten. Anderswo dürfen Wildvögel, Tauben, Enten oder Gänse gefüttert werden.

8 SANDBURGEN zu bauen, ist eine Lieblingsbeschäftigung vor allem von Kindern. Das ist grundsätzlich überall erlaubt, doch sollten Eltern sehr darauf achten, dass ihre Kinder keine tiefen Löcher buddeln, in denen sie sich eingraben und verstecken. Plötzlich nachrutschender Sand kann tonnenschwer sein und eine Gefahr für Kinder bedeuten!

Im Herbst sind die Strände auch für Hunde frei

In den Dünen von De Haan

9 STRANDGUT ganz gleich welcher Art darf man nicht mitnehmen, es sei denn ein Aufsichtsbeamter gestattet es. Wertvolle Gegenstände müssen bei der Gemeindeverwaltung abgegeben werden. Werden sie dort nicht innerhalb eines Jahres abgeholt, gehen sie in Staatseigentum über.

10 TIERE auf dem Strand sind nur sehr eingeschränkt erlaubt, zumindest im Sommer. Grundsätzlich hat jede Gemeinde ihre eigenen Bestimmungen, was Hunde und Pferde auf dem Strand angeht. In der Regel sind in allen Gemeinden Badestrände für Hunde aus hygienischen Gründen gesperrt. Stellenweise sind bestimmte Hundezonen ausgewiesen.

WAS WICHTIG IST VON A BIS Z

ANREISE

Ostende als Mittelpunkt der belgischen Küste erreicht man mit dem Auto am einfachsten und schnellsten via Aachen und dann über die Autobahn E 40 über Lüttich, Brüssel, Gent.

Aus dem Raum Duisburg/Niederrhein ist es näher über Venlo, Eindhoven und Antwerpen nach Knokke-Heist zu fahren.

Aus dem Raum Mönchengladbach fährt man (allerdings nicht durchgehend Autobahn) über Roermond, Sittard, Hasselt, Antwerpen, Knokke-Heist.

Die Benutzung belgischer Autobahnen ist kostenlos. Alle Autobahnen in Belgien sind nachts großzügig beleuchtet. Wegweiser und Ortsnamen sowie Hinweise und Bekanntmachungen an den Autobahnen sind je nach Provinz in Französisch (zwischen Aachen und Eupen in Deutsch) oder Niederländisch gehalten.

Ostende ist Endstation der Bahnverbindungen, die im Stundentakt von Köln über Aachen und Brüssel an die Küste fahren. Tagesbesucher, die aus dem Großraum Aachen an die Küste wollen, sollten wissen, dass Belgien für Senioren (ab 65 Jahren) einen Sondertarif bei der Bahn hat.

Ostende, Yachthafen vor dem Bahnhof

AUSKUNFT VOR DER REISE

Informationen über das in diesem Buch beschriebene Reisegebiet gibt es in Deutschland beim
Belgischen Verkehrsamt Flandern-Brüssel
Cäcilienstraße 46
50667 Köln
Tel.: 0221-277 590
Fax: 0221-270 97 77
E-Mail: info@flandern.com
www.flandern.com

Am Kanal Brügge-Damme

Abgesehen von den örtlichen Fremdenverkehrsämtern, die zu allen Orten angegeben sind, gibt es das für Flandern zuständige
Fremdenverkehrsamt Westtoer
Koning Albert I-laan 120
B-Brügge/St. Michiels
Tel.: 0032-50-30 55 00
Fax: 0032-50-30 55 90
E-Mail: info@westtoer.be
www.westtoer.be

Für das französische Flandern gibt es Informationen in Deutschland beim
Maison de la France
Zeppelinallee 37
D-60325 Frankfurt am Main
Tel.: 0900 1-57 00 25
Fax: 0900 1-59 90 61
E-Mail: info.de@franceguide.com
www.franceguide.com

In Frankreich ist die folgende überregionale Adresse für die Côte d'Opale zuständig:
Comité Régional de Tourisme
Nord-Pas-de-Calais
6, pl. Mendès-France, BP 99
F-59028 Lille Cedex
Tel.: 0033-3-20 55 71 02
www.northernfrance-tourism.com

Für den niederländischen Teil Flanderns ist die Informationsadresse in Deutschland das Niederländische Büro für Tourismus
Postfach 270580
50511 Köln
Tel.: 01805-34 33 22
Fax: 01805-34 33 20
www.niederlande.de

In den Niederlanden erteilt entsprechende Auskünfte das Provinciale VVV Zeeland
Postbus 123
NL-4330 AC Middelburg
Tel.: 0031-118-65 99 65
Fax: 0031-118-65 99 66
E-Mail: vvvzld@zeelandnet.nl
www.vvvzeeland.nl

Bauernhof-Ferien oder Urlaub auf dem Bauernhof wird nicht nur im Hinterland der Küste fernab vom Meer angeboten, es gibt komfortable, aber noch voll bewirtschaftete Bauernhöfe auch in den Küstenorten. Ideal für Familien mit Kindern!

Bei den Ortsbeschreibungen ist auf besonders empfehlenswerte Adressen hingewiesen worden.

Infos: Über die unter „Auskunft" angegebenen Adressen oder auch an
www.vlaanderen-vakantieland.be oder
www.plattelandstoerisme.be

Autofahren

Auf Autobahnen gilt in Belgien und in den Niederlanden 120 km/h als Höchstgrenze, in Frankreich 130 km/h. Innerhalb geschlossener Ortschaften darf in allen drei Ländern maximal 50 km/h gefahren werden. Es wird dringend angeraten, die Höchstgeschwindigkeit vor allem auf Autobahnen nicht zu überschreiten. Die Polizei verlangt erheblich höhere Bußgelder als in Deutschland. Kann man nicht zahlen, droht die Beschlagnahmung des Fahrzeugs.

Camping

Wer sein eigenes Haus, Campingwagen, Wohnwagen oder Zelt immer dabeihaben und flexibel sein will, findet an der Küste eine Vielzahl Campingplätze, auch wenn der ADAC mit seinem Camping- und Caravaningführer vor allem bezüglich der belgischen Küste nur wenige Adressen nennt. Vor allem Bredene und Middelkerke sind die Campinghochburgen mit einer Vielzahl von Plätzen. Einige der schönsten Campingplätze an der Küste sind bei den Ortsbeschreibungen genannt. Nähere Infos unter www.vlaanderen-vakantieland.be

Diplomatische Vertretungen

Was niemand hofft und wünscht: Auch bei der schönsten Reise kann es Probleme geben, bei denen man im Ausland die Hilfe einer Botschaft in Anspruch nehmen muss.
Botschaft der Bundesrepublik Deutschland
Rue Jacques de Lalaingstraat 8-14
1040 Brüssel, Tel.: 02/787 18 00

Einreise

Zur Einreise nach Belgien, Frankreich und in die Niederlande benötigen Bürger der EU-Staaten lediglich einen gültigen Personalausweis; für das Fahrzeug sollte man die Internationale Grüne Versicherungskarte dabeihaben, auch wenn das nicht mehr vorgeschrieben ist.

Entfernungen

Die ungefähren Entfernungen nach Ostende von den nachfolgend genannten deutschen Städten betragen in Kilometern: von Aachen 256, von Bonn 342, von Düsseldorf 315, von Duisburg über Antwerpen 295, von Köln 325, von Mönchengladbach 288.

Die Angaben gelten für die Entfernungen über die Autobahn, unabhängig davon, dass manchmal die Benutzung von Bundes- oder Nationalstraßen kürzer ist.

Ferienhäuser

Ferienhäuser und Ferienwohnungen sind die klassischen Domizile während des Urlaubs an der Küste. Die genannten Informationsbüros versenden auf Anfrage entweder Unterkunftsverzeichnisse, aus denen die Adressen von Ferienparks u.ä. hervorgeht, oder aber in jedem Fall die Anschriften lokaler Immobilienagenturen. Für Flandern gibt es eine spezielle Internetseite, auf der alle Appartements, Ferienhäuser und -wohnungen zusammengestellt sind: www.flaemischekueste.org

Der naturbelassene Dünengürtel von Bredene

FKK

Es gibt an der belgischen Küste nur einen Nudistenstrand, und zwar in Bredene. An anderen Stellen ist Nacktbaden nicht gestattet, doch sollte man wissen, dass vor allem in Belgien (fast) alles, was nicht ausdrücklich verboten ist, zumindest geduldet wird, solange andere keinen Anstoß daran nehmen.

Fotografieren und Filmen

Fotografen und Videofilmer sollten sich mit genügend Aufnahmematerial von daheim eindecken, es ist an der Küste erheblich teurer als zu Hause. Wichtig ist ein UV-Filter für die Kamera, auch sollte man Stativ und Objektive mit langer Brennweite dabeihaben, die mehr bringen als die herkömmlichen Zoom-Objektive. Große Sorgfalt sollte man darauf verwenden, die empfindliche Kamera vor dem feinen Sand zu schützen. Man glaubt nicht, wo der überall eindringen und Schaden anrichten kann.

Geld

Die drei Küstenländer gehören zur Euro-Zone. Es gilt also überall der Euro als gesetzliches Zahlungsmittel. Lästiges Geldwechseln gibt es nicht mehr. Bargeldautomaten sind überall verbreitet, die gängigen Kreditkarten werden in großem Umfang akzeptiert.

Hunde

Hunde können problemlos in alle drei Länder mitgenommen werden, sofern eine aktuelle Tollwutschutzimpfung nachgewiesen werden kann. An den Stränden gelten zum Teil sehr restriktive Einschränkungen, was Hunde angeht.

Jugendherbergen

In unserem Reisebereich gibt es nur wenige Jugendherbergen, sie sind bei den Ortsbeschreibungen angeführt. Auch Erwachsene haben überall Zugang, jeder Gast muss allerdings Mitglied sein. Mitgliedsausweise können in der ersten besuchten Herberge ausgestellt werden, sie gelten dann auch in allen anderen.

Klima und Wetter

Das Küstenland liegt im atlantischen Klimabereich, das bedeutet, es herrscht ein mildes Klima. Die wärmsten Monate sind Juli, August und September, der Juni bringt statistisch gesehen die meisten Sonnenstunden, Mai und Juni den wenigsten Regen. Das Wasser der Nordsee erreicht im August und September mit 16 °C die höchste Temperatur. Es kann häufig Niederschlag geben, doch ist Dauerregen unmittelbar an der Küste eher selten.

Notrufe

Polizei in Belgien: 101, Rettung: 100.
Polizei in Frankreich: 17, Rettung: 18.
In den Niederlanden ist die allgemeine Notrufnummer 112.

Öffentliche Verkehrsmittel

In allen drei Reiseländern verkehren die Staatsbahnen, an der belgischen Küste zusätzlich die Dünenbahn „De Lijn". Fahrkarten zwischen der Belgischen Staatsbahn und De Lijn sind nicht kompatibel; es gibt außerdem ein dichtes Netz von öffentlichen Buslinien.

Reisezeit

Die beste Reisezeit gibt es nicht. Ein Besuch in Brügge kann auch an einem nebligen Novembertag ein Erlebnis sein, und eine Strandwanderung mag bei Frostwetter unvergesslich sein. Für den eigentlichen Strandurlaub sollte man Termine zwischen Mai und September wählen.

Auf dem Zeedijk in Blankenberge

Telefonieren

Für die meisten öffentlichen Telefonzellen ist eine Telefonkarte erforderlich, die man in Postämtern, Kaufhäusern, Zeitschriftenläden u.ä. bekommt. Auch in Belgien, Frankreich und den Niederlanden ist Telefonieren von einem Hotelzimmer aus teuer.

Die Vorwahl von den Küstenländern aus nach Deutschland ist 0049, dann die innerdeutsche Vorwahlnummer ohne 0 wählen.

Von Deutschland aus gelten folgende Vorwahlen:
Belgien 0032
Frankreich 0033
Niederlande 0031, anschließend die nationalen Vorwahlen ohne 0 wählen.

Trinkgeld

Trinkgeld ist praktisch überall in den Preisen inbegriffen. Trotzdem freut sich jeder Kellner, Friseur oder Taxifahrer über ein Trinkgeld von 5 bis 10 Prozent.

N 391
PRIME TIME
ANTWERPEN
R.Y.C.B.
OCEANIS 36CC

Ortsregister

Außerdem sind in der „Unterwegs ...“-Reihe erschienen (eine Auswahl):

Ann-Marie Bernardt

UNTERWEGS AUF DEN SPUREN DES BELGISCHEN BIERES

240 Seiten, 200 Farbfotos, mit Übersichtskarten, Paperback, 14 x 21 cm, 19,80 Euro. ISBN 90-5433-201-8
Mit Sonderteil *13 Highlights* „Das muss man gesehen haben – Dort muss man gewesen sein – Das muss man erlebt haben“

19 Routenvorschläge durch Belgien laden zum Entdecken ein und stellen das ganze Spektrum der belgischen Brauereien vor – mit all ihren Eigenarten und natürlich dem Bier. Das Buch blickt tief in die Ursprünge des Bierbrauens und schildert ihre Entwicklung – interpretiert von den heutigen Protagonisten dieser Kultur: von Bierbrauern und Biertrinkern.
Natürlich fehlen auch die Adressen von Insider-Kneipen nicht, von speziellen Souvenirläden und von Händlern, die über die Grenzen hinweg liefern. Kochrezepte verfeinern die Exkurse, die jeweiligen Internetadressen erleichtern die Vorbereitung der Reise.
Dieses Buch ist eine herzliche Einladung, das Königreich Belgien anders zu entdecken: spannend und informativ. Und durch die authentischen Anekdoten und persönlichen Betrachtungen sehr unterhaltsam.

Bruni Mahlberg-Gräper & Jürgen Gräper

UNTERWEGS IN BELGIEN

336 Seiten, 250 Farbfotos, mit Übersichtskarte Belgien und Brüssel, Paperback, 14 x 21 cm, 19,80 Euro.
ISBN 90-5433-171-2

Wer einen Urlaub in Belgien plant, erlebt auf kurzen Wegen eine Reise durch drei Kulturlandschaften, die in einer reizvollen Spannung zueinander stehen. Das niederländisch sprechende Flandern lockt mit seiner Küste und seinen Kunststädten wie Brügge, Gent und Antwerpen. Das Savoir-vivre erleben Gäste in idyllischen Dörfern und romantischen Schlössern, aber auch im quirligen Lüttich des Kommissars Maigret. Ostbelgien, wo man Deutsch spricht, lädt mit intakter Natur und Gastlichkeit ein.
Hinzu kommt Brüssel, Hauptstadt der Belgier und Europäer, ein Schmelztiegel der Nationen - voller Genuss und Lebensfreude.
Der Reiseführer führt in die Geschichte des Landes ein und erklärt seine heutige politische Struktur. Features und Interviews machen Appetit auf belgische Lebensart. Und natürlich kommt auch die kulinarische Seite Belgiens nicht zu kurz.

Ferdinand Dupuis-Panther

UNTERWEGS AUF DEN SPUREN DES UNESCO-WELKULTURERBES

In Benelux, an Mosel, Saar und Rhein

240 Seiten, 200 Farbfotos, mit Übersichtskarte, Orts-, Denkmal- und Personenregister, Paperback, 14 x 21 cm, 19,80 Euro. ISBN 90-5433-202-6

Wer Urlaub in den Niederlanden, Belgien und Luxemburg macht, erlebt nicht nur sattgrüne Polderlandschaften, wellige Binnendünen und bewaldete Höhenzüge, sondern auch pittoreske Dörfer und schmucke Städtchen. Ergebnis des Kampfes mit der Allgewalt des Meeres ist die Polderlandschaft De Beemster in der niederländischen Provinz Noord-Holland. Auch die Mühlen von Kinderdijk und das Wouda-Pumpwerk in Lemmer sind Versuche mittels technischer Neuerungen dem Meer Land abzuringen und Teil des Erbes der Menschheit. Vornehmlich in Flandern sind Beginenhöfe und Glockentürme charakteristisch. Einige von ihnen, darunter die Beginenhöfe und Glockentürme in Brügge, Mechelen, Lier, Antwerpen, St. Truiden und Tongeren, gehören zu den sehenswerten „Schätzen der Menschheit".
Und auch vier Jugendstilbauten des Brüsseler Architekten Victor Horta sind mit dem Titel „Welterbe" geadelt worden. Diesen Titel tragen außerdem Brügges Altstadt und das „Gibraltar des Nordens", die luxemburgische Landeshauptstadt Luxemburg. Und wie wäre es mit einem kleinen Abstecher zum Welterbe römisches und romanische Trier, den Aachener Dom, oder die Zeche Zollverein als Beispiel für funktionale Industriearchitektur des 20. Jahrhunderts?

Christoph Wendt

UNTERWEGS IN DEN ARDENNEN UND DEN ANGRENZENDEN LANDSCHAFTEN

Streifzüge durch die Wallonie und Abstecher nach Frankreich und ins Großherzogtum Luxemburg

208 Seiten, 100 Farbfotos, mit Übersichtskarte, Paperback, 14 x 21 cm, 19,80 Euro. ISBN 90-5433-170-4

Idyllische Dörfer und Städte, historische Schlösser und Burgen sowie eine faszinierende Landschaft kennzeichnen das uralte Waldgebirge der keltischen Göttin Arduinna, das sich auf Teile Belgiens, Luxemburgs und Nordfrankreichs ausdehnt. Die Ardennen bieten aber auch eine erstaunliche Reichtumspalette im Bereich Freizeit, Sport und Gastronomie. Christoph Wendt führt den Leser in 17 eigens ausgearbeiteten Routen kundig durch die Region. Dabei werden nicht nur die bekannten landschaftlichen, architektonischen und kulturellen Höhepunkte vorgestellt. Der Leser entdeckt auch das stille Land der Thiérache am Rande der französischen Ardennen. Er ist mit dem Faltboot unterwegs im romantischen Tal der Semois oder begibt sich auf den Spuren von Sagen und Legenden, taucht ein in die märchenhafte Welt funkelnder Tropfsteinhöhlen und steht in verborgenen alten Kirchen an den Gräbern unbekannter Heiliger.